KB038351

구석구석 북녘 탐방

북녘의 산하와 역사 그리고 사람들

· 강원도, 함경남북도, 라선특별시 편 ·

구석구석 북녘 탐방
북녘의 산하와 역사 그리고 사람들

글 김이경

강원도·함경남북도·라선특별시 편

내일을여는책

구석구석 북녘 탐방을 시작하며

첫 번째 도발

나는 통일교육을 다니면서 '통일하면 무엇이 좋은지'부터 설명하지 않는다. 분단비용, 통일비용, 통일의 방법론 역시 물어보지 않는 한 먼저 말하지 않는다. 분단이란 우리 민족 모두에게 참을 수 없는 고통의 원천인데, 이리저리 따져가며 통일을 이야기하는 것이 구차스럽기 때문이다. 그런 내게 '무엇이 좋아지는지 알아야 통일을 바라지 않겠느냐?'라고 한다면, 통일이란 잘린 허리를 잇는 것인데 다른 무슨 이유가 필요하냐고 대꾸한다.

　사람은 허리가 잘리면 죽는다. 민족도 마찬가지다. 남북 공동행사 때 항상 부르는 '우리는 하나'라는 노래가 있다. '민족도 하나, 핏줄도 하나, 이 땅도 하나, 둘이 되면 못 살 하나…' 이 노래의 가사가 내 심정과 똑같다. 산다고 사는 게 아니다. 혈맥이 잘린 민족에게 무슨 희망이 있을까? 7,000만밖에 안 되는 작은 민족이 반으로 갈라져 있으니 남북 모두에게 활로가 생길 턱이 없다. '통일지상주의 아니냐?'라고 묻는 사람이 있다면 (아마 대부분이겠지만) 나는 오히려 자신이 분단체제에 얼마나 길들여져 있는지, 차근차근 생각해보길 권한다.

얼마 전, 이산가족 자료를 찾다가 한 장의 사진을 보았다. 남쪽으로 내려온 남편과 북에 남았던 아내가 만나는 장면이었다. 새댁일 때 남북으로 갈라졌던 남편이 백발의 할아버지가 된 모습을 보면서 통곡하는 할머니. 그 옆에서 같이 우는 아주머니는 딸인 듯했다. 그런데 할아버지의 표정이 참 인상적이었다. 얼이 빠지고 혼이 나간 모습! 사연을 읽어보니 왜 그런 표정인지 이해가 되었다.

할아버지는 북에서 떠날 때 아내가 임신 중임을 몰랐다. 그러니 남녘에서 반백 년을 살아오면서 자신에게 딸이 있다는 것도 몰랐다. 아마 피난 와서 재혼했을 것이다. 그러면서도 북에 두고 온 첫 아내가 그립고 궁금했겠지. 그래서 이 자리에 나왔겠지. 그런데 중년 아주머니가 자신을 아버지라고 부르면서 통곡하니, 그 순간 할아버지의 심정은 어땠을까? 그동안 아버지 역할을 못 하고 있다는 고통이라도 안고 살았다면 그처럼 황망하지는 않았을 것 같다. 한 남자가 인생의 황혼길에서 딸의 존재를 처음 알게 된 그 마음은 어떨까! 어머니가 젖 물려 키운 아들을 알아보지 못하고, 아버지가 딸의 존재조차 모르는 삶! 보고픈 고통을 느끼고 살았으면 덜 미안할 텐데, 그럴 기회조차 박탈당한 삶이 분단의 실체가 아닐까? 이것이 이산가족만의 문제일까? 우리는 모두 어떤 고통을 자각조차 못 하고 살아왔을까!

일반적인 통일교육은 보통 세 가지 주제로 진행된다. 첫째, 분단으로 인한 고통 이해하기, 둘째, 통일의 필요성 느끼기, 셋째, 통일의 상대인 북 바로알기의 순서다. 논리적으로 따진다면 이런 순서가 맞을 것 같다. 그런데 나는 이 순서가 바뀌어야 한다고 생각한다. 첫 번째 교육주제인 분단의 고통을 알려면 먼저 북을 알아야 하기 때문이다. 분단의 고통은 이런저런 정치·경제적 문제만이 아니다. 그보다 더 심각한 건 우리 국민 모두 그간 청맹과니로 살아왔다는 점이다. '분단 유지 비용'이니 '반통일 수구꼴통의 정권 유지 기반' 같은 문제도 한심하지만, 민족의 절반인 북녘에 대한 거짓말에 완전히 길들여져 건강하고 합리적인 사고를 전혀 할 수 없었던 것도 큰 문제다.

북에 관한 거짓말에 대해서는 종일 떠들라고 해도 떠들겠지만, 여기서는 한 가지만 거론하자. 우리 언론은 북이 폐쇄사회라서 국제적

고립을 자초한다고 주장하지만, 북이 얼마나 경제교류와 개방을 원하는지는 북 경제특구의 역사에서 생생히 볼 수 있다. 개성은 놔두고라도 라선특별시에 관해 보도할 때 우리 언론은 북이 국제사회와 손잡고 싶어하는 절절함을 이해하려 하지 않았다. 남쪽의 경우 자주권과 상관없이 자본을 유치하려는 노력을 '경제 살리기'를 위해 어쩔 수 없다고 자위하면서, 북이 자주권을 지키며 투자를 받으려고 하면 '거지근성'이니 '외화벌이'니 하면서 폄훼했다. 강대국이 안 된다고 하면 체념하고 포기하는데 너무 익숙해져 있기 때문일까? 그래서 강대국과 맞장을 뜨려는 북이 너무 위험하고 한심해 보여서 빈정거린 걸까?

외세와 그에 편승한 수구꼴통들의 북녘 비난은 다목적이다. 북에 대한 혐오 유지는 분단체제를 유지하는 강력한 수단이다. 그리고 외세에 반발하는 남녘 민중들의 움직임의 싹을 아예 잘라버린다. 무엇보다 남북이 단결하여 민족적 힘을 키우는 것을 원천 봉쇄한다. 그러니 정신 차려야 한다. 2000년 6·15남북공동선언으로 북을 다녀온 사람이 100만을 훨씬 넘었다. 덕분에 북에 대한 언론 보도를 그대로 믿지 않고 주체적인 시각을 유지하려는 사람이 늘어났다. 하지만 여전히 반북 이데올로기는 우리 민중을 청맹과니로 만드는 독약이다. 독성에서 깨어나 눈을 뜨려면 있는 그대로의 북을 알려는 노력이 필요하다.

두 번째 도발

북 바로알기 교육을 다니면서 많이 듣는 이야기 중 하나가 '북에도 좋은 점은 있겠지만 김씨 일가 독재는 이해할 수 없다'라는 말이다. 그럴 때 나는 굳이 이해할 필요가 있느냐고 되묻는다. 북은 수령을 중심으로 한 일심단결 사회다. 우리 마음에 들건 말건 그것은 객관적인 사실이다. 우리가 이해하건 말건 북은 그렇게 수십 년을 살아왔고, 또 앞으로도 살아갈 것이다. 남쪽 사회처럼 선거로 뽑은 지도자에게 배신당해 온 우리가 북녘을 제대로 이해하는 것은 애초에 무리다. 그래서 나는 이야기한다. 북의 선택을 존중하는 것이 통일의 출발이라고…. 이해 안 되는 것을 억지로 이해할 필요 없다고…. 다만 중요한 것은 존중하는 것이라고! 내가 화가 나는 것은 북을 이해하지 못하는 것이 아니라 자기가 지닌 개인주의 사회의 가치관만 절대적으로 옳다고 믿는 무지다.

자본주의 사회에서 사회의 건강성을 유지하는 비결은 '권력에 대한 비판과 견제'일 것이다. 비판과 견제를 받지 않는 권력은 반드시 부패한다. 비판과 견제야말로 민주주의를 지키는 가장 좋은 수단이라고 확신한다. 반대로 사회주의 사회의 건강성을 유지하는 비결은 비판과 견제가 아니라 '일심단결'이다. 일심단결하지 못한 사회주의 정권은 필연적으로 몰락한다. 일심단결이 완전 자발적인 단결이냐 강제적이냐를 떠나 그들에게는 단결만이 살길이며, 민주주의 역시 견제의 수단이 아니라 단결의 방법이라는 게 중요하다. 사회주의의 이런 특성을 이해한다면 '수령독재'라는 말이 얼마나 우리 식 잣대를 북에 들이대는 독선적인 생각인지 이해할 수 있으리라고 믿는다.

그리고 설명

이 책은 북을 내 집처럼 드나들던 10년의 세월 동안 만난 북녘 사람

들에 대한 그리움을 담았다. 순수하고 열정적인 나의 동무들! (벗이라
고 쓸까 망설였으나 동무라는 말이 훨씬 친근해서 그냥 쓴다.) 그들을 만나지 못한
지 10년이 넘어간다. 이 책에서 나는 그들이 보여준 민족애와 당당
한 집단주의적 삶에 관해서 이야기하고 싶었다. 그리움을 담아 쓰는
나의 세 번째 북녘 책은 지역을 훑어보는 방식이 좋을 것 같았다. 그
들이 살아가는 방법과 그들의 꿈이 어떻게 피어나는지, 어떤 노력을
하고 있는지 살펴보려면 지역으로 들어가야 했다. 그들의 향토 사
랑, 조국 사랑, 역사 사랑, 경제발전 전망까지를 차근차근 살펴보기
위해 강원도부터 함경남북도, 라선특별시까지 일단 담기로 했다. 내
년쯤에는 백두산과 량강도, 자강도, 평안남북도까지 써야지. 그러고
나서 황해남북도와 평양을 써야겠다.

물론 현지를 직접 다니면서 쓸 수 있는 것이 아니므로 애로와 부
족한 점이 많다. 그러나 북 인터넷에서는 날마다 숱한 정보를 쏟아
낸다. 10년 동안 내 집같이 드나든 경험이라면 그 정보들을 소화해
낼 수 있을 것 같다. 100점짜리 정답은 없다. 그저 내가 소화해낸 방
식이 있을 뿐. 내가 본 북을 이렇게 전면적으로 우리 독자들에게 들
이대려 한다. 그리고 반응을 지켜보며 또 어떻게 가야 할지 좌충우

돌해야 할 것 같다.

한두 가지 양해를 구할 일이 있다. 우선 지명이나 고유명사에 관해서는 전부 북녘 표기를 그대로 따랐다. 사진은 거의 북녘 인터넷 사이트에서 구해온 것들이다. 일일이 설명을 붙일 필요가 없어 따로 표기하지 않았다. 화질이 다소 떨어져도 이해해주기 바란다. 우리 인터넷에 떠도는 북녘 사진은 대부분 과거의 모습이다. 하루하루 변하고 있는 김정은 시대의 북을 담지 못하는 한계성이 있다. 찢어지게 가난한 사진들은 일부러 배제했다는 오해는 없기 바란다.

마지막으로 이 책의 가치 평가는 북의 시각을 이해하려는 노력의 반영이라는 점을 말하고 싶다. 한 세계를 제대로 이해하는 것은 정말 어렵다. 그저 다시 한번 객관화시켜보면서, 조금씩 이해하려고 노력할 뿐이다. 중요한 것은 존중한다는 것! 그것이 통일의 출발이다. 북을 실사구시 하려는 노력이 차곡차곡 쌓여 조만간 반드시 열릴 남북교류의 양과 질을 높이는 데 도움이 되기를 바라는 마음이다.

차례

북녘 지도

온성
온덕
(경흥)
회령시
라선직할시
무산
대흥산
부령
삼지연
함경북도
연시
청진시
중강
자성
경성
김형직
상수
보천
어령
(후창)
화평
김정숙
혜산시
명간
만포시
(신파)
운흥
장강
갑주
화대
시중
강계시
낭림
양 강 도
풍서
갑산
명천
위원
초산
성간
허천
김책시(정진)
우시
자 강 도
고풍
전천
김형권
창성
벽동
(풍산)
단천시
삭주
대관
송원
용림
부전
덕성
이원
함경남도
의주
신의주시
천마
동창
운산
회천시
동신
장진
(오로)
북청
운전
피현
평안북도
구장
대흥
영광
신흥
흥원
염주
동림
태천
영변
향산
함흥시
신포시
철산
선천
정주시
박천
개천
영원
맹산
요덕
함주
흥남시
곽산
운전
안주시
북창
금야
정평
숙천
평안남도
고원
평원
평성시
성천
신양
천내
문천시
증산
대흥
강동
양덕
원산시
안변
온천
용강
평양특별시
강남
신평
법동
고산
동천
남포직할시
송림시
상원
연산
수안
곽산
판교
금강
고성
운율
은천
황주
봉산
강 원 도
회양
과일
안악
사리원시
신계
세포
김화
창도
송화
삼천
신천재령
율파
서흥
이천
평강
청원
도라
장풍
장연
황 해 남 도
신원
인산
평산
금천
용연
태단 벽성
청단
배천
개성직할시
옹진
해주시
연안
개풍
강령

14

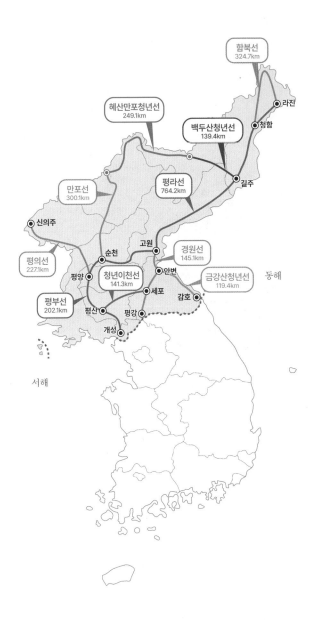

북녘 철도노선

함북선
324.7km

라진

청함

혜산만포청년선
249.1km

백두산청년선
139.4km

길주

만포선
300.1km

평라선
764.2km

신의주

고원

경원선
145.1km

순천

평의선
227.1km

안변

금강산청년선
119.4km

동해

평양

청년이천선
141.3km

세포

감호

평부선
202.1km

평산

평강

개성

서해

15

1장.
강원도

강원도 가는 길, 추가령구조곡과 경원선

육로로 북을 가려면 보통 파주를 지나 개성으로 가거나 고성을 지나 금강산으로 가는 길을 떠올린다. 연천을 통해 원산으로 가는 길이 있다는 걸 기억하는 이는 많지 않다. 경원선 기차가 다니던 길인데도 말이다. 지금은 험산준령이 가로막고 군사분계선이 놓여 접근 자체가 어렵다. 험산준령에 철로를 어떻게 놓았을까? 마식령산맥의 끝자락, 태백산맥이 시작되는 길목에 동서를 가로지르는 '추가령구조곡'이 있어서 가능했다.

강원도 평강군 세포면에 있는 추가령은 해발 752m의 고개다. 여기서부터 시작되는 협곡이 광주산맥과 마식령산맥 사이, 연천과 원산 사이에 길을 만들었다. 한반도의 동서를 횡단하는 추가령구조곡은 기후와 지형에서 뚜렷한 경계선이 되는 협곡이다. 그런데 역설적으로 추가령구조곡은 한반도를 가르는 분단선이 아니라 한반도의 중부와 동북부를 연

추가령구조곡

18

❶ 중간에 물을 넣어주던 연천역사 급수탑

❷ 끊어진 경원선 철길

❸ 중부원점과 3.8선

추가령구조곡(구글 지도)

결하는 통로였다. 추가령구조곡이 끝나는 연천은 한반도 '중부원점'
이 지나는 곳이며 경원선 증기기관차가 중간에 딱 한 번 물을 보충
하던 급수탑이 있는 곳이다. 기차가 물을 채워 넣는 사이에 승객들
은 기차 밖으로 나와 가락국수도 사 먹고, 원산에서 가져온 건어물을
사고파는 등 시장이 만들어졌다고 한다. 그 장면을 상상해 보는 것
만으로도 마치 분단이 사라진 듯 착시현상이 일어난다.

이 길을 통해 북 여행을 시작하자. '추가령구조곡'의 특이한 지형,
현무암 용암지대의 아름다움을 느끼면서 달리는 경원선 기차의 정
취는 분단된 채 살았던 민족의 한과 슬픔을 뒤로하고, 앞으로 남북이
소박하고 아름답게 살아갈 미래를 그려보며 가는 여행으로 제격이
아닐까? 연천에 흐르는 현무암 협곡의 차탄천을 따라 아름답게 펼쳐
지는 주상절리는 한반도의 지질적 특성에 대해서 많은 상상력을 가
능하게 하는 일급 관광코스로서 손색이 없다. 경원선을 살리자는 꿈
을 꾸면서 달리는 기차여행이야말로 분단시대를 끝내고 싶은 통일
일꾼의 간절한 바람이다.

경원선 타고 원산 가는 길

경원선 기차가 어떤 곳을 거쳐서 원산으로 가는지를 안다면 북으로 관광 가는 꿈을 훨씬 풍부하게 그려볼 수 있을 것 같다. 우선 군사분계선의 남방한계선 위에 월정리역이 있다. '월정리'라는 마을 이름은 '달이 된 처녀'의 전설에서 유래한다.

이 마을에 살던 처녀가 병이 든 아버지를 구하기 위해 기도하다가 산신령의 계시를 받는다. 달이 지기 전 천 모금의 물을 길어 아버지께 드리면 병이 낫는다는 것이다. 처녀는 밤새 물을 날랐다. 덕분에 아버지의 병은 나았으나 처녀는 죽어 달이 되었다는 슬픈 전설이다.

월정리역 처녀 이야기보다 더 슬픈 것은 원래 민간인이 드나들

월정리역

월정리역 처녀상

수 없는 이곳을 안보관광이라는
명목으로 겨우 볼 수 있게 되었다
는 점이다. 현재의 월정리역은 실
제 경원선 역이 아니라 1988년 철
원 안보관광 개발사업을 위해 복원한 역이다. '철의 삼각 전적지 관광
사업소'의 백마고지역 출발 관광여행을 이용하면 가볼 수 있다.

사실 DMZ 평화기행에 참가하는 분들의 내심은 북쪽 땅을 한 번
이라도 더 바라보고 통일의 꿈을 꾸기 위해서일 것이다. 그런데도
모든 출입을 유엔사(사실은 미국)의 승인을 받아야 하는 처지에서 '통일
기행'이라는 말을 쓰지도 못한 채 '안보관광'이라고 승인을 받는다.
복잡하고 예민한 한반도에서 적당히 둘러 붙이고 살아가는데 이골
이 나긴 했지만, 안보관광이 아니라 통일관광이라는 말을 쓸 수는 없
는지….

경원선 열차가 북쪽까지 이어졌던 시절, 월정리에서는 옛날 궁예
의 태봉국 도성인 철원 궁터를 가로지르며 철로가 달렸다. 철원 도
성은 왕건이 궁예를 몰아내고 즉위한 곳이다. 고려의 시작이라고나
할까! 철원, 평강, 세포는 가는 곳마다 궁예와 관련된 이야기가 전해

22

온다. 월정리역을 지나 북녘땅으로 넘어가면 제일 먼저 나오는 것이 평강군이다. 고구려시대에는 어기내, 후기신라시대에는 광평이었다가 고려 이후 평강이라고 부르는 지역이다. 동남 방면으로 광주산맥이 김화군으로 이어지고, 서쪽으로는 마식령산맥이 지나간다. 가곡, 평강역을 지나 두 개 역을 거치면 검블랑역이 나온다. 검블랑劍不浪 마을은 자신의 칼이 나빠서 왕건에게 졌다고 생각한 궁예가 칼을 강에 버렸다고 해서 붙여진 이름이다.

세포역-세포 등판 이야기

검블랑역과 성산역을 지나면 세포역이 나온다. 세포군은 김정은 시대에 가장 뜨거운 지역으로 부상했다. 세포 등판지구에 세계에서 가장 큰 대규모 축산기지가 세워졌기 때문이다. 이 축산기지는 2012년 12월부터 2017년 10월까지 5년 동안 강원도 평강군, 이천군, 세포군에 걸친 5만 정보(496㎢)의 대지를 개간하여 건설되었다. 동양 최대라고 하는 대관령 목장의 25배 규모이며, 세계 최대 목장인 뉴질랜드 마운트펨버스테이션(약 2만 8,000정보)의 두 배에 가까운 규모다.

세포 등판목장의 규모를 듣고 나면 사람들은 '얼마나 자연적 조건이 좋았으면 그렇게 거대한 목장을 건설할 수 있었을까'라고 생각한다. 그러나 이 지역은 150만 년 전 화산폭발로 흘러내린 화산재가 두껍게 쌓이고 굳어 온갖 잡초와 억새만 무성했던 황무지였다. 기후도 최악이었다. 원래 세포라는 명칭은 씻을 세洗 개 포浦로 918년 궁예가 칼을 씻은 개울이라는 뜻에서 유래했지만, 사람들은 '비포', '눈포', '바람포'라고 부른다. 연평균 기온 6도, 강수량 1,491.4mm로 봄철은 북동에서 새바람이 불어 서늘하며 여름은 동해의 습윤한 기류의 영향을 많이 받고 농작물 피해가 심하다.

일제 식민지 시절에는 이곳에서 전쟁용 군마를 키웠다. 해방 이후인 1948년에 김일성 주석이 김책 부수상을 보내 실태를 파악하고 목장 건설을 추진했으나 6.25 전쟁 발발로 완전 폐허가 되고 말았다. 이 지역을 개간할 때 3만여 발의 폭발물과 미군 탱크 잔해가 나왔다고 하니 이곳이 얼마나 심한 격전지였는지 알 수 있다. 2005년에 다시 대규모 축산농장 건설을 시도했지만, 이곳을 개간하면 이천강의 수원이 마르고 홍수와 가뭄을 피할 수 없다는 주장이 제기되어 중단했다. 2006년에는 이천강의 수원 고갈을 막기 위해 대규모 저류지 건설 계획을 세웠지만 잘 진척되지 않았다.

2012년 9월 22일 김정은 위원장은 전당·전군·전민 돌격전으로 선대의 유훈인 세포 등판 축산단지 건설을 완수하자고 호소했다. 그러자 순식간에 2만 명을 넘는 사람들이 세포 등판의 돌격대에 참가했다. 막 제대한 군인은 "전선을 떠나 또다시 전선으로 간다. 세포에 와서 총이 아닌 쟁기를 잡겠다"라고 했고, 이제 열여덟 살이 된 한 여성은 "리수복 영웅이 산화한 나이도 열여덟 살인데, 나도 이 나이를 뜻깊게 보내고 싶다"라며 참가했다. 11월 16일은 북에서는 어머니날이다. 이날, 어린 딸을 둔 어머니는 딸의 앞날을 위해 돌격대에 참가했다. 하나의 물방울에도 우주가 담긴다고 했던가? 이들의 사연에 북녘 인민의 절절한 염원이 모두 얽혀 있는 것 같다.

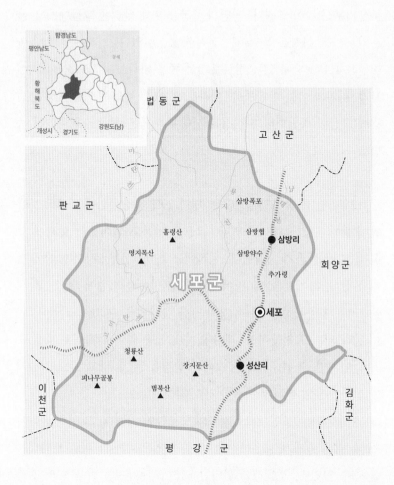

함경남도
평안남도
황해북도
개성시
경기도
강원도(남)
봉해

법 동 군
고 산 군
판 교 군
세 포 군
회 양 군
이 천 군
김 화 군
평 강 군

홀령산
명지목산
삼방폭포
삼방협
삼방약수
삼방리
추가령
세포
청룡산
장지문산
성산리
피나무골봉
범북산

2012년 11월 30일, 첫 돌격대를 태운 열차가 세포역에 도착했을 때 찬 눈가루와 센 바람, 무성한 억새풀만 나부끼고 있었다. 그들은 붉은기부터 높이 띄웠다. 인민의 행복을 위해 달려온 그들에게는 '붉은기'야말로 심장을 움직이는 절절한 표상이었다. 인터뷰를 보니 한 여성은 12km 밖에 있는 군사분계선 쪽을 바라보며 "오성산아 지켜보라, 평양의 아들과 딸들을!"이라고 외쳤다. 북의 방송은 "150만 년 전에 화산이 폭발했다면 김정은 시대에 이곳은 애국의 활화산이 폭발했다!"라고 전했다.

12월 8일 한 참가자는 일기에 영하 29도의 강추위에 트랙터 보습날이 탕탕 부러졌다고 적었다. 그들은 기름도 얼어붙는 날씨에 삽을 들고 땅을 파기 시작했다. 처음에는 1인당 하루 2평의 땅밖에 갈지 못했다. 하지만 30~40명이 땅에 정을 박아 한꺼번에 뒤집는 방식을 쓰니 개인당 하루 30~40평의 땅을 갈아엎을 수 있게 되었다. 손이 갈라 터지고 진물이 난 데다 밥마저 꽁꽁 얼어서 제대로 먹을 수가 없었지만, 돌격대원들은 그때의 심정을 "밥도 얼고 땅도 얼었지만 심장만은 얼게 하지 못했다"라고 회상했다.

경사각 약 40도인 400m 정도의 오르막이 있는데, 그 위를 올라가면 꽤 넓은 평지가 나온다. 어지간한 방법으로는 그 위로 트랙터를 올릴 수 없었다. 포기해야 한다는 의견도 많았지만 밤샘 회의 결과 '전쟁 당시 일곱 번 공방전을 벌려 피로써 찾은 땅인데 포기할 수 없다'라는 결론을 내리고 트랙터에 끈을 걸어 매고서라도 올리자고 결정했다. 그러나 막상 아무리 힘을 써도 트랙터는 꼼짝하지 않았다. 그때 누군가가 외쳤다. "오성산이 우리를 지켜본다. 트랙터를 뒤로 돌려서 올리자!" 그러자 거짓말처럼 트랙터가 껑충 뛰어올라 마침내 끌어올릴 수 있었다고 한다.

　가시덤불로 뒤엉킨 땅을 전부 갈아엎고 나니 산성 토양을 중화시키고 먹이풀이 자랄 수 있도록 거름을 주는 일이 남았다. 땅을 중화시키려면 소석회가 필요했다. 이천군, 평강군, 세포군에 200개가 넘는 로를 만들어 6만 톤의 소석회를 생산하기 시작했다. 씨를 제때 뿌리려면 봄이 오기 전에 옥토로 만들어야 한다는 생각에 정신없이 소석회와 토지개량제를 등짐으로 퍼 날랐다. 등에 물집이 생기고 피가 철철 흐르는 일도 다반사였다. 그들이 뿌린 유기질 비료만 1정보당 20톤 이상이었다. 이렇게 약 4만 정보의 자연 풀판(잡초를 뽑고 먹이풀을 심은 산등성이 풀밭)과 1만 정보의 인공 풀판(개간한 밭에 풀씨를 심은 것)을 완성하여 가축이 좋아하고 병충해에 강한 먹이풀을 심었다.
　싹이 나자 쉴 짬도 없이 초읽기로 김매기에 들어가 여섯 번 이

세포 등판 돌격대원들이 바라본 오성산

오성산에 걸친 무지개

상 잡초를 뽑으며 풀판 사수전에 나섰다. 비가 오면 빗물에 밥을 말아 먹으면서도 쉴 틈 없이 잡초를 뽑아 사료용 풀판을 만들었다. 또 7,800여만 그루의 나무로 바람막이용 숲을 조성하고 둑을 쌓는 공사를 진행했다. 큰 계단식 저수지를 비롯하여 가뭄에 사용할 10여 개의 저수지를 건설했다. 흘러내리는 물을 이용하여 분수식 무동력 관수체계를 만들었다. 풍력 발전기와 양수기를 설치하고 풍부한 가축 배설물로 메탄가스를 생산하여 전기 문제를 해결했다. 메탄발효액과 찌꺼기를 이용하여 남새 온실에서 수경재배 버섯 키우기와 양어, 축산을 함께하는 고리형 순환생산체계를 수립했다. 사양공의 주택에도 메탄가스 연료를 사용했다. 고기 가공공장과 사료 가공공장을 건설했는데, 냉동고기와 통조림, 훈제식품, 버터와 유제품 케피르(러시아 및 동유럽 국가에서 즐겨 마시는 전통 발효유로 염소, 양, 소의 젖으로 만든다)를 비롯한 유가공품 생산공정을 모두 자동화하여 무인화, 무균화를 실현했다.

남쪽에서는 세포 등판목장을 너무 거대한 규모로 지은 것이 아닌지 우려하는 분들이 많다. 그리고 그 많은 가축을 유지 관리할 수 있는지 궁금하게 생각한다. 얼마 전 세포 등판의 한 여성이 '소의 숫자가 늘어나는 것이 가장 큰 보람'이라며 방긋 웃는 동영상 인터뷰를 보았다. 북에서는 목동을 사양공이라고 부르는데, 대부분 제대군인이다. 사양공은 각자 수십 마리 가축을 분산 사육하면서 자기 책임의 풀판에서 가축을 방목한다. 풀판에서는 생육기간이 다른 풀에 비해 두 달 이상 길고 영양가도 높은 붉은토끼풀, 어리새, 애국풀의 풀씨를 채취해서 가꾼다. 사양공이 방목지로 가축을 몰고 나간 사이, 보조사양공이 빈 축사를 청소하고 소독한다. 사양공과 보조사양공은 대개 부부다.

세포 등판의 신동근 책임비서는 관리공이 날마다 자신이 맡은 방목지를 돌아다니며 현장의 문제점을 파악하는데, 방목에서 가장 기본적인 일은 짐승들을 살피는 일이라고 말한다. 가만히 앉아 있는 가축을 보면 새김질을 하는 것인지 혹시 병이 난 것인지 판단해야 한다. 평상시에 '관찰'을 잘해야 빨리 문제를 파악하여 대책을 세울 수 있다. 세포등판축산학연구소에서는 먹이풀의 선정, 먹이풀과 관련한 토지개량, 우량품종을 퍼뜨리기 위한 인공수정기술을 발전시키는 한편 약초를 조사하고 동의학을 활용하여 치료약과 방역약품을 만든다. 세포등판애국소목장의 김명선 지배인은 2년 정도 소를 키우면 보통 300kg 정도 나왔는데 최근에는 800kg 정도의 우량품종이 네 배 가까이 늘었다고 말한다. 유읍축산농장의 이길산 지배인은 재래종 염소가 보통 20~25kg 정도인데 이곳의 파울 염소는 40~45kg

까지 나간다고 자랑한다.

5월에서 10월 초까지 젖소 한 마리당 하루 평균 10kg의 젖을 낸다. 건강한 젖을 낼 수 있도록 세포군 약수리에서 나오는 금강약돌을 매달아 소들이 핥아먹을 수 있게 했고 사료에도 26가지의 미네랄을 첨가해 준다. 황민 축산경리위원회 위원장에 따르면 세포지구는 토질의 부식 함량이 매우 낮고 산성화가 심해 풀판을 가꾸기 위해 엄청난 노력을 했지만 2~3년이면 뿌리가 숨 쉴 수 없을 정도로 굳는다고 한다. 그 때문에 겨울철 정보당 물거름을 60톤씩, 화학비료를 200kg 정도 주면서 들춰갈이를 한 결과, 1정보당 풀 생산량이 7~8톤에서 30톤까지 올라갔다. 그는 자신들이 가꾸는 정성과 피땀이 어린 풀판이야말로 '애국풀판'이라고 자부할 수 있으며 자신들의 '양심을 비추는 거울'이라고 힘주어 말한다.

12월부터 이듬해 4월까지는 계절상 방목을 할 수 없다. 이에 대비하기 위해 7~8월에 풀을 베어 풀절임을 해 놓는데, 겨울철 사료용 풀 재배를 위한 목초지가 따로 있다. 겨울철에 소 한 마리가 매일 풀절임 30kg, 말린풀 8~9kg 정도를 먹는다고 하니 얼마나 많은 풀을 장만해야 할지 가늠이 된다.

5만 정보나 되는 세계 최대 목장을 효율적으로 관리하는 건 결코 쉬운 일이 아니다. 우량품종을 개발하고 마릿수를 늘리며 튼튼히 키우는 것, 또 가축들이 늘어남에 따라 방목지의 풀을 더 잘 가꾸기 위한 대책, 겨울철 사료 보장 대책, 방역과 돌림병 대책, 고기를 신선하게 가공·유통하는 대책, 에너지원을 늘리는 문제 등등, 세포 등판은 아직도 한창 건설 중인 셈이다.

북의 신문을 보면 학교를 졸업하고 사회에 진출하는 청년들이 세포 등판에서 일하겠다고 탄원했다는 기사가 나오곤 한다. 나는 2005년 아리랑 공연에서 '풀과 고기를 바꾸자'라는 구호로 매스게임을 펼치는 장면을 보면서 참 소박하다고 느꼈는데, 소박한 소망을 실현하기 위해 그처럼 웅장하고 치열한 전투를 하고 있다는 생각이 든다.

삼방역-삼방협곡의 아름다움

세포군 끝에 752m의 추가령고개가 있다. 고개 기슭에 흐르는 물은 안변군 남대천이 되어 동해로 흐르고, 남쪽 기슭에서 발원하여 남서 방면으로 흐르는 고미탄천은 임진강 상류가 된다. 추가령고개를 지나면 길이가 25km나 되는 삼방협곡이다. '삼방'이라는 이름은 고려시대 골짜기에 세 개의 초소를 설치하고 '삼방관'으로 부른 데서 유래한다. 삼방협곡 골짜기 아래쪽은 폭이 좁고, 좌우측은 급경사면을 이룬다. 이 통로를 따라 옛 경원선 철도와 도로가 지나간다. 협곡에는 삼방폭포 등 여러 개의 폭포와 약효가 뛰어나다는 삼방약수터, 왕제비꽃 군락지 등 관광지가 많다. 1934년 이기영이 동아일보에 쓴 기행글을 소개한다.

> 태평양이 그리운 물이라면 나의 그리운 산은 아마도 삼방유협을 칠 수밖에 없다. …… 삼방유협은 일 폭의 천작天作 예술품이었다. …… 별안간 조그만 터널을 뚫고 나가서는 기암괴석이 중첩한 골짜기의 철교를 건넌다. 철교를 건너서는 다시 터널을 지나

고 터널을 지나서는 다시 계곡의 철교를 건너는데, 그 가운데 청정한 녹수는 양 기슭의 절벽을 뚫고 굽이쳐 흐른다. 거기에 점점이 붉게 핀 진달래꽃, 푸른 솔, 검은 바위……. 어린 가지에 점점이 붉은 놈, 수풀을 이루어서 떨기로 우거진 놈, 청류가 굽이쳐 흐르는 대로 기암과 절벽에 수를 놓아 나간 진달래꽃이 가랑비를 무릅쓰고 피어난 경치야말로 참으로 형언할 수 없이 선연했다. …… 내려다보면 곡곡 잔잔한 석계石溪, 치어다보면 중중한 산형에 수목이 삼삼하다.

『경원선 따라 산문여행』(예옥 | 방민호 엮음)에서 재인용

고산역-사과농장과 철령

삼방협곡을 빠져나가면 고산군이 나온다. 고산군은 마식령산줄기가 뻗어 있는 곳이다. 마식령산줄기에는 저두봉(1,340m), 추애산(1,538m), 옥점봉(1,201m), 봉수령(1,083m) 등 1,000m 이상의 높은 산과 고개가 많다. 유명한 철령(677m)도 이곳에 있다. 철령은 6.25 때 전투가 치열했던 곳이다. 해발 200m 이상 되는 지역이 고산군 전체 면적의 62%를 차지하며, 25도 이상의 경사지가 거의 절반이나 된다.

고산이라면 좀 낯설어도 '신고산타령'의 고장이라고 하면 익숙하다. '원산아리랑'이라고도 부르는 신고산타령은 고산을 무대로 생겨났다. 일제가 경원선을 부설하면서 고산에 고산역을 설치했다. 그런데 고산역은 기존 읍내에서 상당히 떨어져 있어 사람들은 역 부근을

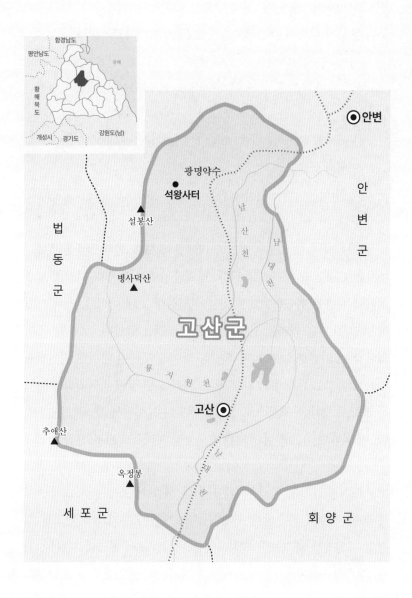

함경남도
평안남도
동해
황해북도
개성시 경기도 강원도(남)

안변 ◉안변

안
변
군

광명약수
● 석왕사터

설봉산 ▲

남
산
천

남
대
천

법
동
군

병사덕산 ▲

고산군

룡
지
원
천

고산 ◉

추애산 ▲

옥정봉 ▲

세 포 군

회 양 군

'신新고산'이라고 불렀다. 원래 민요란 시절마다, 지역마다 내용을 바꾸어 부르기 때문에 각양각색이지만, 줄기는 대체로 이러하다.

신고산이 우르릉 함흥 차 가는 소리에 구고산 큰애기 반봇짐만 싼다
공산 야월 두견이는 피나게 슬피 울고 강심江心에 어린 달빛 쓸쓸히 비쳐 있네
(후렴)어랑어랑 어허야 어야디야 내 사랑아

신고산타령은 식민지 백성의 비애를 철도와 연결하여 풍자하는 가사들로 조금씩 바뀌어 불린다. 태평양전쟁이 터지자 '지원병 보낸 어머니 가슴만 쥐어뜯고요', '일본군 정신대 보낸 어머니, 딸이 가엾어 울고요' 같은 가사로 당시 민중들의 애환을 담았다. 식민지 시절, 고산 살던 가난한 농가의 처녀는 한 입이라도 줄이기 위해 경원선을 타고 도회지로 돈을 벌러 가야 했다. 비가 오면 땅이 질퍽거리고 신고산 바람이 세차 '풍고산'으로 불렸을 정도니 농사인들 잘 되었을 리 없다. 이 척박한 고산 땅이 유명한 과수농장 지역으로 바뀌었다.

1947년 김일성 주석이 이곳에 와 과수원 조성을 독려하면서 1,740여 정보의 과수밭이 조성되었다. 세월이 흘러 2009년 6월 김정일 위원장이 과수농장의 현대화를 제시하면서 철근과 시멘트, 기와, 쇠그물울타리 공장 등 자력갱생 기지들이 세워졌고, 1년 남짓한 기간에 근 1,000정보에 달하는 과수원이 새로 일궈졌다. 과수밭이 2,850정보로 확장되면서 저장고, 가공공장, 비료생산기지 현대화가

진행되었고, 사과를 기본으로 복숭아, 배, 호두를 생산한다. 총 2,850 정보의 과수밭 중 1,800정보에서 사과를 생산하는데, 농장원 4,600 명, 주민 1만 3,000명이 살고 있다. 2,850정보라면 어느 정도의 크기인지 실감 나지 않을 것 같다. 2009년 완공된 평양 대동강과수농장에 가본 남쪽 사람들이 있는데, 그분들은 국영농장의 엄청난 규모(1,000여 정보)에 입을 다물지 못했다고 한다. 그렇다면 세 배 가까이 되는 고산과수밭의 규모를 짐작해볼 수 있을 것 같다. 김정은 위원장이 처음 이 농장을 찾은 1년 후인 2013년 6월, 고산과수밭은 과수-축산의 고리형 순환생산체계가 마련되었다. 그 뒤 고기 생산 200톤 규모의 돼지농장을 세우고 과수밭에 뿌리는 유기질 복합비료를 생산하고 있다.

철령이 무엇이길래…

김정일 위원장은 18회 이상 철령을 넘어 최전선 군부대를 찾으면서 고산과수농장에 들렀다. 북녘 사람들에게 철령과 고산과수농장은 선군정치를 떠올리게 하는 동전의 양면이다. 김 위원장은 새로 건설한 전망대에 올라 "철령 아래에 사회주의 선경, 인민의 이상향이 활짝 꽃 피어나고 있소. 아마 시인들이 이곳에 서면 시상이 절로 떠오를 것"이라며 '끝 간 데 없이 펼쳐진 과수의 바다'라고 표현했다. 과수농장 중심부에도 '철령 16km'라고 쓰인 표식이 있다. '철령 아래 사과바다' 이것이 고산과수농장을 상징하는 표현이다.

'철령'이 무엇이길래 '철령 아래 사과바다'가 고산과수농장을 상징한다는 말인가?

철령은 회양군과 고산군 사이에 있는 고개로 해발 677m다. 이 고개를 기준으로 동쪽을 관동, 서쪽을 관서, 북쪽을 관북이라 한다. 철령은 '한 사람이 만 사람을 막을 수 있는 무쇠대문'이라는 뜻의 '철관' 鐵關이 있는 고개라는 뜻이다. 중부와 관북을 연결하는 교통·군사상의 중요한 고개였지만 추가령구조곡을 통해 경원선이 들어선 후 교통로의 가치는 감소했다.

고려 공민왕 때 쌍성총관부를 몰아내면서 철령은 다시 고려 땅이 되었는데, 후에 원을 쫓아내고 들어선 명나라가 고려에 "원래 철령 이북은 원나라가 다스렸으니 다시 명나라에 내놓으라"라고 요구했다. 이것이 최영의 요동 정벌로 이어졌다.

우리에게 철령은 이항복의 시조에 나와 친숙해진 지명이다. 이항복은 광해군 5년 인목대비의 폐모론에 반대하다가 북청으로 유배를 떠났다. 그는 철령고개를 넘으면서 나라의 앞날을 근심하여 차마 발걸음이 떨어지지 않는 심정을 시조로 읊었다. 결국 이항복은 돌아오지 못하고 광해군 10년 북청에서 병사했다. 후일 이 시조의 유래를 들은 광해군이 눈물을 흘리며 슬퍼했다는 이야기가 전해진다.

철령 높은 봉에 쉬어 넘는 저 구름아
고신원루를 비 삼아 띄워다가
임 계신 구중심처에 뿌려본들 어떠하리

북에서 철령은 김정일 위원장 '선군정치'의 상징이다. 우리에게 '선군정치'란 군사독재로 들리지만 북 인민들에게는 군대를 앞세워 '미국의 핵 공격 위협과 잔인한 대북제재 고립 압살'에 정면으로 맞서 조국도 보위하고 경제도 살리겠다는 최고지도자의 '붉은 깃발'로 들린다. 북 인민들은 철령이라는 말만 들어도 김정일 위원장을 생각하며 눈물을 글썽거린다. 최악의 경제난을 극복하자며 '선군의 기치를 들고 걸은 노정'에 대한 고마움과 회한이 북받치는 것 같다. 선군정치 이야기는 다음 기회로 미루고 다시 철령 이야기로 넘어가자.

김정일 위원장은 집권하는 동안 철령고갯길, 최전선인 오성산 전방 지휘처에 무려 18회를 다녀갔다. 눈이 오나 비가 오나, 또 밤이나 새벽이나 왕복 30km가 넘는 구불구불한 고갯길을 직접 차를 몰아 다녀오는 그의 행보를 걱정하지 않는 사람은 없었다. 특히 미군이 지척에 있어 위험하다며 말렸지만 "그곳을 지키는 병사들이 있는데, 손이라도 잡아주러 가야 한다"라며 철령 방문을 강행하곤 했다. 그는 생의 마지막 시기까지 철령과 오성산, 대덕산과 지혜산, 1211고지와 351고지, 판문점 등 2,490여 개 단위의 군부대를 방문하며 선군

오성산의 칼벼랑길

정치 행보를 쉬지 않았다.

철령은 봄이면 진달래꽃이 만발해 '붉은 철령'으로 불린다. 철령의 진달래는 선군시대의 상징인 선군 8경의 하나다. 굽이굽이 고갯길을 돌아서 올라가며 현지 지도를 다닌 철령의 고갯길은 북쪽 사람들에게는 가슴 저리고 안타까운, 그리운 이름이다. 10만 명이 참여하는 북의 종합예술과 대집단체조『아리랑』공연에도 한밤중에 이 고갯길을 돌아서 넘어가는 김 위원장의 자동차 앞길을 밝혀달라고 달에게 축원하는 노래가 나온다. 뒤쪽 배경대(2,000명의 학생이 운동장 계단식 의자에 앉아 일사불란하게 카드섹션을 펼치는 곳)에는 철령 가파른 길이 묘사되는데, 그 위로 전자파를 쏘아 자동차가 불을 깜박이며 올라가는 장면이 나온다. 나는『아리랑』공연에서 이 장면이 가장 가슴에 남는데, 딱 그 장면이 나오는 사진을 찾을 수가 없어 다른 사진으로 대신한다.

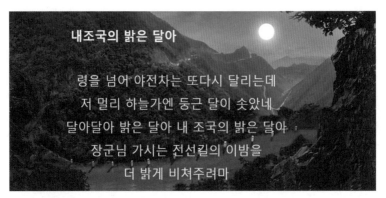

내조국의 밝은 달아

령을 넘어 야전차는 또다시 달리는데
저 멀리 하늘가엔 둥근 달이 솟았네
달아달아 밝은 달아 내 조국의 밝은 달아
장군님 가시는 전선길의 이밤을
더 밝게 비쳐주려마

『아리랑』의 한 장면. '내 조국의 밝은 달아'라는 노래 가사가 적힌 철령고개의 모습이다.

❶ 서리꽃 피어난 철령

❷ 고산과수농장 전경

❸ 3,000정보의 철령 아래 사과바다

석왕사역-이성계가 반역을 꿈꾼 사찰

고산역을 지나면 설봉리의 석왕사역이다. 북은 이곳을 '광명명승지'라고 부르며 원산-갈마 관광지구에 포함하고 있다. 이곳에는 조선시대 최고 사찰이었던 석왕사와 병 치료에 특효가 있는 광명약수가 있다. 10여 곳에서 흘러나오는 광명약수는 중생대의 관입암인 화강암틈 사이에서 솟아 나온다. 석왕사 주변에는 500년 이상 된 아름드리 소나무들이 울창한 수림을 이루고 있다. 석왕사는 고려 말(1386년)에 지어져 조선시대에 확장되었다.

이성계가 젊었을 때 안변을 지나다 잠을 자게 되었다. 서까래 세 개를 등에 짊어지고 가는데 꽃이 떨어지며 거울이 깨지는 꿈을 꾸었다. 꿈에서 깬 뒤 해몽을 잘하는 고승이 근처 토굴에서 수도 중이라는 말을 듣고 찾아갔다. 이것이 무학대사와 이성계의 첫 만남이었다. 무학대사는 서까래 세 개를 등에 진 모습은 임금 왕王을 상징하는데, 꽃이 떨어지면 열매를 맺고 거울이 깨지면 소리가 나므로 왕이 될 징조라고 풀어주었다. 이성계는 무학을 만난 장소에 절을 지어 석왕사라고 불렀다. 조선시대에 석왕사는 50여 채의 건물이 즐비했으나 6.25 때 소실되었다가 복원되었다.

안변군

안변은 남북 공동 연어방류 지역이다. 강원도의 남북협력사업은 특별히 의미가 있다. 강원도 자체가 분단되어 있어 같은 강원도끼리 협력사업의 명분이 크고, 남북 사이에 생태환경 문제도 걸려 있다. 남북 강원도의 대표적인 교류협력사업으로 2001년부터 2004년까지 안변군 남강(북측)과 양양 남대천(남측) 일원에 각각 어린 연어를 방류하고 연어 부화장을 건립했다. 남대천이 흐르는 양양의 실향민들은 멀리 북태평양까지 갔다가 천신만고 끝에 남대천으로 돌아오는 연어를 특별하게 여긴다니, 귀향을 바라는 그들의 마음이 와 닿는 것 같다.

안변군 령신리 황룡산 중턱에는 737년(후기신라)에 세우고 조선시대에 중건한 보현사가 있는데, 북 국보문화유물 제104호다. 초기에는 10여 채의 건물이 있었는데 보광전, 응진전, 정화실, 극락전, 명부전, 일주문, 산신각 등이 남아 있다. 중앙에 6단 돌계단이 있는 보광전은 화강암으로 만든 2m 높이의 단 위에 있다.

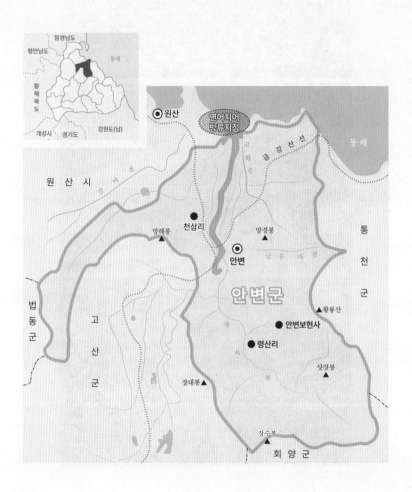

❶ 안변군 무풍리 민물연어 양어장
❷ 안변 보현사 대웅전
❸ 안변 보현사 단청

안변의 민족문화유산 가학루

북의 국보 103호인 가학루는 신라 34대 효성왕 때 건립한 안변 객사의 누정이다. 정면 3칸, 측면 3칸의 합각지붕 건물로 1486년(성종 17년)에 개축했다. 객사란 중앙 관리가 오면 머무르는 숙소인데, 가학루는 안변 객사 학성관의 연회장이었다. 뒤에는 학성산이 있고, 앞으로 남대천이 흐르며, 안변벌이 바라보이는 아름다운 곳이다. 안변

가학루 정면과 측면 서까래

벌은 학이 많아서 '학호', '학성' 등 학과 관련된 이름이 많은데, 가학루라는 이름도 '학이 끄는 가마'라는 뜻이다. 1925년 일제는 학성관의 주요 건축물을 다 없애고 가학루만 남겼다. 6.25 때 파괴되어 보수했다.

천삼리 감나무 이야기

천삼리 감나무 풍경은 안변군의 자랑이다. 북은 지역 자랑을 지도자와 절대 떼어놓고 말하지 않는다. 최고지도자가 전국 방방곡곡, 산골마다 찾아다니며 인민들과 구체적 인연을 맺고 지역 발전을 도와주는 등 역사적으로 형성해 온 깊은 유대감 때문이다. 안변 천삼리 마을에도 김일성 주석이 뜨거운 인정미와 검박하고 소탈한 품성으로 인민들을 따뜻하게 어루만져준 이야기가 전해 온다. 북에서 전하는 이야기를 격식만 약간 바꾸어 원문에 가깝게 올린다. 최고지도자와 인민의 끈끈한 정이 어떻게 맺어지는지 감을 얻기 위함이다.

　　1959년 6월 어느 날 강원도를 돌아보던 김 주석이 안변군 천삼리 마을에 들렀다. 그곳 협동조합 살림살이 형편을 알아보던 김 주석은 식량이 떨어진 집이 없는지 물었다. 1959년이면 북 경제가 그다지 좋은 때가 아니어서 마을에는 햇곡식이 나기 전에 식량이 떨어지는 집이 더러 있었다. 한 일꾼이 걱정을 끼치지 않겠다는 생각으로 식량이 떨어진 집이 없다고 보고하자, 김 주석은 금년에 정보당 퇴비는 얼마나 냈는가를 물었고, 50톤씩 냈다고 대답

했다. 아마 그 일꾼은 김 주석이 농사꾼의 아들로 농촌 실태를 얼마나 훤히 꿰고 있는가를 잘 몰랐던 것 같다.

김 주석은 아무 말 없이 생각에 잠겨 마당을 거닐다가 마을의 모범 농민이 누구냐고 묻고는 그를 데려오도록 했다. 불려온 농민은 오경봉이라는 노인이었다. 그는 1953년(6.25 전쟁 중) 초에 있었던 전국농민열성자대회에 참가하여 김 주석을 만나본 적이 있었다. 김 주석은 허겁지겁 불려온 노인을 반갑게 맞으며 자신이 앉았던 의자를 내주고 옆에 있는 의자에 옮겨 앉았다. 황송하여 주춤거리는 노인에게 김 주석은 거듭 자리를 권했다. 노인은 감격한 나머지 감사의 말도 잊은 채 엉거주춤 자리에 앉았다.

김 주석은 노인에게 그사이 앓지는 않았는가, 일이 힘들지 않는가고 물은 다음 "여기 일꾼들에게 알아보니 조합의 농사도 잘 되고 조합원들의 생활도 괜찮다는데 정말 그런가?"라고 물었다. 노인은 머뭇거리면서 주위 사람들을 둘러보았다. 무엇인가 말하려고 하면서도 망설이는 심정을 눈치챈 김 주석은 노인과 조용히 할 이야기가 있다고 하면서 다들 바람이나 쏘이라고 일꾼들을 물리었다. 리당 일꾼도 자리를 뜨려고 하자 김 주석은 리당위원장 동무는 남아서 같이 이야기를 들어보자고 했다.

이렇게 김 주석과 오경봉 노인 사이의 이야기가 시작되었다. 김 주석은 이곳 일꾼들이 식량이 떨어진 집도 없고 퇴비도 정보당 50톤씩 냈다는데 사실이냐고 물었다. 노인은 지난해 농사를 잘 짓지 못해서 식량이 떨어진 집이 더러 있다고 대답하고, 실은 올해 퇴비를 정보당 10톤가량 내었다고 말했다. 노인의 솔직한 이야기를 듣고 한동안 말이 없던 김 주석은 노인에게 해방 전에는 어떻게 살았으며 해방 후 토지분배는 얼마나 받았는지 물었다. 지금까지 스스럼없이 이야기하던 노인은 고개를 숙인 채 눈만 슴벅일 뿐 선뜻 말을 할 수 없었다. 가슴속에 품고 있던 사연을 정작 말하자니 무슨 말부터 어떻게 해야 할지 갈피를 잡을 수 없었다.

리당 일꾼이 그를 대신하여 천삼 땅에서 여러 대를 살아오던 오경봉 노인의 일가가 해방 전 빚 때문에 오막살이마저 빼앗기고 정처 없이 떠돌다가 고향에 다시 돌아온 일이며, 나라에서 땅 없는 농민들에게 땅을 나누어 줄 때 노인이 농촌위원회 위원이 되어 밤낮을 가리지 않고 뛰어다니던 일들에 대하여 자세히 보고했다. 그리고 그가 분배받은 땅에서 농사를 잘 지어 수십 가마니의 쌀을 나라에 바친 사실도 이야기했다. 그러자 김 주석은 노인과 같은 애국적인 농민들이 많았기 때문에 해방 직후 나라의 어려웠던 재정문제가 풀렸다고 말했다.

김 주석은 후퇴 시기에는 무엇을 했는가고 물었다. 노인은 아들 3형제를 군대에 내보낸 뒤 며느리들과 함께 인민군대에 식량을 가져다주기도 하고 유격대에 짐을 져다 주거나 연락편지를 날라다 주기도 했다면서 그런 일까지 말씀드리는 것이 계면쩍어 어줍은 웃음을 지었다. 김 주석도 웃으면서 그것이 유격투쟁이지 다른 것이 유격투쟁이겠는가고 치하했다.

전후에 겹쌓이는 애로와 난관을 물리치며 농업협동조합을 조직하던 이야기를 듣고는 사회주의 건설의 선구자라고 높이 평가해 주었다. 그런 치하에 몸 둘 바를 몰라하는 노인의 거친 손에 김 주석은 담배를 쥐어주며 불까지 붙여주었다. 그러고는 지금 상점에 물품이 제대로 나오는가, 천들이 비싸다고 하지 않느냐고 물었다. 그때 일부 일꾼들은 농민들의 생활 형편을 알아보지도 않고 이제는 생활이 향상되었으므로 고급 비단천을 요구한다고 말하고 있었다. 사실 여부를 알아보기 위해 노인에게 천값을 물어본 것이다. 노인은 다른 상품은 모르겠지만 광목천 같은 수수하고 튼튼한 천이 적게 나온다고 말했다. 김 주석은 수첩을 꺼내 진짜 실농꾼이 다르다고, 앞으로 더 많이 보내주겠다고 하며 무엇인가를 적었다.

김 주석은 노인에게 "이곳 농민의 생활을 추세우자면 부수입을 높여야 하겠는데 무슨 방도가 없겠는가" 물었다. 한동안 뒷머리만 쓸어내리던 노인은 이 고장에서는 그전부터 집집마다 감나무를 심어왔다고 말했다. 멀지 않은 곳에 갓 심은 감나무의 가지가 바람에 흐느적거리고 있었다. 노인이 가리키는 감나무를 바라보던 김 주석은 집 주변에는 물론 등성이나 야산에도 저런 감나무를 많이 심으라고 하면서 현금수입을 높일 방도를 가르쳐주었다. 그 후 조합에서는 변혁이 일어났다. 오경봉 노인은 물론 모든 조합원이 김 주석이 가르쳐준 대로 조합을 추켜세우기 위하여 더 힘껏 일했다.

몇 해 후 10월 어느 날 또다시 천삼리를 찾아와 오경봉 노인을 만난 김 주석은 이제는 나이가 나이니만치 일이 힘들겠는데 좀 쉬어야 하지 않겠는가고 정답게 말했다. 그때로부터 10여 년이 지난 어느 날, 오경봉 노인은 김 주석 탄생 60돌 경축 행사에 강원도 대표로 참가하기 위해 평양으로 향하던 중 몸이 편치 않아 도

병원에 입원했다. 이 일을 두고 마을 사람들 누구나 섭섭한 마음을 금치 못했다. 그런데 웬일인가. 며칠 후 노인이 평양에 올라가 경축행사에 참가했다는 기쁜 소식이 전해졌다. 사연인즉 강원도에서 올라온 대표들을 만나보며 숙소가 불편하지 않은지, 앓는 동무는 없는지 일일이 알아보던 김 주석이 오경봉 노인이 도 인민병원에서 치료받고 있다는 것을 알게 되었던 것이다. 김 주석은 안색을 흐리면서 자신을 만날 적마다 무엇인가 도움을 주고자 애를 쓰는 진실한 농민이라며 "로인이 연세로 보아 이제 평양에 올라오지 못한다면 언제 다시 올라와 보겠습니까? 평양에 데려다가 큰 병원에서 치료를 시키고 행사에 참가시킵시다" 하고 말했다. 이렇게 되어 노인은 평양에 올라가 치료를 받고 경축행사에 참여하게 되었으며 선물까지 받아 안고 고향으로 돌아왔다.

1976년 10월 김 주석은 또다시 세 번째로 이 마을을 찾았다. 허리에 두 손을 얹고 감나무 동산을 둘러보던 김 주석은 천삼리에 처음 왔을 때 본 감나무가 얼마나 자랐는지 보자면서 관리위원회 건물 위의 등성이로 앞장서 올랐다. 그곳에서 오 노인이 2년 전에 사망했다는 이야기를 듣고 몹시 가슴 아파하며 아까운 노인을 잃었다고 애석해했다.

평생을 땅과 함께 살아온 한 평범한 노인을 잊지 못하는 김 주석을 바라보는 일꾼들의 마음은 어땠을까?

이곳 사람들의 감나무 사랑은 대단하다. 감나무의 일곱 가지 덕

감으로 뒤덮인 천삼리의 가을과
안변의 천삼협동농장

을 손꼽으며 자랑한다. 막상 내용을 들어보면 그리 대단할 것도 없지만 우리 민족 특유의 해학이 느껴진다. 수명이 길다, 새가 둥지를 틀지 않고 벌레가 잘 생기지 않는다, 여름에는 그늘을 드리우며 가을에는 단풍이 곱고 맛 좋은 감이 열린다, 낙엽은 질 좋은 거름이 된다 등등.

감나무를 가리켜 '문무 충효 절을 갖춘 나무'로 일러왔다는 이야기도 재미있다. 잎이 넓어 거기에 글을 쓰니 '문'이요, 대가 굳어 활을 만드는 데 쓰니 '무'라고 한다. 열매가 겉이나 속살이나 붉은색 한 가지니 '충'이요, 홍시는 늙은이도 먹을 수 있으니 '효'라고 일컫는다. 잎이 떨어져도 열매는 가지에 그냥 매달려 '절개'를 지키니 '절'이라고 한다.

마을은 감나무 숲속에 완전히 묻혀 있다. 봄에는 노란 꽃 속에, 여름에는 푸른 잎새에, 가을에는 붉은 감에 집들이 묻혀버린다. 농장원들은 감 생산에 총력을 기울인다. 해거리를 없애기 위해 거름을 듬뿍 주고, 가지솎음도 열심히 한다. 한 농장원은 뜨락에 심은 30여 그루의 감나무에서 1년에 감을 2톤 이상 딴다고 한다. 감나무를 심고 또 심어 15그루 이상 심은 세대가 200여 세대라니 사실상 천삼리의 모든 농가가 다 감나무 집이라는 이야기다. 이곳 감은 달기로 소문나서 여기저기 주문이 쇄도한다. 가을이면 트럭에 가득 실린 감이 온 읍거리를 덮는다.

안변청년발전소

안변군에는 북이 1990년대 중반에서 2000년 초까지 혹독한 경제난을 겪으면서 건설한 안변청년발전소가 있다. 회양·고성·안변 등을 거쳐 서해로 흐르는 하천의 물을 주변 저수지에 모은 후 수로터널을 통해 경사가 급한 동해안 쪽으로 역류시켜 전력을 생산한다. 이러한 유역변경식 발전소는 수로터널 공사를 해야 하므로 건설이 힘들다. 안변청년발전소 역시 태백산맥을 관통하는 43km짜리 대형 터널을 뚫는 대공사로, 1986년 시작해서 2002년에야 완공했다. 북은 김일성 주석 사후 최악의 경제난에 들어가게 되자 평상시에도 어렵던 공사에 사력을 다해 달라붙었다. 김정일 위원장은 1996년 9월 '일백리 굴'로 불리는 긴 수로터널 공사를 완수하고 이어 2단계 공사에 착수하며 이 공사에 참여한 군인들을 '혁명적 군인정신의 창조자'로 치하한다. 여기에서 처음 나온 혁명적 군인정신이란 무엇일까?

안변청년발전소 건설은 군인들의 손으로 이루어졌다. "최고사령관의 명령을 관철하기 전에는 조국의 푸른 하늘을 보지 말자. 임무를 완수하기 전에는 죽을 권리도 없다"라고 외치는 투철한 군인정신으로 일관한 공사였다. 천연바위를 뚫고 얼마간 전진하면 강줄기 같은 물이 터져 삽시에 갱을 메웠다. 붕락 구간이 너무 많아 1m를 전진하는 데도 숱한 시간과 노력을 들여야 했다. 하지만 갱이 물에 잠기면 뗏목을 만들어 그 위에서 착암기를 돌렸고, 광차를 미는 것만으로는 성이 차지 않아 어깨에 갱목을 메고 막장을 달렸다. 앞선 전우가 쓰러지면 다음 전우가 그 자리를 메꾸며 나가는 그들에게 '불가능'이라는 단어는 통하지 않았다.

　한번은 25m의 구간이 붕락되어 27명의 군인이 갱 막장에 갇히는 일이 있었다. 막장에 갇힌 군인들을 구출하기 위해 배관으로 압축공기를 계속 넣어주면서 무너져 내린 버럭(돌덩어리)을 실어냈다. 하루가 지나갔다. 지휘관들은 배관을 자르고 음식을 넣어주려 했다. 그런데 그때 배관을 통해 안에서 공사를 강행하는 소리가 들려왔다. 이어서 "먹을 것보다 굴진을 계속할 수 있게 압축공기를 보내 달라"라는 분대장의 외침 소리가 들려왔다. 그대로 쓰러질 수도 있는 생사기로의 순간에 '명령만은 무조건 끝까지 관철하여야 한다'라는 신념으로 암벽을 밀고 나가는 모습이었다. 여기에서 발현된 군인들의 투혼을 혁명적 군인정신이라고 하며, 이를 선군시대를 극복하는 힘의 원천이라고 불렀다. 즉 혁명적 군인정신이란 '인민군이 당과 최고지도자, 조국과 인민을 위하여 청춘도 생명도 다 바쳐 싸우는 결사의 투쟁정신이며, 어떤 난관과 시련도 과감히 뚫고 나가는 필승불패의 혁명정신'이다. 1990년대 중반, 북의 최악의 경제난은 안변청년발전소에서 보여준 혁명적 군인정신을 온 인민이 본받으며 극복의 실마리가 풀려나갔다.

통천군

안변역을 지나 원산으로 들어가기 전에 통천군을 먼저 살펴보는 것이 좋겠다. 통천군은 금강산 바로 위에 있는데, 이 책에서는 금강산은 다루지 않으므로 통천군을 살펴보고 원산을 거쳐 함경도로 올라가는 것이 집필 순서와 맞을 것 같다.

2020년 통천은 인민의 식탁 위에 사회주의 바다 향기를 차고 넘치게 하자는 북의 꿈을 실현하는 사업의 하나인 강원도 수산물 생산 및 가공기지가 건설된 곳이다. 통천군의 동쪽 바닷가에는 관동 8경의 하나인 시중호가 있다. 시중호는 원래 동해의 작은 만이 모래로 막혀 이루어진 바다 호수로, 7개의 섬이 있는 북의 천연기념물이다. 시중호는 '시중대'라는 정자에서 유래된 이름이다. 한명회가 강원도 관찰사 시절 세조로부터 우의정을 제수받은 정자라고 하는데, 고을 사람들은 우의정의 고려 때 관직명인 '시중'을 내세워 시중대라고 불렀다고 한다.

시중호는 감탕 치료로 유명하다. 시중호 밑바닥에는 4~5m 두께의 질 좋은 치료용 감탕이 깔려 있다고 한다. 감탕은 관절염, 신경통 등에 효험이 있어 60여 년의 역사를 가진 진흙치료연구소와 요양소에서 감탕 치료를 한다. 시중호의 감탕은 기관지염과 신경통, 부인병, 외상 및 피부병 치료에 특효가 있다. 검은 진흙을 몸에 바르는 진

■ 국도

■ 압룡단

동정호

하수리

원산

▲양새봉   화통리

청이포

동해

강동리

시중호

▲황룡산   송전리   삼도

통천군   ■ 총석정

통천

안 변 군   미평리   ■ 금란굴

구읍리

회 양 군   신림리

우동산 ▲   대금강

함경남도

평안남도   동해

황해북도

강원도(남)

개성시   경기도

흙온천은 피부 미용에 효과가 있다.

감탕 치료 방법은 목욕통에 일정한 양의 감탕과 물을 넣고 온몸을 담그는 방법, 전기치료, 초음파치료, 광선치료와 병합하는 방법 등이 있다. 보통 42~50도로 데워서 쓰지만 그대로 쓰기도 한다. 한 번에 20~25분 정도씩 매일 혹은 격일로 총 12~15회 정도 치료한다.

시중호 주변 소나무숲을 따라 남쪽으로 7km 정도 내려가면 동해의 명승 총석정이 나온다. 1,000m 구간에 늘어선 6각·8각의 좌총, 입총, 와총을 빠짐없이 보려면 총석정 정각에 오르는 것도 좋지만 배를 타고 돌아보아야 제맛이 난다. 총석정은 수십, 수백 개의 현무암 돌기둥인데, 마치 수많은 석공이 대를 두고 다듬어 바다 위에 묶어 세

총석정

운 듯 기묘한 모습이다. 돌기둥이 무리로 또는 홀로 수정같이 맑은 바닷물 속에 뿌리를 박고 선 모양이 신비롭다. 옛날 네 신선이 놀고 갔다는 사선봉과 총석정의 돌기둥들을 베어 용궁까지 다리를 놓으려다가 그 아름다움에 끌려 그만두었다는 돌다리, 의좋게 서 있는 부부암, 거북바위 등에 얽힌 전설을 듣는 것도 이곳 관광의 또 다른 묘미다.

감탕치료로 유명한 통천외교단휴양소를 선전하는 리플렛

❶ 시중호

❷ 시중호와 연결된 바다

❸❹ 시중호 바닷가에서 파도타기를 즐기는 관광객

북녘 강원도 개괄

안변을 지나면 기
차는 갈마반도를
지나 원산에 도착
한다. 여기서 본격
적으로 강원도 소
개를 하고 가자.

본래 북에서는
강원도와 경기도
가 모두 남과 북으

북녘 강원도 군 분포도

로 분단되어 있었지만 북에서 행정구역을 개편하면서 경기도 땅을
황해남도와 황해북도에 포함시켰다. 현재 한반도에서 유일하게 남
강원도와 북 강원도로 분단된 채 남았다. 북 강원도에는 도청소재지
가 있는 원산시와 문천시 등 2개의 시와 15개의 군이 있다. 철도는
금강산청년선(안변군의 안변역-고성군의 감호역)과 강원선(고원역-평강역), 청
년이천선(평산-세포청년)이 있다. 금강산청년선은 동해북부선이고 강
원선은 경원선의 북쪽 구간을 말한다.

강원도는 마식령산맥과 아호비령산맥이 겹쳐 있고, 해안을 끼고
길게 뻗어 내린 지형을 바탕으로 산악미, 계곡미, 해안미가 독특하고

❶❷ 100% 강원도
생산 자재로 건설한
강원도양묘장

❸ 매봉산신발로 전국적으로
유명한 원산구두공장

❹ 갈마식료공장

아름다운 지역이다. 약수, 폭포, 호수 및 저수지, 고원 등 아름다운 경관들이 많고 다양한 명승지와 유적지가 있어 지역 전체를 하나의 관광지로 묶는다고 해도 손색이 없다.

대규모 공장도 많고 유색금속, 기계, 시멘트, 화학공업 등이 발전했다. 천내군은 천내시멘트연합기업소가 유명하다. 원산철도차량련합기업소는 북에서 가장 큰 차량 공장으로 60톤짜리 중량화차, 냉동차, 유조차, 객차, 골재운반차 등 10여 가지의 특수차량을 생산한다. 원산조선소는 최대 3만 톤급의 배를 만든다. 중공업 공장으로는 원산화학공장, 원산편직공장이 있다. 문천시의 공장은 뒤에서 따로 이야기하기로 하고 안변요업공장, 원산구두공장, 송도원종합식료공장, 원산온실농장, 원산양어사업소, 평강가죽이김공장, 송도원통졸임공장, 매봉산의료용소모품공장, 원산기초식품공장, 갈마바다가양식사업소 등이 최근 개건된 공장이다.

강원도 정신

많은 사람이 북이 경제를 이끌어 가는 동력이 무엇인지 궁금해한다. 자본가도 없고, 외국자본도 들어오지도 않는데 무슨 돈으로 공장을 짓고, 도시 기반시설을 만들 수 있을까? 1970년대에는 한국보다 훨씬 잘 살았다고 알려졌는데, 1990년대 사회주의권이 몰락하고 경제가 무너지면서 우리에게 알려진 북의 모습은 굶주리고 헐벗은 영상뿐이다.

김정은 위원장 집권 이후인 2013년이 지나면서 북은 달라지기 시작했다. 2001년, 고난의 행군을 벗어났다고 선언한 이후 10년 동안 나라의 경제를 재건하기 시작했고, 그 성과들이 나타나는 것으로 보아야 한다. 하지만 그 동력에 대해서는 잘 모른다. 북녘에서는 시대마다 본보기가 있었고, 거기에서 창조된 시대정신으로 사회의 발전을 선도해 나갔다. 1960년대 강선의 노동계급이 추켜든 생산적 앙양의 불길이 천리마 대고조의 불길로 타오르면서 '천리마 시대'가 열렸고, 1990년대 중반 '강계 정신'으로 고난의 행군을 돌파한 후 2000년대 '성강의 봉화', '나남의 봉화', '함남의 불길'을 지펴 올렸다. '강원도 정신'은 '자력자강을 원동력으로 번영의 새 역사를 창조해 나가려는 김정은 시대의 정신'을 나타낸다.

강원도는 돌과 물만 가득한 척박한 땅이었다. 강원도 사람들은 '암하노불'(岩下老佛. 큰바위 아래 있는 부처님처럼 어질고 인자하다는 뜻. 실제로는 굼뜨고 답답하다는 의미로 쓰인다)의 사람들로 불렸다. 강원도가 발전하려면 전기부터 해결해야 했지만, 방법이 없었다. 그렇게 체념하고 있던 2009년, 강원도에 온 김정일 위원장이 험한 지형의 마식령산맥의 낙차를 이용한 유역변경식 발전소를 만들자고 제안했다. 이렇게 만들어진 원산군민발전소는 전형적인 유역변경식 수력발전소다. 강원도 법동군 임진강 상류에 댐을 쌓고 마식령을 가로지르는 지름 3m, 길이 20km 이상의 수로터널을 뚫어 강물을 동쪽으로 돌려 총 4만kw의 전기를 생산하는 유역변경식 댐을 건설하는 건 이만저만한 대공사가 아니었다. 특히 지하 물길 굴 공사는 걸어서 20분이면 갈 2km 거리를 뚫느라 4년이 걸렸다니, 공사의 어려움을 조금은 알 것 같다.

강원도 정신의 시작이 된 원산군민발전소

　땅속에서 멋대로 솟구쳐 오르는 지하수는 수온이 너무도 낮아서 겪어보지 않은 사람은 그 고통을 짐작조차 할 수 없다. 물길 굴 공사를 하다가 물주머니가 터지는 바람에 가슴 위까지 물에 잠겼지만, 거기서 물러나면 공사하던 위치를 찾지 못할지도 모른다는 우려 때문에 물을 퍼낼 때까지 3개월을 버티기도 했다는 이야기는 믿기지 않을 정도다. 그들은 물속에서 주먹밥을 먹으며 시간을 아꼈고, 때로는 죽음까지 불사하며 공사를 강행했다. 한국 방송에서는 원산군민발전소 건설 과정을 담은 북의 기록물을 편집해 보여주면서 '제7차 조선로동당 대회에서 당의 업적을 과시하기 위한 강제노동'이라고 설명한다. 열정적 애국심과 강제노동! 둘 중 무엇이 진실일까?

　북의 이야기를 들어보자. 미국은 수십 년 동안 매년 수차례 한미합동군사훈련을 하면서 북녘 인민들에게 시장경제 전환을 강요하며 '전쟁 위협과 제재'라는 양날의 칼을 휘둘러왔다. 그러나 사회주의를 포기하고 시장경제로 전환하는 것 즉 자본주의의 길은 북녘 인민들에게 나라의 주인이 인민이 아니라 재벌과 외국자본이 된다는 것을 의미했다.

주인 행세를 하려는 외국자본의 횡포를 거부한 북녘에 가해진 것은 무서운 핵전쟁과 대북 제재 협박이었고, 그 결과는 1990년대 중반 북의 최악의 경제난이었다. 북녘 인민들은 자체의 힘으로 경제를 건설하지 못한다면 결국 자본의 노예가 될 수밖에 없다고 생각했다. 그래서 택한 것이 바로 자력갱생의 길이었다. 석유 대신 석탄으로 화학공업을 일으키고, 주체철, 주체비료, 주체섬유 등 온갖 지혜를 짜내 경제를 회복시켜 왔다. 하지만 안타깝게도 '전기'라는 장벽이 가로놓여 있었다. 전기를 해결해야 살아갈 수 있다고 생각한 강원도 인민에게 원산군민발전소 건설은 강제노동이 아니라 생명이고 자유였다.

최근 북 강원도 농촌의 모습

우리에게는 강제노동으로 비쳐질 수밖에 없는 엄청난 노동이 그들의 생명이고 자유라니, 이 말을 온전히 공감할 수 있는 한국 사람이 얼마나 될까? 그러나 이것은 엄연한 사실이다. 수력발전소를 완공하여 전기를 펑펑 쓰게 되었을 때 강원도민들의 마음은 어땠을까? 김 위원장 때문에 강제노동을 했다고 생각할까? 아니면 자신들의 손으로 이룬 기적을 스스로 자랑스럽고 대견하게 여길까?

2009년 원산청년발전소에 이어 2016년 4월 원산군민발전소가 완공됨으로써 원산, 철원, 금강산 지역까지 24시간 전력 공급 체계가 정비되었다. 전기 문제가 풀리자 강원도의 경제발전과 주민 생활에 필요한 전력과 관개용수 문제를 해결할 수 있는 토대가 마련되었고, 강원도는 변하기 시작했다. 알루미나 생산공정, 환원철 생산공정, 탄산소다 생산공정, 합성연유(휘발유) 생산공정에서 강원도를 뛰어넘는 국가 차원의 공장이 만들어졌다. 중공업을 기반으로 인민소비품을 위한 경공업 공장이 활기를 띠면서 주민들의 삶도 달라지기 시작했다.

북녘 인민들은 사회주의 성패의 열쇠는 자력갱생 실현에 있다고 믿는다. 강대국들 사이에 끼어 있는 작은 나라가 전략적 지위를 고수하며 발전하기 위한 유일한 선택이다. 또 강대국이 북의 근본이익을 놓고 흥정하는 것을 허용하지 않겠다는 결심이다. 자기의 힘, 자기의 자원, 자기의 기술로 온 세계에 맞서 나가는 자주정신이며, 최첨단 돌파정신으로 지금의 국면을 돌파하겠다는 의지이다. 자력갱생은 저절로 이루어지지 않는다. 자력갱생을 실현하려면 누구나 가진 악성종양을 깨끗이 들어내지 않으면 안 된다. 북에서의 악성종양은 '수입병'이다.

수입으로 문제를 해결하려는 생각이 악성종양이라니, 너무 심한 말로 들릴지 모르겠다. 싸고 좋은 물건을 수입하면 쉽게 해결되는데, 무엇 때문에 시간과 자금과 노력을 들여 자체 생산한단 말인가? 그러나 외국 제품이 과연 싼 것인지 진지하게 생각해 볼 일이다. 다른 나라의 제품 속에는 그들의 방식, 그들의 문화, 그들의 가치가 깃들어 있게 마련이다. 편리하다고 그것을 쓰는 것을 습성화하는 순간, 자기의 것은 더 멀어지게 마련이다. 어느 사이 사대주의에 물들어 자기 것을 무시하고, 자기의 힘을 기를 생각도 포기하게 된다.

실제로 자국에 없는 기술로 만든 외국 기계를 수입했다고 치자. 작은 부품들이 망가지면 어떻게 할까? 외국에서 부품만 따로 수입하기란 쉽지 않아 자체로 만들어야 하는데 기술이 없다면? 그런 상황에서 생산이 중단되는 것도 문제지만 노동자들이 느끼는 무력감은 더 무서운 질병이다. 수입은 쉬운 해결책이 아니라 오히려 노동자를 머저리로 만드는 질병이다.

2005년에 나는 캡슐에 항생제 가루를 넣는 제약 설비를 북에 지원한 적이 있다. 그 사업이 종료된 뒤 북은 후속 사업으로 항생제의 원료인 생약을 스스로 만들 수 있는 설비를 원했는데 남쪽에서 지원 자금을 만들기가 어려워 포기했다. 의약품 지원에 적극적이었던 주변 의료인들이 '항생제 100% 수입에 몇 푼 들지도 않는데, 그걸 스스로 만들겠다며 돈을 쓰겠다는 것 자체가 낭비'라며 거세게 비판을 했기 때문이다.

그때부터 16년 이상이 지난 요즘, 우리는 자체적으로 코로나 백신을 만들려고 안간힘을 쓰고 있다. 국민의 건강을 지키기 위한 중요한 약들을 외국에서 수입하는 이외의 다른 대안이 없다면 우리 힘으로 국민건강을 지키지 못할 수도 있다는 자각이 이제야 생긴 것일까?

북은 수입병을 악성종양만큼 위험하다고 본다. 악성종양을 제거하지 않으면 목숨을 잃게 되듯, 수입에 대한 안일한 사고를 걷어내지 않으면 자력갱생이 불가능해지고 자기 발로 걸어 나가는 사회주의는 사망한다고 생각한다. 수입병을 없애기 위해서는 자신의 힘을 믿는 동시에 과학기술적 토대가 있어야 한다. 과학기술이 뒷받침되지 않는 자력갱생은 사상누각에 불과하다. 즉 과학 중시 정책과 자력갱생은 떼려야 뗄 수 없는 동전의 양면이다. 북은 수십 년간 다져온 자립경제 토대와 과학기술 인재 역량을 종자로 삼고 인민의 창조적 힘을 발휘하면 100% 자력갱생하는 경제발전의 길을 갈 수 있다고 믿는다.

강원도 자력갱생전시관

2019년 12월 30일 개관한 자력갱생전시관은 강원도 일꾼과 과학자, 근로자들이 최근 자기 힘으로 만들어낸 창조물들을 전시해 놓은 곳이다. 강원도의 전력, 금속, 건재, 화학공업, 농업, 경공업, 수산, 산림 등 700여 종의 제품들이 전시되어 있어 강원도 정신이 무엇인지 알려준다. 수입하지 않으면 안 되는 코크스를 쓰지 않고 강철을 생

강원도 자력갱생전시관

산한 문천강철공장,
강원도 자재만을 사
용한 원산가구공장,
타일 유약 생산방법
을 창조한 안변요업
공장, 회전 원통식 원
료건조로를 제작한
안변린(인)비료공장,
레일, 건재품, 금속제품, 신발류, 의복류…. 없는 것이 없다. 또 자력
갱생전시관에서는 그런 설비를 만든 생생한 경험담도 들을 수 있다.
세계 최고 상품에 익숙한 우리에게는 지방 소도시의 자체 생산품 전
시회처럼 소박해 보인다. 하지만 우리 지방 소도시의 상품 전시회가
지역 특산물 홍보가 목적인 반면 자력갱생전시관은 자신의 손으로
난관을 뚫고 나가며 문명사회를 건설할 수 있다는 낙관을 홍보한다.

강원도과학기술위원회는 자력갱생의 고리가 되는 현실적인 문
제들을 연구과제로 설정했다. 강원도에 흔한 원료를 활용, 합성원
유(석유)의 실수율을 높였고, 소금으로 가성소다와 탄산소다를 만들
어 유리와 자기 생산이 가능해졌다. 열선반사유리 생산은 미학적 효
과와 열 차단기능이 높은 마감재의 생산으로 이어졌다. 공장의 노동
자들도 새로운 혁신의 창안자가 되었다. 대학을 다니지 않은 노동자

출신의 문평제련소 정일룡 작업반장은 공장에서 일하면서 배우는 교육체계에 맞춰 공부해서 박사학위를 받았다. 그는 폐기물로 유색 금속을 재생산할 수 있는 연, 아연 승화물과 백색 안료를 만드는 데 성공했다. 문평제련소가 내화벽돌과 내산타일을 자체 기술로 만들 수 있기까지는 이처럼 많은 현장 노동자의 노력이 깃들어 있다.

강원도 정신의 성공을 축하하는 원산청년야외무대 공연

원산, 원산항, 갈마반도

원산시는 강원도 도청소재지로 천혜의 항구도시다. 연평균 기온 10.4도의 해양성 기후로 다른 지역에 비해 비교적 따뜻하다. 원산시는 북녘 동해와 서해를 연결하는 철도의 주요 분기점이며 평원선(평양-원산)과 강원선(경원선의 북쪽 구간), 함경선(원산-온성)의 연결 고리로 동서 연결과 남북 연결의 핵심지역이다. 평양에서 원산까지 208km의 고속도로가 있고 함흥까지 111km의 고속도로가 건설되어 있다. 원산은 '으뜸가는 산들이 병풍처럼 둘러서 있다'라는 뜻이다. 원산의 동남쪽 갈마반도와 동북쪽 호도반도로 둘러싸여 있는 원산만은 수심이 깊어 1만 톤급 이상의 배가 드나들 수 있으며, 동해안의 각 포구와 연결되어 여러 지방의 생산물이 집중되는 곳이었다. 원산항은

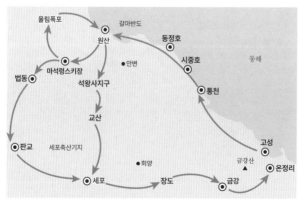

관광을 중심으로 본 강원도의 지도

근대 이후 여러 열강이 눈독을 들인 대표적인 항구다. 1880년에 부산 다음으로 강제 개항이 이루어져 일본이 우리의 자원을 빼앗아가는 항구로 사용했다. 6.25 전쟁 때는 미군의 동해안 상륙작전을 위한 마지막 공세가 이루어지며 집중적인 폭격을 받았다. 이른바 '원산폭격'이라는 말의 유래다.

원산에는 송도원유원지, 송도원국제소년단야영소 등 관광문화 휴양시설이 많다. 현재 송도원호텔과 동명호텔의 수용능력은 1,910여 호실 정도다. 갈마반도에는 갈마호텔, 새날호텔 등 1,030여 호실의 숙박시설이 있다. 2022년 2월 현재 갈마호텔은 코로나 예방으로 국경을 차단한 상황에서 휴장하고 있다. 원산에서 서북쪽으로 25km 떨어진 마식령산줄기에는 10여 개의 스키 코스와 300여 호실의 숙박시설을 갖춘 마식령호텔이 2013년에 문을 열었다.

최근 마식령스키장과 원산국제공항 등 금강산-원산 관광개발이 본격화되면서 '갈마지구'라는 이름이 남쪽에도 많이 알려졌다. 갈마반도는 육지 가까이에 있던 섬이 육지와 잇닿아 이루어진 '육계도'로 남대천(안변)과 바다의 퇴적작용으로 운반된 모래가 쌓여서 만들어졌다. 3.8km에 이르는 명사십리 백사장에 붉게 핀 해당화도 유명하다. 원산-갈마지구 개발은 '원산 시내'와 '갈마반도', '석왕사' 등 3개 지구로 진행되고 있다. 최신식 위락시설과 산업시설이 밀집된 갈마반도는 호텔 숙박 능력을 꾸준히 늘리고 여객 부두와 정박장을 강화하는 한편 해변에는 10만 명을 한번에 수용할 수 있는 해수욕장도 새로 조성할 계획이다. 원산 시내에는 주택단지가 조성되고 석왕사 지역에는 등산로와 숙박시설 등을 건설하려고 한다.

원산시의 전경

송도원호텔 전경과 내부 시설

갈마호텔

원산에서 방파제로 이어진 장덕섬

원산동물원

갈마국제공항과 2016년 원산항공축제

갈마국제공항은 김정은 시대 원산의 국제관광지 개발과 함께 개건되었다. 항공기 12대가 계류할 수 있고 연간 120만 명의 승객을 처리할 수 있는 현대적 공항이다. 2016년 9월 24일부터 26일까지 갈마국제공항에서 원산국제친선항공축전이 열렸다. 이 행사는 북이 기획하고 영국의 주체여행사와 베이징의 한 여행사가 각각 유럽과 중국 관람객을 모집하여 성황리에 개최되었다. 북 공군이 보유한 미그

원산항공축제와 야간 파티

21과 미그29, 수호이25 전투기 및 휴즈 MD-500 헬기 등이 참가한 곡예비행, 비행관광, 스카이다이빙, 열기구, 모형항공기 곡예비행 등을 선보였는데, 유명한 국제 스카이다이버도 출연했다. 이 밖에도 강원도예술단 공연, 태권도 시범공연, 송도원 원형극장 영화 상영과 맥주축제도 함께 진행되었다.

2016년의 성공에 힘입어 여행사들은 2017년에도 원산, 금강산 관광과 문화공연 관람, 마식령스키장 인근에서 열리는 마라톤 행사와 연계하여 3박 4일부터 10박 11일까지 다양한 원산 에어쇼 여행상품을 마련했다. 당시 7박 8일짜리 여행상품의 가격은 1만 8,990위안(약 310만 원)이었다. 이 행사는 그해 1월, 4차 핵실험으로 유엔대북제재결의안 2270호가 발의되면서 항공유 수입 금지 조처가 내린 후에 진행되어 북이 자체적으로 항공유를 생산할 수 있을지도 모른다는 추측을 낳기도 했다. 그러나 안타깝게도 2017년 이 항공축전은 열리지 않았다.

송도원유원지

원산 송도원은 마식령산맥에서 뻗어 내린 산들을 배경으로 동해의 푸른 물결과 흰 모래밭을 따라 소나무숲과 해당화꽃이 조화를 이루는 명승지다. 송도원은 갈마반도와 호도반도로 둘러싸인 만으로, 작은 섬들이 거센 바닷물결을 막아주어 파도가 잔잔하다. 500여 정보의 송도원은 장덕섬 유람구역, 해수욕장구역, 동물원과 식물원 관람구역, 백화원구역, 조선식 공원구역, 솔밭구역, 송도원국제소년단 야영소구역, 휴양소구역으로 나뉜다.

송도원 소나무숲과 백화원

송도원국제소년단야영소

송도원국제소년단야영소의 역사는 1959년으로 거슬러 올라간다. 당시 원산시 일꾼들은 아름다운 송도원에 다른 건물을 만들려는 구상이었다. 그러나 김일성 주석이 송도원의 제일 좋은 자리에는 아이들의 야영소를 지어야 한다고 교시함으로써 1960년 8월 17일, 250명 수용 규모를 가진 송도원중앙야영소로 출발했다. 그 뒤 몇 번의 확장과 재건축을 통해 연건평 1만 2,000평에 1,250여 명을 수용할 수 있게 되었다. 현재의 모습은 2014년 5월 초에 확장한 모습이다. 지금까지 6만 3,000여 명의 학생이 야영을 했다. 초급중학교 2학년에서 고급중학교

송도원국제소년단야영소

1학년까지 매해 4~10월에 야영을 하고, 외국 청소년들은 7~8월에 북소년단원들과 함께 야영생활을 한다. 야영소에는 축구·배구 운동장, 체육관, 실내외 수영장과 보트장, 수족관, 동물원, 식물원, 놀이공원, 사우나실, 식당, 상점, 3D영화관, 전자오락관 등이 마련되어 있다.

원산 혁명사적지

원산항은 해방 이후 김일성 주석이 귀국한 장소다. 이를 기념하는 혁명사적지가 많다. 시내에는 구 원산역과 김 주석이 원산을 떠날 때 탔던 기차와 좌석, 김일성 주석이 머물렀던 숙소 동명려관(복원) 헌시비와 현지지도 사적비 등이 있다.

김 주석은 어떻게 원산항으로 귀국하게 되었을까? 1945년 8월 9일 조선인민혁명군은 소련군과 함께 대일 전면전을 개시한다. 조선인민혁명군이 소련군과 함께 일제와 전면전을 벌이며 한반도로 진출하는 동안 김일성 주석은 연해주에서 '건당·건국·건군의 3대 과업을 핵으로 하는 새 조선 건설의 이정표'를 발표한 후 9월 4일 육로로 귀국길에 오른다. 만주에서 철길이 끊어지자 우스리스크로 돌아가 9월 18일 블라디보스톡에서 소련 함선을 타고 귀국길에 올랐다.

얼마나 감개무량했을까? 당시 그는 죽을 고비를 무수히 넘겼던 빨치산 시절보다 더 어렵고 힘든 사회주의 정권 수립 과정에서의 격랑을 예측했을까? 세계 최강 미국과 혈전을 예감했을까?

9월 19일 조용히 원산항에 상륙한 김일성 사령관은 공산당 원산시당을 찾아가 자신을 김일성부대에서 일하던 김영환 정치위원이라

❶ 원산 구 역사(현 사적지)   ❷ 김 주석이 투숙했던 동명려관(복원)
❸❹ 바닷가 혁명사적지와 김 주석 상륙기념비

는 가명으로 소개했다. 당시 김일성 주석은 꽤 유명했다. 줄기차게
싸워온 항일무장투쟁 15년의 세월이 우리 민족에게 희망과 용기를
주었기 때문이다. 김 주석은 자기 이름을 그대로 알리고 귀국할 경
우 환영인파에 휩쓸려 국내 정세를 제대로 파악하는 것이 어려울 것
이라고 예상했다. 반면에 자기를 평범한 한 개인으로 소개한다면 각
정당 일꾼이나 지역 유지들과의 대화가 어려워져 국내 정세를 파악
할 수 없을 것이다. 이 때문에 김일성부대 정치위원 정도의 가명이
적절하다고 생각했던 것 같다. 김일성부대 정치위원이라고 하자 원
산시 공산당 일꾼들은 김일성 사령관이 언제쯤 귀국하는지 몹시 궁
금해하며 모여들었다. 이윽고 화제는 자연스럽게 조선의 진로로 이
어졌다.

　이야기를 마친 후 숙소인 동명려관으로 돌아온 김 주석은 소문을

듣고 찾아온 몇몇 지역 유지들을 만났지만 국내에서는 누구도 올바른 건국 노선을 내놓지 못하고 있다는 것을 알게 되었다. 김 주석은 그들에게 조선혁명의 성격과 당면 임무, 새 조국 건설 노선에 대해 반제반봉건 민주주의 혁명단계에서 조선이 나아갈 길은 진보적 민주주의의 길이라고 말했다. 그날 항일혁명 투사들을 정치공작원으로 각지에 파견한 김 주석은 다음 날 기차로 원산을 떠나 평양에 도착했다. 원산은 김정은 국무위원장의 고향으로 알려져 있지만, 해방과 함께 조국에서 김일성 주석의 첫 역사가 시작된 곳이기도 하다.

푸에블로호 사건이 일어났던 원산항

원산 앞바다는 유명한 푸에블로호 사건이 일어난 지역이다. 1968년 1월 23일 해상 순찰 임무를 수행하던 조선해군 함정이 원산 려도 근처에서 1,000여 톤급 미국 함대를 나포하고 선원 82명을 체포한 사건이다. 푸에블로호의 정체는 무엇이었으며 왜 이런 일이 발생했을까? 미국은 공해상에서 정상적인 해양정보 수집 중이었다고 주장했지만, 1967년 12월에 상부의 명령을 받고 일본 사세보항을 떠나 조선 영해에서 여러 차례 정탐행위를 했다는 기록이 상세하게 남아 있다. 푸에블로호는 소련과 중국, 조선 등의 해양에 접근하여 정보를 수집하는 정보수집선, 즉 간첩선이었다.

간첩선 나포는 세계평화를 위협하는 미국에 대한 정당방위였지만 미국은 이를 인정하지 않았다. 미 해군 역사상 처음으로 함선이 나포된 데 대해 미국은 분노로 들끓었다. 미국은 1월 24일과 25일 국가안전보장회의를 열어 군사적 보복을 결정했으며 육해공군을 조선 연해에 집결시켰다. 핵 항공모함 엔터프라이즈호와 세 척의 구축함이 원산만 부근에서 대기했으며 25일에는 해·공군 예비역 1만 4,000여 명에게 긴급 동원령을 내렸다. 항공기 372대가 출동태세를 갖추었고, 오산과 군산 기지에 2개 전투기 대대가 급파되었다. 28일, 두 척의 항공모함과 구축함 한 척, 잠수함 여섯 척을 동해로 이동시킴으로써 일촉즉발의 전쟁상황이 전개되었다.

그러나 미국은 쉽사리 공격 명령을 내릴 수 없었다. 푸에블로호의 함장과 선원들이 기자들을 모아놓고 자신들의 정탐활동에 관한 세세한 진술과 결정적인 자료를 공개했기 때문이다. '려도에서 7.6마일(영해의 범위는 12마일이다) 떨어진 조선의 영해 안으로 깊숙이 침입하여 여러 군사시설에 대해 정탐했다'라는 선원들의 폭로로 미국의 거짓말은 전 세계에 드러났다. 인도는 1월 27일 미국 기자와 인터뷰에서 '미국이 조선의 영해를 침범했을 것'이라고 밝혔으며 프랑스 역시 미국의 신중한 접근을 촉구했다. 소련은 '미국의 위법사실에 대한 명백한 증거가 있는 만큼 사태가 악화될 경우 좌시할 수 없다'라고 나섰다.

미국은 결국 태도를 바꿔 사건 발생 열흘 만에 조선과 협상테이블에 마주앉았다. 그리고 11개월간 28차례의 회담을 거치는 동안 온갖 굴욕을 감수해야 했다. 미국이 '콩알만 한 야만의 나라 조선'에게 역사상 처음으로 자신의 잘못을 공식 사과하는 치욕을 감수하고서야 82명의 승무원과 한 구의 시신이 판문점을 통과하여 남쪽으로 넘

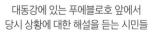
대동강에 있는 푸에블로호 앞에서
당시 상황에 대한 해설을 듣는 시민들

첩보선 푸에블로호 내부

어왔다. 북이 압수한 푸에블로호는 공해를 돌아 평양 대동강에 전시되었다. 푸에블로호 선원들의 공개적인 자백은 미군의 범죄를 전 세계에 드러낸 역사적 사건이었다.

그런데 남쪽에서 푸에블로호 사건을 다룬 글들을 보면 북의 주장과는 전혀 다르다. 북한이 도발했지만 미국이 평화를 위해 대승적으로 양보했다거나, 베트남 전쟁에 대한 미국 내 반전 여론이 심해져 조선과 전쟁을 벌일 수 없었다는 내용이다. 판단은 독자의 몫이다.

참고할 만한 재미있는 기사가 있다. 1990년도 후반 유명 시사지에 '선원들을 인질 삼아 푸에블로호를 탈취한 것까지는 이해되지만, 선원들을 돌려보낸 이후 어떻게 북한이 공해를 돌아 대동강까지 이 배를 가지고 갔는지 이해가 가지 않는다'라는 기사가 실렸다. 그 기사는 몇 가지 가설을 소개했다. 원산에서 평양까지 지하 운하가 있을지 모른다는 가설과 푸에블로호를 해체하여 운송한 후 다시 조립했을 것이라는 가설이었다. 북이 미국의 불법 침입을 자인하고 사과문까지 서명한 조건에서 정정당당하게 공해를 돌아 대동강으로 푸에블로호를 끌고 왔다는 것을 도저히 믿을 수 없었던 모양이다.

| 조선민주주의인민공화국 정부 앞 |

미합중국 정부는 1968년 1월 23일 조선민주주의인민공화국 영해에서 조선인민군 해군 함정들의 자위적 조치에 의하여 나포된 미국 함선 푸에블로호가 조선민주주의인민공화국 영해에 여러 차례 불법 침입하고 조선민주주의인민공화국의 중요한 군사적 및 국가적 기밀을 탐지하는 정탐행위를 했다는 승무원들의 자백과 조선민주주의인민공화국 정부 대표가 제시한 해당 증거 문건들의 타당성을 인정하면서, 이 미국 함선이 조선민주주의인민공화국 영해에 침입하여 조선민주주의인민공화국을 반대하는 엄중한 정탐행위를 한 데 대해서 전적인 책임을 지고 이에 엄숙히 사과하며, 앞으로 다시는 어떠한 미국 함선도 조선민주주의인민공화국 영해에 침입하지 않도록 할 것을 확실히 담보하는 바입니다. 이와 아울러 미합중국 정부는 조선민주주의인민공화국 측에 의해서 압수된 미국 함선 푸에블로호의 승무원들이 자기들 죄를 솔직히 고백하고 관용을 베풀어줄 것을 조선민주주의인민공화국 정부에 청원한 사실을 고려하여 이들 승무원들을 관대히 처분해줄 것을 조선민주주의인민공화국 정부에 간절히 요청하는 바입니다. 본 문건에 서명하는 동시에 하기인은 푸에블로호의 승무원 82명과 시체 한 구를 인수함을 인정합니다.

미 합중국 정부를 대표하여 미 합중국 육군소장 길버트 H. 우드워드

1968년 12월 23일

항복하고 배에서 내리는 푸에블로호 선원들

푸에블로호 문제에 대한 미국과 북의 협상

판문점을 통해 귀환하는 푸에블로호 선원들

북 초계정 선원들의 용기가 참 놀랍다. 처음 푸에블로호를 발견하고 한 시간 만에 나포했을 당시 북의 초계정에는 겨우 9명 남짓한 선원이 있었을 뿐이다. 그런 인원으로 당시 세계 최강 미국 함선을 나포한 것이다. 선원들은 그때 전쟁 발발 가능성을 염두에 두었을까? 김일성 주석이 '미 제국주의자들의 보복에는 보복으로, 전면전쟁에는 전면전쟁으로 대답할 것'이라고 연설한 게 사건 발발 며칠 후였던 점을 상기하면, 푸에블로호 나포는 초계정의 '자체 판단에 따른 즉각적인 공격'이었으리라고 짐작할 수 있다.

원산항에 정박되어 있는 만경봉92호

원산항에는 만경봉92호가 정박하고 있다. 현재 이 배는 외국인 관광객을 위한 선상 카페로 쓰이고 있는데, 입장료는 2유로다. 숙박은 할 수 없고, 식사나 차를 마시려면 추가 요금을 내야 한다.

만경봉92호의 역사를 살펴보자. 만경봉92호는 1950년대 후반부터 재일 조선인의 북송선으로 이용하던 만경봉호가 노후화하자, 김일성 주석 80회 생일(1992년)을 맞아 재일본조선인총연합회와 소속

원산항에 정박하고 있는 만경봉92호와 내부 식당

상공인들의 지원으로 함경북도 조선련합기업소가 건조한 약 9,700 톤급 대형 화물여객선이다. 원산-일본 니가타를 왕복 운항하면서 재일교포들의 북 방문에 쓰였으나 2006년 북 미사일 발사에 대한 일본의 보복으로 일본 입항이 불가능해졌다. 2002년 아시안게임 당시에는 북 응원단을 태우고 다대포항에 입항하여 숙소로 사용했다. 또 2018년 동계올림픽 때는 응원단을 태우고 묵호항에 입항하여 예술단의 숙소로 사용했다.

원산력사박물관

원산력사박물관은 송도원호텔 근처 바닷가에 있다. 우리는 가끔 역사를 현실로부터 떨어져 있는 것으로 생각하는데, 원산력사박물관은 6.25 전쟁 중인 1952년 3월에 세워졌다. 당시 원산은 가장 뜨거운 격전지였다. 언뜻 이해가 가지 않는다. 그런 상황에서 역사박물관을 건립하다니, 참 한가하게 들린다. 우리 상식으로는 이해되지 않지만, 치열한 현실을 승리로 이끄는 힘을 역사에서도 찾으려 했었다고 생각하면 수긍이 가기도 한다.

전쟁은 군인들이 하는 것이지만, 우리 민족은 예로부터 민간인이 군인과 함께할 수 있는 모든 것을 바쳐 나라를 지킨 전통이 있다. 임진왜란 당시 명량해전을 앞둔 강강수월래의 유래나 행주산성의 행주치마 이야기를 생각해보라. 이 때문에 민간인에게도 우리 역사의 자주성에 대해서 교양하는 게 필요했을 것 같다.

북의 역사박물관은 역사의 흐름을 이해시키는 교육관 같은 분위

원산력사박물관

기가 강하다. 우리 박물관에 비해 진품 유물의 가짓수가 적은 대신 각 시대의 흐름을 일목요연하게 정리해 놓았다는 장점이 있다. 원산 력사박물관은 원시관, 고조선관, 고구려관을 비롯하여 11개의 관으로 구성돼 있다. 원시사회관에서는 우리 민족이 인류 발상지 중 하나임을 증명하는 검은모루유적(평양, 상원)을 비롯하여 원산시 중평리와 천내군, 통천군 등 강원도에서 발굴된 유물과 직관물(눈으로 직접 보고 느끼고 알게 할 수 있는 사진, 그림, 도표, 글로 정리된 선전물이나 벽보 등)이 전시돼 있다. 고대관에는 고조선, 부여, 진국 등 고대국가 영역도(지도), 단군의 초상과 단군릉, 고조선의 순장무덤인 강상무덤에서 발굴된 유물 관련 직관물, 비파형 단검과 좁은 놋단검 등 무기, 조롱박형 단지 등 북 각지에서 나온 유물들이 있다.

　남쪽에서는 삼국시대까지 고대로 보지만 북은 고구려 건국부터 중세로 본다. 중세관에서는 수, 당, 거란, 몽골, 왜 등 외적을 물리치고 통치자들에 대항해 싸운 민중 투쟁을 각종 유물과 직관물을 통해

❶ 코끼리형 향로(국보 제3호)
❷ 사자손잡이 향로
❸ 원앙새형 놋향로
❹ 백동네모투각 향로

보여준다. 또 수천 년이 지난 오늘까지도 색이 변치 않는 고국원왕릉 (남녘에서는 '동수의 묘'라고 부른다) 벽화를 비롯한 고구려 고분벽화와 관련된 자료들도 전시하고 있다. 또 경주 첨성대와 세계 최초의 고려 금속활자, 세계 최초의 측우기, 거북선 등의 모형물과 세계에서 가장 오래된 천문도인 천상열차분야지도, 고려팔만대장경과 판목 등이 있다.

근세 부분에서는 1866년부터 1919년 3.1운동까지 일본 침략자들과 미국 및 유럽 침략세력에 대항한 민족의 애국 투쟁 모습을 여러 직관물로 보여준다.

강원도미술전람관

강원도미술전람관

강원도미술전람관은 1995년 2월에 개장했다. 그 무렵 북은 고난의 행군으로 경제가 최악인 상황이었는데, 미술전람관을 개장했다는 것이 놀랍다. 배고픔을 참으며 묵묵히 경제를 복구하는 인민들의 투쟁 모습, 아름다운 조국 산하를 그린 작품들을 보여주면서 건설의 동력을

평양 살림집 건설장에서 열린 습작 전시회

확산하려는 의도가 아니었을까?

2006년 8월 19일부터 25일까지 비전향 장기수들의 195점 서화 전시회가 열렸다는데 이리저리 찾아보아도 작품들을 볼 수 없어 안타깝다. 좋은 그림에 대한 기대는 어느 사회에서나 높기 마련이다. 다만 자본주의 사회에서는 투자가치를 중심으로 전시되고 매매되는 현상이 날로 강해져서 삶과 자연의 아름다움을 다룬 작품들을 찾아보기 힘들어지고 있다. 반면 북에서는 소박하고 따뜻한 정서 위주의 그림들을 전시하여 평범한 인민들이 좋아할 것 같다.

2021년 8월 30일 『로동신문』에 한창 진행 중인 평양 살림집 건설 현장의 일하는 모습을 스케치한 '현지 습작 전시회' 장면이 보도되었다. 평양시 미술 부문 창작가들이 열정적으로 일하는 노동자들의 모습을 생생하게 그린 그림을 현지에서 전시했다니, 그림을 보는 사람이나 그린 사람이나 모두 행복했을 것 같다.

원산애육원·육아원(고아원)

원산애육원과 육아원은 2015년 6월 1일에 개관했다. 애육원, 육아원이란 우리 식으로 말하면 보육원과 고아원이다. 원산애육원과 육아원의 호화로운 개관 모습이 보도되자 우리 언론들은 원산이 김정은 위원장의 고향이라서 그렇다는 평가를 내놨다. 하지만 사실이 아니다. 북은 김정은 시대에 들어와 '인민대중제일주의'를 더욱 강조하면서 시도별 보육·교육 시설과 노인 복지시설의 리모델링, 인민병원의 현대화를 최우선적으로 추진했다.

　영아들을 돌보는 곳이 애육원이고, 육아원은 초등학교 이전까지 아이들을 돌봐준다. 육아원에서는 유치원 교육이 함께 이루어진다. 한국의 고아원은 고등학교를 졸업할 때까지 생활하지만 북의 육아원은 초등학교 이전까지만 거주하고 초등학교부터 고등학교 때까지는 기숙사가 딸린 초등학원, 중등학원에 입학한다. 평양초등학원의

원산애육원

식단표를 본 적이 있는데, 고기와 채소, 생선을 골고루 갖춘 양질의 식사였다. 북은 '사회주의 대가정'이라는 구호로 생활하는데, 이런 환경이라면 국가의 고마움을 느끼고 큰 일꾼이 되겠다는 각오를 키울 수 있을 것 같다. 중등학원을

96

졸업한 아이들은 대학에 가거나 자기가 원하는 직종의 직장에 배치받아 사회인으로 살아가는 데 아무런 장애가 없다.

북의 애육원과 육아원은 1947년 건립된 혁명가유가족학원에서 시작된다. 주로 만주에서 항일혁명을 하던 이들은 해방 이후 북에서 정권을 잡게 되자 함께 독립운동을 하다 산화한 동지들 생각이 간절할 수밖에 없었다. 그래서 만

원산육아원

주에 일꾼들을 보내 열사들의 아이들을 찾아서 부모보다 더 좋은 교육환경을 만들어주어야 한다고 생각했다. 이것이 북에서 김일성 주석과 함께 싸운 열사의 아이들을 국가 차원에서 돌보는 만경대혁명학원으로 발전하게 된다. 6.25 전쟁을 치르면서 전쟁고아들이 몇만명 이상 나오게 되었는데, 전사자의 아이들은 남포혁명학원이나 해주혁명학원 같은 곳에서 키웠고, 민간인 아이들은 몇십 명씩 유럽 사회주의 국가들로 보내 교육을 받게 하고 전쟁이 끝난 뒤 다시 데려왔다.

정준택원산경제대학

원산시 세길동에 있는 정준택원산경제대학은 경제대학으로서는 북 최고의 전문교육기관이다. 경제와 관련된 북의 대학을 비교한 다음 표를 보면 이 대학의 위치를 알 수 있다. 『로동신문』에서는 정준택 원산경제대학을 '주체의 사회주의 경제일꾼들을 전문적으로 키워내 는 고등교육기관'이며 '나라의 관록 있는 경제교육 전당'이라고 소개 했다. '인민경제의 계획화'부터 '노력관리, 재정관리, 자재공급, 상업 경영'에 이르기까지 나라의 전반적인 경제사업을 이끌어 나갈 경제 일꾼들을 양성한다는 뜻이다. 남쪽 대학이 경제 전문가를 양성하는 것과는 결이 다르다. 경제일꾼은 현장성과 생산성을 강조하는 말로, 경제 전문성 더하기 경영능력, 재정관리 능력 등이 중시된다. 정준 택원산경제대학은 북의 경제 관련 인재 양성을 책임지는 총본산인 셈이다.

<북의 경제 관련 대학 개요>

구분	연혁	관련학부	학제
정준택 원산 경제대학	- 1960년 9월 원산경제대학으로 설립 - 1990년 정준택원산경제대학으로 명칭 변경	계획경제학부, 정경제학부, 자재공급 및 노동행정학부, 상업경영학부	5년 6개월
인민 경제대학	- 1946년 7월 1일 중앙고급지도 간부학교로 설립 - 1954년 정치경제학과 통합, 인민경제대학으로 확대 개편 - 1990년대 후반 국제관계대학, 무역경제학, 국제관계학 흡수 통합	국가계획학부, 재정학부	4년
		통계학부, 상업학부	2년
		공업학부, 농업학부	6개월
		검찰학부, 무역학부	1개월
김일성 종합대학	- 1946년 10월 1일 설립 - 2010년 평양의대와 평양농대, 계응상농업대학 편입	경제학부	5년 6개월

본래 1960년 9월 1일 원산경제대학 이름으로 문을 열었으나 1990년에 김일성 주석이 정준택 전 정무원(내각) 부총리의 업적을 기려 현재의 명칭으로 바꿨다. 정준택은 어떤 업적을 남겼을까? 그는 1946년 임시인민위원회 산업국장으로 시작, 1948년 내각 계획위원회 초대위원장, 화학공업상, 부수상을 지내고 1972년부터 정무원 부총리를 역임했다. 북 경제성장을 이끈 공로가 막강한 것 같기는 한데, 공적이 기록된 문건을 찾기가 힘들다. 그 내용을 알려면 1945년부터 1946년까지 북녘의 경제적 정치적 상황에서 김일성 주석의 인텔리 정책이 얼마나 파란만장한 수난 속에서 확립된 것인지를 먼저 살펴보아야 한다.

　해방 후 일본은 그냥 물러간 것이 아니었다. 일제강점기 군수공장이 집중된 곳은 주로 북쪽 지방이었는데, 일제는 공장의 주요 부품을 파손하여 재가동할 수 없는 지경을 만들어 놓고 한반도에서 철수했다. 추수한 쌀을 산지에서 도시로 싣고 와야 하는데, 운송수단이 없었다. 고장난 기관차를 수리하려고 해도 수리공을 구할 수 없었다. 부품을 만들 강철이 필요했지만 제철소의 용광로는 망가지고, 전문가는 한 명도 없는 실정이었다. 인민의 삶을 안정시키고 민족경제를 건설하기 위해서는 한 명의 기술자, 전문가가 절박했다. 일제강점기에 일본군과 전투를 벌이는 것도 어려운 일이었지만, 해방 후 인민의 삶을 위한 경제건설을 해나갈 방법은 더 막막했다.

　김일성 주석을 중심으로 한 건국의 주축세력은 몇 안 되는 기술자들을 찾아내어 공장 복구의 직책과 사명을 주었다. 하지만 이들은 얼마 못 가 자리에서 밀려났다. 왜 그랬을까? 일제강점기의 지식인과 전문가들은 대부분 지주 집안 출신이거나 일제가 운영하는 공장에서 부역한 경험이 있었다. 당시 계급혁명에 경도된 일부 북녘 일꾼들은 일제의 산업시설에 취업한 경력이 있는 사람을 무조건 친일파라 몰아붙이며 산업재건에 참여시키는 것을 경계했다. 김일성 주석은 이러한 배타적이고 협소한 태도를 비판했다. 그는 일제강점기에 공부한 양심적 지식인들은 일제의 민족적 차별과 억압으로 인해 일제 식민통치에 불만과 분노를 간직하고 나라와 민족의 해방과 독립을 지향한다고 봤다. 그래서 민족적 양심을 지키고 민족의 해방과 독립을 지향하는 진보적 지식인들을 과감하게 등용하자고 호소하고, 몸소 실천적 모범을 보였다.

지식인들은 그때 어떤 생각을 했을까? 열심히 공부해서 전문 지식인이 되었을 뿐인데, 정부가 자신들을 신뢰하고 국가건설을 맡길지 의문이었다. 게다가 일제와 협력하지 않았다고 자신있게 주장할 형편도 아니었다. 일제 치하에서 작은 감투라도 쓰고 기술자로서 대우받으려면 조선인 출신 다른 노동자의 고통에 대하여 눈감아야 했기에 100% 떳떳할 수 없었다. 그래서 당시 지식인들은 떳떳하지 못한 과거를 괴로워하면서 자기들을 받아줄 곳이 남쪽인지 북쪽인지 분명해지면 그쪽을 선택하려는 흐름도 있었다. 그러면서도 자신을 받아줄 세상이 몹시 그리웠을 것 같다. 김일성 주석의 아량 있는 지식인 정책은 이들의 마음을 움직였고, 이들은 북 경제건설에 직접 참여하기 시작했다.

망치와 낫과 붓을 교차시킨 모습의 조선로동당 깃발을 보면 노동자, 농민만이 아니라 지식인도 당의 주인이라는 사상을 처음부터 아예 새겨넣었다. 1960년대 중국에 문화대혁명 바람이 휘몰아치면서 지식인들이 홍위병들에게 수난받던 장면을 생각하면 조선로동당의 지식인 중시 정책은 다른 나라들의 사회주의 건설에 관한 여러 잘못들을 다시금 돌아보게 한다.

정준택원산경제대학

김 주석과 경제사업을 검토하는 정준택

정준택은 1911년 1월 경기도에서 군수의 아들로 태어났다. 경성고등공업학교를 마치고 의사가 되기 위해 일본에 건너갔다. '적색독서회사건'에 관계했다는 이유로 1년 만에 대학에서 퇴학당한 뒤 고등공업학교를 마치고 선광 기사가 되었다. 하지만 일본 광업회사 광산에서 일하다 식민지 지식인에게 가해지는 천대와 멸시를 견디다 못해 조국에 돌아왔다. 그 뒤 황해도의 광산에서 일하다 해방을 맞았고, 김일성 주석과 함께 경제건설에 참여했다.

1960년대에 들어서면서 경제 노선을 둘러싸고 북과 소련 사이에 긴장이 격화되었을 때, 그는 김 주석을 지지하며 자주적 경제정책을 추진했다. 1960년대 소련은 사회주의 국제분업을 주장하며 주변 사회주의 국가들에게 소련제 중공업 제품을 수입할 것을 강요하기 시작했다. 그러나 김 주석은 사회주의 국가들의 교역은 평등한 상호존중 기풍 속에서 이루어져야 한다고 주장했다. 만일 중공업을 남의 나라에 의탁하고 경공업 제품만 생산한다면 끝까지 자기 발로 걸어나가는 자립경제는 불가능할 것이라며 소련식 사회주의 국제 분업질서를 거부했다. 그러자 소련의 압력은 극심해졌다.

해방 이후 북은 소련으로 유학생을 많이 보냈는데, 이들 중 일부는 소련의 영향을 받아 사대주의적 경향이 강해졌다. 그러나 김 주석은 '중공업 우선, 경공업 동시 발전 노선'을 끝까지 관철해 나갔다. 김 주석을 보좌하여 경제정책을 실현한 대표적인 사람이 정준택이다. 지금이야 북의 자주노선에 대해 북 내부가 일치단결해 있지만, 1960년대에는 김 주석의 노선을 지지하며 북 경제를 실질적으로 이끌어 나갈 수 있는 사람이 많지 않았다. 정준택은 오늘날 북의 자립경제 노선을 수립하는 데 원조 역할을 했다.

원산농업대학

북 최초의 농업전문대학인 원산농업대학은 1948년 김일성종합대학에서 농학부를 분리해 설립되었다. 김일성 주석은 '농업기술 인재 양성 및 원종장 건립' 필요성을 역설하며 농과계통 전문대학을 서둘러 만들었다. 1948년은 북녘 정권이 막 설립된 시점이다. 건국 초기부터 농업을 얼마나 중시했는지 알 수 있다. 원산농업대학이 북의 농업 발전에 기여한 공적을 자세히 알 수는 없지만, 최근 사례를 보면 판단에 도움이 될 것 같다.

북은 옥수수 재배에 '강냉이 영양단지 찍기'라는 방법을 사용한다. 영양단지란 보드라운 흙에 부식토와 유기질비료, 화학비료 등을 섞어 물로 반죽한 후 기구를 이용해 종이컵 모양으로 찍어낸 것을 말한다. 모판 한 개에 영양단지가 6,500~7,000개 정도씩 가지런히 들어간다. 영양단지를 써서 모종을 내는 것은 모종이 잘 자라도록 하기 위한 것이다. 초기에 비닐로 덮어 농도를 높여주면 10~20일 정도 수확기를 앞당길 수 있다. 수확량도 높아지고 두 벌 농사를 할 수 있는 등 장점이 많다. 하지만 새벽부터 밤까지 흙을 여러 비료와 반죽하고 찍어내야 하는 고된 작업이다. 작업량 평가에는 '공수'라는 단위를 쓰는데, 농민들의 하루 작업량이 대개 1공수인데 반해 영양단지 작업은 하루 1.8공수로 인정할 만큼 중노동이다. 또 영양단지를 만드는 시기와 모판에 볍씨를 뿌리는 시기가 같아서 어려움이 가중된다. 이 문제를 해결한 것이 원산농업대학 리영준 박사팀이었다.

리영준 박사는 10년 전부터 통천군의 들녘에 나가 현장을 둘러보면서 농업과학자로서 씨뿌리기와 강냉이 영양단지 찍기를 동시에 진행하느라 고생하는 농민들의 고통을 해결해주지 못한다는 자책감에 괴로워했다. 그는 강냉이 영양단지를 만드는 시기와 볍씨를 뿌리는 시기가 겹쳐서 노동력의 하중이 크다고 판단, 처음에는 영양단지 찍기를 앞당겨 하는 것을 검토했다. 그러다 영양단지 공정을 대담하게 없애고 모든 비료 성분을 농축해서 일정한 크기로 종자에 피복하

과학농업 인재 양성의 원종장 원산농업종합대학

는 것을 고민하게 되었다. 며칠 후 대학에서 진행된 협의회에서 리영준 박사의 연구 제안이 적극적인 지지를 받았고, 본격적인 연구가 시작되었다.

처음 영양단지에 들어가는 비료와 부식토 등을 고루 섞어 빚어서 탁구공만 한 크기로 종자에 씌워 심었더니 싹이 트긴 했지만 시간이 오래 걸렸다. 다시 연구 토론한 결과, 부피 줄이기 즉 경량화를 추구하자는 결론이 내려졌다. 이렇게 그들은 지혜를 합쳐가며 어려운 고비를 하나하나 넘기 시작했다. 원료의 배합 비율을 찾고 경량화하기 위해 기초과학 분야를 파고들었으며, 다양한 종자를 모두 피복할 수 있는 합리적인 방법을 찾기 위해 며칠 밤을 새우기도 했다. 피복 작업의 기계화에 필요한 다기능종자피복기, 초미분쇄기 등을 만드는 데 드는 자재를 마련하려고 뛰어다니기도 했다. 마침내 10년간의 노력이 성과를 올려 노력과 자재를 절약하면서도 알곡 소출이 높고 가뭄에도 잘 견디는 피복제를 만들어냈다.

신라 고찰 명적사

원산시 영삼리에서 북쪽으로 약 2km 가면 반룡산이 나오는데 이 산속에는 북 국보 유적 제105호로 지정된 명적사가 있다. 신라 진평왕 시대인 600년에 창건되었다. 대표 건물인 대웅전은 1771년에 중건하고 1896년에 보수했다. 현재 대웅전과 심검당이 남아 있다.

대웅전은 정면 3칸(11m), 측면 3칸(7.8m)이며 높이 1m의 밑단 위

명적사

에 서 있다. 잘 다듬은 주춧돌 위에 세워진 흘림기둥(상부와 중간 및 하
부의 단면 크기를 달리하여 안정감과 미관을 도모한 기둥)들은 가운데 칸에서 넓
게, 좌우칸은 좁게 배치되어 있다. 기둥 위에는 바깥 7포, 안 9포의
아름다운 두공(기둥 위에 평방 방향으로 짜인 맨 밑의 첨차)을 올렸다. 잎이 달
린 연꽃봉오리를 형상화한 제공과 첨차는 치밀하게 맞물려 있다. 두
공 위에 올린 봉황새와 용머리 조각은 섬세하고 세련되었다. 두공
사이 벽의 장여 밑에는 작은 연꽃 조각을 붙였다. 겹처마 합각지붕
의 완만한 곡선과 날아갈 듯한 모습은 몸체와 잘 어울린다.

　명적사는 문짝의 꽃무늬가 아름답기로 유명하다. 가운데 칸의 문짝에는 연꽃무늬와 매화꽃무늬를, 양 옆칸의 문짝에는 각각 모란꽃과 국화무늬를 새겼다. 서로 다른 꽃무늬로 아로새겨진 문짝들은 마치 아름다운 꽃 비단을 드리운 듯하다. 천장의 측보에는 살아 움직이는 듯한 용머리 조각을 얹었고, 부재마다 아름다운 모루 단청을 입혔다.

명적사는 당시 우리나라의 건축술 특히 조선 봉건왕조의 중기 건축술을 보여주는 건축유산이다. 아쉬운 점은 최근 조선시대의 모습을 염두에 두고 보수했지만, 신라시대에 만들어진 대웅전에 부처님이 없다는 것이다. 우리가 원산 관광을 갈 수 있게 될 때쯤이면 불교 신도들을 중심으로 불상을 세우는 일을 모색할 수 있지 않을까? 남북의 불교도들이 힘을 모아 이곳에 부처상을 세운다면 여러 가지 의미가 있을 것 같지 않은가! 그런 소문이 시끌벅적 들려오기를 기원한다.

마식령스키장

강원도 법동군에 있는 마식령스키장은 2013년 12월 개장했다. 2018년 평창동계올림픽 당시 남북 공동 스키 훈련장으로 사용되면서 많이 알려졌다. 마식령스키장과 마식령호텔은 국제적으로도 뒤지지 않는 최고급 수준이다. 원산-금강산 국제관광에서 겨울철 관광의 포인트가 될 수 있는 곳이다. "자기 땅에 발을 붙이고 눈은 세계를 보라"라는 김정일 위원장의 말을 생각나게 한다.

마식령스키장과 뒤에 보이는 마식령호텔

문천시

문천시는 1991년 문천군에서 시로 승격된 곳이다. 인구는 2008년 기준 12만 3,000명 정도로 우리 소도시와 비슷하다. 금·은·중석·석회석이 풍부하며 문천탄광에서는 무연탄이 난다. 금속공업이 큰 비중을 차지하며, 연·아연 등 유색금속을 생산하는 문평금강제련소는 생산 폐기물들을 모아 인민의 생활에 필요한 다양한 제품을 만들기도 한다. 문평제련소 외에도 문천강철공장, 문천염료공장, 문천한천공장, 문천도자기공장 등이 유명하다. 또 농기계·식료기계·화학·금속건구·식음료·육류가공·직조·제약 등 강원도에서 사용하는 경공업 공장이 밀집되어 있다. 교육기관으로는 공장대학, 전문학교 외에 중학교 22개교, 인민학교 20개교, 유치원 51개교, 탁아소 78개소가 있다.

2018년 5월 문천시 고암지구와 송전반도 사이의 석전만을 가로지르며 1km 길이의 석전만해철길다리가 완공되었다. 고암지구와 답촌지구, 천아포 일대에 대규모 어촌지구를 일으켜 세우려는 구상이다.

석전만다리는 철도만이 아니라 자동차가 함께 다닐 수 있다는 점이 남쪽과는 다르다. 나는 남쪽의 교각과 터널 건설 기술이 어느 정도인지 모른다. 그래서 석전만다리 건설의 기술 수준을 가늠할 수는 없다. 다만 북의 언론매체에 소개된 걸 보면 고암-답촌 철길을 만드는 과정에서 처음으로 가물막이 공사를 하지 않고 해상기초를 박아 건설했으며 콘크리트 압송 기술도 철도 구조물 시공에 처음으로 도 입했는데 북에 있는 설비와 장비만 사용했다고 한다. 김일성종합대 학 지질학부와 력학부, 지구환경과학부에서도 '설비들을 자체 제작 하여 토질분석과 지반조사를 하고 철길 노반 성토 구간의 압출침하 량 계산과 안정성 평가를 진행함으로써 바다를 횡단하는 해상철길 다리를 건설하는 데 기여했다'라는 자랑이 대단하다.

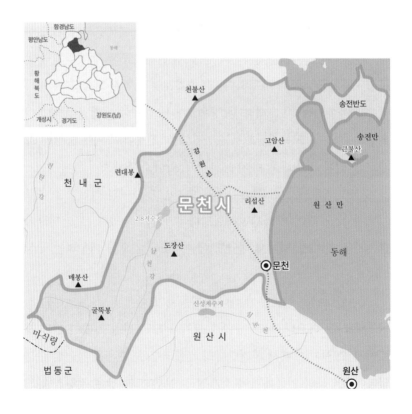

❶ 고암-답천 철길다리
❷❸❹ 문천 바닷가에 있는
강원도 12월6일소년단야영소

천내군과 울림폭포

울림폭포는 강원도 천내군의 높은 산봉우리들과 첩첩 칼벼랑에 둘러싸인 75m 높이의 폭포다. 울림폭포가 있는 울림령은 아호비령산맥과 마식령산맥이 접하는 곳에 솟은 험준한 고개다. 수십 리 밖에서도 폭포 소리를 듣기는 했으나 험준한 산중이라 실제 본 사람은 거의 없었다. 동서를 연결하는 교통로였으나 일제강점기에 울림령의 칼벼랑, 절벽에 부딪혀 포기했을 정도로 지세가 험하다.

내가 처음 울림폭포를 알게 된 것은 2005년 10만이 참여하는 대집단체조와 예술공연『아리랑』의 배경으로 아름답고 웅장한 폭포가 무대에 올라왔을 때였다. 『아리랑』3장 1경은 '울림폭포'라는 소제목이 붙어 있다. 연출진이 가장 많은 공을 들인 장면이라고 한다. 오색찬란한 울림폭포 앞에서 선녀가 춤을 추는데, 붉은색과 연푸른색 조명이 흰 선녀 옷을 비추며 환상적인 분위기가 만들어진다. 그때 폭포가 얼마나 아름답기에 저렇게 환상적으로 그려놓았을까, 첩첩산중의 폭포라니 도대체 어디를 말하는 것일까 등등의 의문이 떠올랐던 기억이 난다. 내심 '폭포가 다 거기서 거기지' 하는 생각을 하기도 했다.

울림폭포가 세상에 알려진 과정부터 보자.

1999년 김정일 위원장은 경제난국을 헤쳐 나가는 방안의 하나로 천내-마전도로 건설을 추진했다. 그때 측량을 진행하던 인민군대가

지심을 울리는 웅장한 폭포 소리를 듣고 찾아 헤매다가 깊숙한 산속에서 폭포를 발견했다. 김 위원장은 보고를 듣고 무척 기뻐하며 자연경관이 조금도 손상되지 않도록 조심스럽게 폭포를 발굴하라고 지시했다. 군인들은 하루면 마칠 일도 한 달 이상 시간을 잡았고, 폭파로 길을 뚫어야 하는 지점에서도 산새가 놀라 달아날세라, 자연경관이 다칠세라 직접 손으로 나무뿌리를 거두고 돌길을 헤치며 공사를 진행하여 2001년 8월 발굴사업을 마쳤다.

❶ 아호비령의 산간마을 ❷ 울림폭포 명승지 안내도

선군8경의 하나인 울림폭포

'울림폭포의 메아리'라고 알려진 그림

북은 울림폭포를 선군시대를 상징하는 '선군 8경' 중 하나라며 극찬한다. 그 이유를 이해하자면 우선 폭포 오른쪽 위에 '2001'이라는 글자를 새긴 이유부터 알아야 한다. 자연경관을 원시 그대로 간직하라는 김정일 위원장의 말과 배치되는 듯 느껴지지만, 이 글자를 새겨 넣으라고 지시한 이도 김 위원장이다. 그 취지는 고난의 행군을 성공적으로 단행하고 사회주의 강국 건설의 새 시대를 열어나가는 21세기의 첫해에 폭포를 발굴했기 때문이었다. 새천년이 시작되는 첫해에 인민들에게 아름다운 휴식터를 선물하여 북이 헤쳐가야 할 앞날을 낙관적으로 보여주고 싶었던 것 같다.

김정일 위원장은 2001년 8월, 24일간 러시아를 방문하고 돌아오는 길에 이곳부터 찾았다. 그리고 "조국과 인민에 대한 사랑은 추상적인 개념이 아니라 조국의 나무 한 그루, 풀 한 포기를 사랑하는 구체적인 사상 감정에서 표현된다"라면서 원래 상태에 손상을 주지 않고 태고

의 자연상태를 그대로 볼 수 있도록 공사한 군인들을 극찬했다.

북이 울림폭포를 선군 8경 중 하나로 극찬하는 이유를 추려보면 첫째, 울림폭포 발굴 과정을 통해 김정일 위원장의 인민 사랑, 향토 사랑의 마음을 보여주기 때문이다. 둘째, 인민군의 헌신성과 충실함이 고스란히 드러나 선군시대 역경을 헤쳐 나가는 군민일치의 면모를 보여주기 때문이다. 셋째, 자연경관 그 자체도 중요하지만 아름다운 금수강산을 후대에 잘 물려주려는 역사를 흠모하는 기풍 때문이다.

원산제염소

원산제염소는 1996년 동해안 최초로 함경남도 금야군의 금야제염소 공사가 착공된 데 이어 1998년 강원도 천내지구에 공사가 시작되어 2003년 말까지 3단계 확장공사가 완료된 천일염전이다. 500정보(150만 평)의 면적에 연간 생산량은 1만 5,000톤 정도다. 원산제염소는 염전 326정보, 5개의 예비저수지 79정보, 경영도로 및 수로 95정보로 이루어져 있다. 예비저수지란 동해안 지역의 특성에 맞는 '짠물얼굼법' 등 선진적인 채염법을 사용하기 위한 겨울철 예비저수지로 수백만 평방미터의 염도 높은 바닷물을 채워놓고 소금을 생산한다.

평양-원산 고속도로에서 만나는 신평금강명승지

함경남도로 넘어가기 전에 평양에서 원산 가는 길에 만나는 황해북도 신평군 평화리의 신평금강명승지를 잠깐 돌아보자. 1978년 개통된 평양-원산 고속도로는 총연장 190km로 평양 락랑, 중화, 력포, 상원, 황해북도 연산, 수안, 곡산, 신평을 거쳐 원산까지 오는 동안 20개가 넘는 터널과 80개가 넘는 다리를 통과한다. 그 중간쯤에 신평금강명승지 입구의 휴식공간인 신평휴게소가 나온다. 휴게소 호수 건너편 절벽에 사람의 귀처럼 생긴 귀바위가 인상적이다. '수수천년

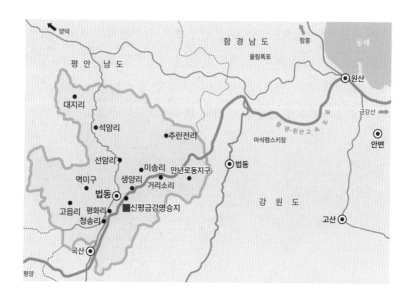

인적 드문 깊은 산골에서 귀머거리로 살던 귀바위가 평양-원산 관광 도로 방향에 귀를 강구고 나라의 크고 작은 희소식들을 빠짐없이 듣느라 한시도 한가할 새가 없다'라는 설명이 재미있다. 주변 남강에는 쏘가리, 잉어, 누치와 같은 물고기들이 많다. 이 고장 쏘가리는 누런 색이 특별히 짙고 맛이 좋다.

신평금강명승지는 전형적인 깊은 산속 계곡 명승지로 도화천이 흐르는 골짜기는 깎아 세운 듯한 절벽과 바위, 묘한 나무와 명소, 구룡폭포의 폭포수가 조화되어 뛰어난 경관을 이룬다. 처음부터 마지막까지 좁은 골짜기를 따라가며 기암절벽과 폭포 등 절경이 새록새록 펼쳐진다. 그 모습이 수줍음 많은 처녀를 연상시킨다고 해서 '계곡미의 공주'라고 한다. 복숭아꽃에 묻힌 아름다운 골짜기라는 뜻으로 도화동이라고 불렀는데, 김일성 주석이 작은 금강산이라고 부르면서 주목받기 시작했다.

원래 10여 개의 명소 정도가 알려져 있었는데 2013년 72개의 명소가 새로 발굴되었다. 진주계곡, 금강계곡, 장수봉계곡, 옥류동계곡, 구룡계곡과 만물상계곡, 도화동계곡, 총석정계곡 들은 신평금강의 8대 계곡 경치를 이룬다. 물안개와 맑은 물, 수려한 숲의 절경은 전설 속 동화세계에 온 것 같은 착각을 일으킨다.

복숭아나무가 많은 신비의 도화동계곡

2장.
함경남도

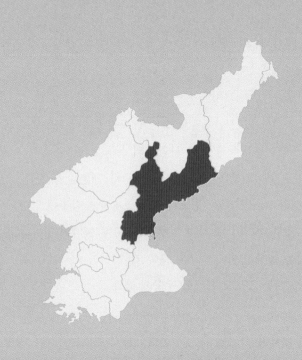

어떻게 해야 북녘 사람들이 살아가는 결을 좀 더 생생하게 전달할 수 있을까? 강원도는 경원선 기차를 타고 역들을 따라가면서 그 지역을 그려볼 수 있었다. 그러나 계속 철도를 따라갈 수는 없다. 그래서 강원도와 잇닿아 있는 함경남도의 남쪽 고원군부터 북쪽으로 훑어 올라가면서 역사 유적지와 북 사람들의 삶을 느낄 수 있는 이야깃거리 등 지역 이야기를 쓰려고 한다. 함경남도에는 함흥, 단천, 신포 등 3개 도시와 16개의 군이 있으며 도청소재지는 함흥에 있다. 기차를 타다가 훌쩍 내려서 그 지역 기행문을 쓸 수 있다면 얼마나 좋을까? 그런 날을 상상하면서 지금은 북쪽 각 지역의 역사와 지리, 생활과 문화를 전하는 것으로 만족할 수밖에 없다.

함경남도의 자연환경은 부전령산줄기(부령산맥)에 큰 영향을 받는다. 부전령산줄기는 두류산(2,390m. 량강도 백암군과 함경남도 단천시의 경계)에서 사수산(1,752m. 함경북도 요덕군과 함경남도 정평군 사이)까지 해발 2,000m의 대장벽을 이루는 큰 산줄기다. 고원지대로 기온이 낮고 증발량이 적어서 부전강, 장진강의 물이 풍부하다. 또 산줄기의 서북쪽 비탈면은 개마고원과 연결되어 경사가 느린 데 반해, 남쪽은 경사가 급해 유역변경식 수력발전소를 만들 수 있다. 부전령산줄기의 북

쪽 비탈면으로 흐르는 강들을 막아 장진호와 부전호 등 호수를 만들고, 물길 굴(수로터널)을 뚫어 높은 낙차를 조성한 다음 경사가 급한 남쪽 비탈면으로 떨어뜨려 전기를 생산하는 방식이다. 이렇게 만들어진 수력발전소가 장진강발전소와 부전강발전소, 허천강발전소다.

금패령(함경남도 신흥군 하원천면과 풍산군 안수면 사이에 있는 고개. 해발고도는 1,676m다)에서 발원하여 동해로 흘러드는 성천강은 길이 99km로, 하류 지역에는 꽤 넓은 함흥평야가 펼쳐져 있으나, 조금만 위로 올라가면 물의 흐름이 급하고 폭도 급격히 줄어든다. 함경남도 1월 평균기온은 영하 4.1도로 강원도 철원군보다 따뜻하다. 한반도의 지붕이라는 개마고원이 차가운 북서풍을 막아주고, 수심이 깊은 동해의 영향을 많이 받기 때문이다. 연 강수량이 847mm로 매우 적어, 전통적으로 감자 농사가 성행했다. 이 지역에 메밀이 아닌 전분으로 만든 함흥냉면이 유명한 것은 강수량이 적고 일교차가 매우 커서 감자를 기르기에 적합하기 때문이다.

성천강 일대의 함흥평야는 면적이 약 18만 평으로 넓고, 섭씨 10도 이상인 기간이 188일로 동북 지방에서 가장 따뜻한 편이다. 관개용수가 풍부해 논이 전체 면적의 40% 이상이다.

함경남도로 이동하는 가장 일반적인 방법은 강원도에서 자동차로 가는 것이다. 평양에서 가려면 반드시 강원도를 거쳐 6~8시간의 장거리를 주행해야 하는데, 원산에서 하룻밤 숙식하는 것이 좋다. 강원도에서 함경남도를 넘으면 고성령찻집이 나온다. 추운 날에는 따뜻한 차를 팔고, 더운 날에는 바깥에 좌판을 놓고 막걸리와 차가운 음료수를 판매한다. 출출한 사람들을 위해 즉석 산채김밥을 파는 것이 이채롭다. 찻집이라기보다는 산속의 술집 같은 낭만이 풍긴다. 우아한 카페를 상상한 분들은 실망하겠지만 뜨거운 차도 마시고, 막걸리도 한 사발 들이켜고, 요기도 때우면서 일하는 사람들이 쉬어가기에는 제격일 것 같다.

정기적으로 운행되는 기차가 있지만 관광객들은 국제선 열차(러시아행 기차)만 이용할 수 있다. 나는 외국인이나 해외교포가 북에서 기차를 타고 여행하는 사진을 보고 주민들과 섞여서 같이 타는가 했는데 아니었다. 항공편을 이용하려면 함흥에서 남서쪽으로 30km 떨어진 정평군의 선덕비행장까지 전세 비행기를 띄울 수 있다. 예전에 서울-평양 간 고려항공의 70인승 비행기를 전세 내본 적이 있는데, 단체로 함경도를 방문한다면 비행기 전세도 생각해보아야겠다. 함경남도에는 선덕비행장 외에도 장진, 덕산, 리원, 연포, 단천 등 여섯 곳의 비행장이 있는데 선덕비행장을 제외하고는 모두 군용비행장이다.

고원군 량천사

강원도 천내군을 지나 함경도로 넘어오면 고원군이다. 고원군에는 753년(후기신라 경덕왕 12년)에 세워진 량천사가 있다. 북에서는 정방산의 성불사나 구월산의 월정사보다 훨씬 오래된 고찰이다. 13명의 이름난 목수와 400여 명의 인부가 동원되어 13년 동안 건설했다고 하니, 당시의 규모를 짐작할 수 있다. 1636년에 대웅전을 고쳐 지었는데, 높직한 용마루가 경쾌한 합각지붕 겹처마의 추녀를 추켜들도록 처리함으로써 웅장하면서도 장쾌한 미를 돋구었다. 만세루는 둔덕

의 비탈진 부지를 그대로 이용하여 세웠다. 6.25 전쟁 때 미국의 폭격으로 많은 건물이 타버리고 현재는 대웅전, 만세루, 무량수전 세 채만 남아 있다. 복숭아를 쟁반에 받쳐 든 두 여인을 중심으로 저대, 장고, 북, 가야금 등 악기를 불고 치며 흥겹게 춤추는 20여 명의 인물을 형상화한 대웅전의 빗반자(기울어지게 만든 반자. 반자는 천장과 동의어이다) 그림은 국보적 가치가 있는 회화 미술 유산이다. 그 밖에도 당대의 발전된 금속 주조 공예 기술을 보여주는 범종이 있다.

2002년 6월 량천사를 찾은 김정일 위원장은 "대웅전의 외부 단청이 아무리 보아도 옛날 것 같지 않다"라면서 "역사문화유적들에는 우리 인민의 우수한 건축술과 뛰어난 예술적 재능이 깃들어 있는 만큼 보존관리사업에 특별한 관심을 돌려야 한다"라고 지적했다. 여기서 북의 사찰과 문화유적 정책을 엿볼 수 있다.

량천사 대웅전

금야군

고원군을 넘어가면 금야군을 만난다. 금야군은 '검은 금'이라 불리는 석탄도 많이 나고, 기름진 들판도 가진 고장이라는 뜻이다. 금야군 옆의 수성구는 함경남도 직할구로 무연탄을 생산하는 탄광지대다. 금야군은 넓은 금야평야에다 갈탄·흑연·사금·규조토 등 지하자원이 많고 호도반도를 끼고 있어 수산업도 발달했다. 이곳은 고려시대 천리장성의 끝지점에 속한다. 1258년 몽골에 점령당해 쌍성총관부가 설치되었는데, 공민왕 때(1356년)에 수복해 화령부라고 불렀다. 이곳에는 영흥본궁이 있다. 영흥본궁은 태조 이성계가 태어난 곳으로 현종 때부터는 태조와 신의왕후의 신위를 보관했다고 한다.

이성계가 조선의 국호를 이곳의 이름을 따 '화령'으로 하는 걸 검토했다는 기록을 보면서, 그것을 고향 사랑으로 봐야 할지 일국의 왕이 될 자의 협소한 시각으로 봐야 할지 헷갈렸다. 그래도 한 왕조의 건국 시조였는데 그들의 자기중심성은 생각보다 훨씬 강고한가 보다. 남쪽 자료에서는 영흥본궁이 6.25 전쟁 때 소실되었다는데 북에서는 '보존유적 358호'로 지정돼 있다니 건물이 아직 남아 있는지 궁금하다.

영흥본궁 외에 예전의 화려함을 느끼게 해주는 건물로 군자루가

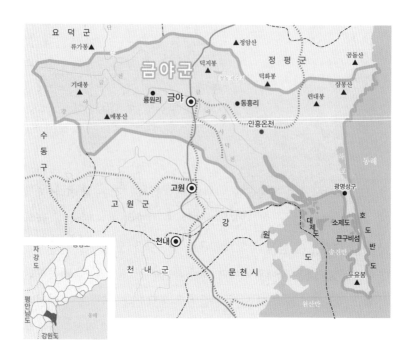

있다. 1687년 조선시대 건물로 금야객사의 누정인데, 유흥을 위해 사용되었다. 주로 한양에서 관리가 내려오면 머물던 객사 앞에 누정이 있었다는 건 영흥본궁이 있는 곳이라 조선시대에 각별히 우대받았다는 의미가 아닐까 생각해보았다.

군자루에 올라서면 읍의 전경이 한눈에 안겨 온다. 여러 갈래로 뻗은 도로들과 감나무 속에 묻힌 동네…. 금야군은 염소와 양떼를 방목해 키우는 청년목장도 유명하다. 특히 2021년에 북의 모든 탁아소와 유아원에 공급하는 콩우유(두유)를 젖우유로 바꾼다는 방침을 발표한 이후 젖소와 양, 염소를 키우는 각 지역 목장에서 신선한 우유를 생산, 가공, 유통하기 위한 대책이 활발하게 세워지고 있다.

❶ 금야군 소재지
❷ 금야읍 군자루
❸ 룡원리 금야강 군민발전소
❹ 금야군 자연흐름식 물길공사

안불사 은행나무

금야군 동흥리에서 북쪽으로 3.5km 떨어진 성불산에는 이성계 외조부 유릉의 능찰이었던 안불사가 있다. 전성기에는 전각들이 많았으나 지금은 극락보전과 민적당, 부처가마와 큰북, 청동 범종이 남아 있다. 안불사 뒤편에는 2003년 기준, 수령 2,120년이 된 금야은행나무가 있다. 남쪽에서는 나무가 200년 정도면 보호수로 지정하는데, 금야은행나무 정도면 한반도에서 가장 오래된 나무일 것 같다.

나무의 수령을 이토록 정확히 알기는 쉽지 않다. 그와 관련한 사연이 있다. 2003년 김정일 위원장이 이곳에 왔을 때, 그곳 일꾼들이 김 위원장에게 나무의 정확한 수령을 물었다고 한다. 김 위원장은 그런 것까지 자신에게 묻는 일꾼들을 바라보면서 미소가 나왔던 모양이다. 그는 자신이 한마디만 하면 그것이 진리가 되어 버리니 아무 말도 할 수가 없다면서 전문가들을 보내 과학적으로 정확한 수

안불사 극락보전과 민보당

령을 확인하게 했다고 한
다. 북의 최고지도자와
인민의 대화를 그려볼 수
있을 듯하다.

금야은행나무

금야은행나무는 장정
15명이 둘러서야 손을 맞
잡을 수 있을 정도로 웅장
하고, 나무 밑에서는 하늘
이 보이지 않을 정도로 울
창하다. 6.25 전쟁 때 김일성 주석이 미군 폭격에 나무가 상하지 않
도록 인민군의 고사총 소대까지 보내주며 지킨 나무이기도 하다.

광명성제염소

금야군 호도반도 입구에 광명성제염소라는 염전이 있다. 동해안 최
초의 소금밭으로 1999년에 만들어졌다. 함경남도에서만 1년에 1만
톤의 소금이 필요한데, 서해안에서 가져오려면 운송시간과 비용이
만만치 않았다. 일제강점기에 흥남공업지구를 만들었던 노구치도
함경남도 해안에 여러 차례 염전 건설을 시도했으나 실패했다.

함경남도 인민들은 1990년대 중반 경제난이 밀어닥치고 국가
운송체계가 마비되자 자기 손으로 소금밭을 만들겠다고 결심하고
1996년 8월 15일부터 소금밭을 건설하기 시작했다. 불도저 같은 중
장비나 석유를 구하기 힘든 시절이었다. 건설장비와 최신 자재들이

바닷물 농축용 이온교환막에 의한 광명성제염소 공정

있어도 어려운 공사를 들것과 질통, 해머와 정, 곡괭이와 삽을 들고 강행했다. 두 개의 산을 통째로 들어내고 20여 개의 산허리를 헐어 300여 만 리터의 흙과 돌을 채취하여 80여 리의 제방을 쌓았다. 한겨울에 무릎까지 빠져드는 뻘 속에 들어가 갈뿌리를 하나씩 뽑아내고, 55만여 리터의 흙을 져 날라 50여 정보나 되는 소금밭을 만들고 물길을 냈다.

그러한 결심과 일심단결은 저절로 생겨나지 않는다. 믿고 힘이 발휘될 수 있도록 이끌어주는 지도자와 진심이 통했기 때문에 가능했다. 김정일 위원장은 국가 부도에 가까운 경제난 속에서도 장비와 동력, 노동력, 주택 문제까지 풀어주려 애쓰며 금야군의 인민들을 독려했다. 광명성제염소는 3년 만인 1999년 10월에 준공되었다. 이로써 금야만의 갈밭이 매해 수만 톤의 소금을 생산할 수 있는 소금밭으로 바뀌어 북 화학공업과 함경남도 지방공업을 발전시킬 수 있는 튼튼한 토대가 되었다. 소금밭의 이름인 '광명성'은 김 위원장을 상징하는데, 이러한 이름을 단 것은 지도자와 인민의 일심단결로 헤쳐온 귀중한 역사를 잊지 않기 위함이었다.

20년이 흐른 2019년 12월 말 광명성제염소는 '이온교환막에 의한 바닷물 농축공정'이 새로 꾸려졌다. 이온교환막 바닷물 농축공정이란 바닷물 속 소금 성분만 농축시키고 중금속과 유해물질은 통과시켜 고농도 함수를 생산하는 공정이다. 제염소는 농축된 해수를 소금밭에 보내 증발 결정, 탈수 건조과정을 거쳐 소금을 생산한다. 이러한 생산방식은 소금밭 면적을 10분의 1로 줄여 많은 노동력과 전기를 절약할 수 있게 한다.

금야습지

먹고살기에도 바쁜 북녘사회에도 습지보호정책이 있다면 의아할지 모르지만, 국토를 아끼고 환경을 보호하는 것이 나라 사랑의 기본이라고 생각하는 북에서는 습지보호정책이 매우 중요하다. 북은 2018년 5월 문덕철새구와 라선철새구를 람사르습지로 등록했다. 북이 보호구로 설정한 습지는 두 곳 외에 옹진철새보호구, 강령철새보호구, 9.18저수지철새보호구, 배천역구철새보호구, 동정호철새보호구, 금야철새보호구, 광포철새보호구, 어랑천철새보호구, 신도철새보호구, 대감도바다새보호구, 운무도바다새보호구, 랍도바다새보호구, 물이도바다새보호구, 라선알섬바다새보호구 등 16개 이상의 보호구가 있다. 썰물이 들어왔을 때 깊이가 6m를 초과하지 않는 바닷가 연안 지역을 습지로 관리한다.

조선자연보호연맹 자료에 따르면 북에서 겨울나기를 하는 철새는 100여만 마리다. 금야습지는 송전만 기슭에 있다. 금야강과 덕지강 하류와 바다 호수인 하포는 물새들의 보호 증식에 유리한 늪과 진펄, 갈밭과 논벌, 소금밭, 바다연안 수역과 같은 다양한 유형의 습지들과 잉어, 숭어, 조개, 새우 등 물고기류, 수생동물, 줄풀, 갈을 비롯한 풍부한 동식물 자원으로 1995년에 금야철새보호구로 설정되었다. 또 해마다 전 지구 및 지역으로 이동하는 물새의 1% 이상이 서식하는 국제적으로 중요한 습지라고 인정되어 2018년에 '동아시아 대양주 철새 이동경로 파트너십' 대상지로 등록되었다. 이곳에서는 흰두루미와 흑고니, 큰고니, 쇠기러기가 서식하고 있으며 붉은부리갈매기, 알숭오리, 가창오리, 검은댕기흰죽지오리, 뿔논병아리, 갯도요 등 수만 마리의 물새들이 관찰된다.

영광군

영광군에서는 '흰 구름을 이고 있다'는 뜻의 백운산이 유명하다. 기묘한 바위와 폭포들의 경치가 아름다워 백운산유원지가 생겼다. 애초에는 험한 오솔길밖에 없었는데 1975년 7월 벼랑길을 헤치며 산을 둘러보던 김정일 위원장이 함흥시의 노동자들이 백운산의 경치를 즐길 수 있도록 명승지로 꾸리자고 제안하면서 도로가 개설되고 편의시설들이 건설되기 시작했다.

고구려 백운산성과 고려 때 사찰인 룡흥사, 불지암 등이 있다. 단풍나무 등 아름다운 나무를 따라 걷다 보면 45m의 만장폭포가 나온다. 만장폭포 이외에도 물 흐르는 소리가 각기 다른 음향으로 들려올 뿐만 아니라, 30m의 높이에서 맑은 물이 바위를 타고 은구슬, 금구슬이 되어 떨어진다는 산주폭포, 한 모금 마시면 무병장수한다는 금수샘터와 백운산의 경치가 운치를 더해준다.

백운산 룡흥사는 북 국보 문화유물 제115호다. 1048년(고려 문종 2년)에 창건된 성불사를 1852년(조선 철종 3년)에 이곳으로 옮기면서 이름을 바꾸었다. 병 치료를 기본으로 하는 사찰로 알려져 있다. 룡흥사 입구에는 높이 30m를 넘는 수령 350년의 전나무 두 그루가 3m 간격으로 마치 문주처럼 서 있다. 병 치료를 위래 이 절을 찾는 사람들은 이 나무들 사이를 지나면 몸에 붙어 있던 온갖 잡귀신이 떨어져 나간다고 믿었다고 한다.

룡흥사는 대웅전을 중심으로 신도들이 숙식 장소로 이용하던 무량수각, 향로전, 운하루, 산신당으로 이루어졌다. 각 건축물들은 모두 뛰어난 건축술과 조각 기교를 자랑하는 건축유산이다. 룡흥사에서 1km 정도 올라가면 비구니들이 살았다는 불지암이 있다. 최근 함경남도 인민위원회는 영광군에 양로원과 양생원(장애인의 집)을 새로 건립했다.

백운산

산주폭포

❶ 룡흥사

❷ 영광군에 건축된 도 양로원 전경

❸ 도 양생원 전경

함흥시

함흥은 성천강 하구 함흥평야에 자리 잡은 관북 지역의 전통적인 고도故都로, 인구 약 77만 명의 북 최대 공업도시다. '함흥차사'라는 말에서도 알 수 있듯 함흥은 조선의 태조 이성계와 밀접한 연관이 있는 고장이다. 이성계는 화령(금야군)에서 태어나 조선을 건국할 때까지 이곳에서 살았던 것으로 알려졌다. 이성계는 다섯째 아들인 태종 이방원과 사이가 좋지 않아 왕위를 물려준 뒤 이곳으로 돌아와 은거했다.

일제강점기에는 함흥 밑에 있는 흥남과 흥남항이 자원 약탈과 노동 착취, 군수물자 생산의 중심 역할을 했다. 흥남은 한때 독자적인 시였으나 2005년 함흥시 흥남구역으로 다시 편제되었다. 6.25 전쟁 때 완전히 파괴되어 1955년부터 1962년까지 동독의 도움으로 도시를 재건했다. 최근 함흥을 방문한 외국인들의 기록을 보면 그때의 자취는 거의 사라진 것 같다. 함흥을 지나는 철도는 1928년 개통된 함경선을 비롯하여 평라선(평양-라진), 신흥선(함흥-부전호수), 장진선, 흥남선 등이 있다.

함흥은 화학공업에 유리한 천혜의 조건을 갖추었다. 주변에 화

학공업의 기본원료인 석탄, 석회석, 소금, 유화철 등이 풍부하고, 수력발전소들이 있으며 수량이 많고 수질이 좋은 성천강이 흐르고 있어 공업용수도 충분하다. 또 지대가 넓고 평탄하여 큰 공장을 세울 입지 조건이 좋고, 철도, 자동차, 선박 등 교통도 좋아 원료와 생산품 운송에 유리하다. 덕분에 2.8비날론련합기업소, 흥남비료련합기업소를 비롯하여 성천강화학공장, 흥남시약공장, 흥남제약공장 등 화학공장이 많다. 비날론과 염화비닐, 아닐론(아크릴섬유), 요소비료, 과린산석회비료, 미량원소비료와 농약, 합성수지, 물감, 카바이드 등 수십 종의 화학제품을 생산한다. 또 제련소에서 나오는 아류산(아황산)가스, 소금 분해에서 나오는 염소와 질산가스로 유산, 염산, 질산, 가성소다 같은 기초화학제품을 생산한다.

'굳세어라 금순아' 흥남부두 이야기

6.25 전쟁 당시 헤어진 이산가족들의 정서를 담은 '굳세어라 금순아'
는 우리나라의 대표적인 트로트 곡이다.

> 눈보라가 휘날리는 바람 찬 흥남부두에
> 목을 놓아 불러봤다, 찾아를 봤다.
> 금순아 어디로 가고 길을 잃고 헤매었던가!
> 피눈물을 흘리면서 1.4 이후 나 홀로 왔다.

바람 찬 흥남부두, 흥남항에서는 그때의 사연이 생각난다. 1950년
10월, 장진호 전투에서 패배한 뒤 미군의 흥남 철수가 시작된다. 흥
남부두는 공산당이 싫어서 미군과 함께 남으로 가려는 사람들로 인
산인해를 이룬 것으로 알려졌다. 그러나 사람들을 공포에 떨게 했던
진짜 이유는 인민군에게 밀린 미군이 원자탄을 터뜨릴지 모른다는
소문이었다. 실제로 맥아더는 중국까지 밀고 가기 위해 원자탄 투하
를 검토했지만 국제여론에 밀려 실행하지 못했다. 이유야 어떻든 미
군 군함에 매달려 남으로 온 실향민들, 두고 온 고향, 헤어져 소식도
모르는 가족…. 종종 영화에서 본 이런 장면들은 '흥남항' 하면 누구
나 떠올리는 민족의 아픔이다.

이와 관련된 2015년 1월 7일의 『한겨레신문』 기사를 보자. 당시
수많은 사람이 미군 군함에 오르지 못해 안달복달한 이유를 잘 설명
하고 있다.

지금의 흥남항

흥남 철수는 맥아더 사령관의 작전 실패가 초래한 비극이었다. 철수는 기적적인 성공이었지만, 맥아더의 무모한 북진 작전은 미군 전사상 가장 불명예스러운 실패였다. 트루먼 미국 대통령은 애초 조중 국경선에서 50km 이남까지만 북진하라고 명령했지만, 맥아더는 정치적 야망 때문에 이 명령을 무시하고 전면적인 북진을 지시했다. 중국 인민군의 개입에 대해서도 오판했고, 그들의 전력을 무시했다. 그 결과 중공군의 유인과 매복 전술에 휘말려 커다란 희생을 치르고 38선 이남으로 퇴각했다.

개활지가 많은 서부전선은 그래도 나았다. 협곡과 산악지대를 통해 북진했던 동부전선의 상황은 참혹했다. 50km의 협곡으로 철수하면서 미군은 무려 6,500여 명의 장병과 군속을 잃었다. 함흥에 도착했지만, 중공군은 이미 원산을 장악하고 있었다. 탈출로는 바다밖에 없었다. 맥아더는 실패를 만회하기 위해 26개 이상의 원자폭탄을 북쪽 지역에 투하하려 했다. 1950년 11월 26일께 모든 전선에 철수 명령을 시달하면서, 그는 동해에서 서해까지 국경 지역을 방사능 낙진으로 덮어버리겠다는 작전계획을 수립했다. 전면적인 흥남 철수를 명령하고, 12월 9일 그는 다시 원폭 사용에 대한 재량권을 본국에 요청했다.

당시 주민들 사이에서 원폭 투하는 기정사실처럼 되어 있었다. 설사 원폭이 아니더라도, 포격 때문에 그곳에선 쥐새끼 한 마리 살아남기 힘들었다. 당시 함흥 일원에 쏟아부은 함포 및 로켓포는 인천상륙작전 때의 1.7배에 이르는 규모였다. 주민들은 앉아서 죽으나 가다가 죽으나 마찬가지였다. 최선은 미군 가까이에 있는 것이었다. 그곳은 폭격을 당하지 않을 테니까. 수많은 금순이와 오빠들이 미군을 따라 흥남부두로 몰렸다.

－『한겨레신문』 2015년 1월 7일 기사 중에서 인용

함흥을 중심으로 본 우리나라 근대 식민공업의 역사

일제는 지하자원이 풍부하고 만주 대륙에 근접해 있으면서 일본과의 해상운송이 편리한 영흥만 일대를 '대륙 전진 병참기지'로 선정하여 본격적 광산 채굴과 공장 설치를 추진했다. 러일전쟁 전후로 추진했던 경원선이 1914년에 완공되었고, 원산과 함흥, 청진을 거쳐 회령까지 약 630km의 함경선을 완결한 것은 1928년 9월이었다. 함경선 개통은 만주 철도와 연결되어 중국 동북 지역과 함경도, 일본을 이어주는 식민지 경제의 동맥이 되었다. 함경선을 개통하면서 일제는 함경도의 무궁무진한 석탄과 철광석, 마그네사이트 수탈에 눈독을 들이고 석탄을 중심으로 한 화학공업을 일으키는 계획을 구체화

했다. 석탄화학공업에는 막대한 전기가 소요된다. 일제는 개마고원에서 압록강 수계인 부전강을 높이 80m, 길이 400m 댐으로 가두고 동해 쪽으로 3km의 수로터널을 뚫어 높은 낙차를 이용해 발전하는 유역변경식 발전을 시작했다. 1926년 조선수전주식회사를 건립하여 1932년까지 발전소 4호기를 완성했다. 당시 20만kw를 발전했는데, 홍남은 한반도 전체 전력 사용량의 절반 이상을 썼다.

도쿄제국대학 전기공학과를 졸업한 노구치는 1923년 일본에 암모니아 합성공장을 설립했다가 사업 기반을 조선으로 옮겼다. 1927년 조선질소비료주식회사를 설립하고 홍남에서 석탄화학공업을 개시했다. 원래 노구치가 일본에 세웠던 일본질소비료주식회사는 카바이드를 원료로 석회질소와 아세틸렌을 만들어 질소비료와 초산, 합성고무, 화약을 비롯한 각종 화학제품을 생산하는 석탄화학공장이었다. 석탄화학은 대량의 전기가 필요하므로 값싸게 수력 전기를 생산할 수 있고 석탄 산지이면서 일본에 가까운 홍남이 제격이었다. 개마고원에 유역변경식 수력발전소를 건설한 것도 일본 군국주의의 전략에 부합되는 노구치의 구상이었다.

1929년에 조업을 개시한 조선질소비료의 홍남비료공장에서 생산하는 암모니아합성, 유안제조, 석회질소비료의 양은 일본의 본공장을 능가했다. 1935년에는 조선질소화약 홍남공장을 세워 광산용과 군용 화약을 생산했는데, 군용 화약만 해도 1944년 기준 600톤 규모였다. 이처럼 비료, 연료, 화약, 철강, 목재, 제약, 철도운수 분야로 광범하게 손을 뻗은 노구치의 일본질소콘체른은 미쓰비시, 미쓰이, 스미토모 등과 더불어 일본 굴지의 재벌로 성장했다. 일제는 노구치를 흥남 초대 읍장으로 세우기까지 했다. 기업가에게 권력까지 내맡겨 군수산업 생산에 박차를 가하려는 노골적인 식민지 병참 기지화 정책이었다.

석탄화학산업의 제일 큰 문제는 유기화학 제조과정에서 나오는 폐기물 처리인데, 흥남공장은 화학 폐기물을 대기와 바다로 자유로이 방출했다. 1930년대 중반부터 흥남 일대에서는 원인을 알 수 없는 질병과 이상 징후가 나타났다. 예컨대 소금을 전기분해하여 염소가스를 발생시킨 다음 이것으로 양잿물, 염산, 액체염소를 생산했는데, 염소가스는 제1차 세계대전 때 독일군이 1만 5,000명을 중독시킨 독가스의 일종이다. 흥남의 조선인 노동자들은 소모적인 노동에 지쳐 질병으로 죽거나 산업폐기물처럼 버려지기 일쑤였다.

북은 해방 직후 어떻게 함흥을 재건했나?

일제는 순순히 물러나지 않았다. 그들은 무장단을 조직하여 흥남지구 공장들의 생산공정과 기계설비들을 무참히 파괴하고 도망쳤다. 흥남비료공장은 비료생산에 없어서는 안 될 합성압축기 18대 중 16대, 유산배수로 48대 중 33대, 유안포화기 22대 중 12대, 변류기 44대 중 33대, 질소분류기 22%가 사용할 수 없는 상태가 되었다. 소련군 역시 공장은 자신들이 접수한 적산이라며 기계를 뜯어가기도 했다. 사장이 없어진 공장에서 밀린 임금을 변상받는다며 기계를 떼어 팔려는 노동자도 있었다. 일본군 패잔병들이 무장단을 조직해서 공장들을 파괴하고, 이것을 막는 사람들에 대한 테러도 횡행했다.

김일성 주석은 해방 직후 원산항으로 귀국하자마자 노동자들이 공장의 주인답게 직접 공장을 지키고 자신의 손으로 정상화하자고 호소했다. 혼란과 무질서 속에서도 노동자들은 희생을 무릅쓰고 공장을 사수하기 시작했고, 파손된 기계를 하나씩 수리하며 공장 가동을 시작했다. 일본이 운영하던 흥남비료, 본궁화학, 흥남제련, 흥남화학, 용성기계를 '5대 흥남지구 인민공장'이라고 부르며 접수한 것이다.

공업의 사회주의화는 이렇게 첫발을 떼었다. 그러나 생산이 쉬울 리 없었다. 일제는 일본인에게만 기술을 독점시켰고, 기계에 대한 전문지식을 갖춘 우리 노동자는 거의 없었다. 파괴된 기계를 수리하고 새로 만들어야 하는데, 부품 생산에서 가동까지 쉬운 게 없었다. 이 소문을 듣고 전국에서 흥남으로 기술자, 전문가들이 한두 명씩 찾아들기 시작했다. 가뭄에 단비같이 소중한 사람들이 아닐 수 없었다.

어떤 사람들이었을까? 1945년 10월부터는 남녘에서 강영창(1912~1965), 김두삼, 리재업, 두순종, 윤정섭 같은 기술자들이 38선을 넘어 흥남으로 향했다. 1945년 처음 월북한 과학기술자들은 12명이었고, 그 후에도 꾸준히 이어져 북 과학원 원사나 후보 원사의 반 이상이 월북 인사였다. 이들은 일제강점기에 대학까지 나온 기술자들이었지만 식민지 지식인의 처지가 얼마나 비참한가를 뼈저리게 체험한 사람들이었다. 예컨대 강영창은 만주에서 공과대학을 졸업한 후 일본에서 전기회사 기사로 일했다. 처음에는 자기의 기술이면 무서울 게 없다고 생각했지만, 조선인으로서 당하는 차별과 고역은 감당하기 어려웠다. 1945년 3월 고향으로 돌아왔으나 일자리를 얻을 수 없었다.

하지만 해방이 된 뒤에도 마음껏 일하고 창조하며 지성의 탑을 쌓아갈 수 있으리라는 희망은 사라졌다. 남녘에서는 하루가 멀게 다양한 정파들이 출현했고, 온갖 사람들이 자기의 치적을 내세우며 권력을 잡으려고 날뛰었다. 파괴된 산업시설 복구에는 관심이 없고 하나라도 더 자기 소유로 만들고 돈을 버는 데 열중할 뿐이었다. 민주의 새 사회를 지향하는 기술자들, 새 조국 건설에 이바지하려는 열정에 넘친 지식인들의 진정을 알아주는 사람이 없었다. 이들의 마음을 더 어둡게 한 것은 1945년 9월 발표한 맥아더의 포고문이었다. '포고'에는 북위 38선 이남과 주민에 대하여 미군이 '군정' 통치를 한다는 것, 일제의 식민지통치에 복무하던 모든 기구와 인원, 기능을 그대로 존속시킨다는 것, 미군의 명령을 위반하면 엄하게 벌한다는 것, '군정' 기간 중 영어를 모든 목적에 사용하는 공용어로 한다는 것 등이었다.

그들은 새 조국 건설에 동참하려면 어느 길로 가야 하는지 숙의한 후, 함흥 원산지구로 관심을 돌렸다. 화학공업의 전문기술자로서 함흥에 있는 중화학공업 공장들을 한시바삐 복구하여 일본놈들에게 본때를 보여주어야 한다는 민족적 자존심도 꿈틀거렸다.

이렇게 해방된 나라 지성의 양심과 의리를 찾아 흥남에 온 기술자와 노동자들은 힘을 합쳐 일부 비료생산 설비부터 가동하기 위한 사업을 밀고 나갔다. 해방 두 달 만인 10월에는 노동계급의 손으로 만든 첫 비료가 생산되었다. 이렇게 우여곡절을 거치며 1945년 12월에 이르자 흥남비료공장은 하루에 180톤씩 비료를 생산하기 시작했다. 김일성 주석은 1946년 이곳을 찾아와 3,000명의 노동자 앞에서 "흥남은 노동계급의 근거지이며 새 민주 조선 건설의 기지이자 조선의 생명선이라고도 말할 수 있습니다. …… 이것은 흥남의 자랑일 뿐 아니라 조선의 자랑입니다"라고 연설했다.

일본인 기술자들이 흥남에 남아 공장 가동에 결정적인 힘이 되었다고 말하는 논문들을 본 적이 있다. 조일 관계의 전망을 고려하면 일본인의 공적도 인정해야 한다는 깊은 뜻(?)인 듯하다. 그러나 그들이 공장 복구를 지원한 이유를 떼어놓고 공적을 인정할 수는 없다.

해방이 되자 일본인들은 서둘러 귀국하려고 흥남으로 모여들었으나 일본으로 가는 배편도 없었고, 조선인들의 싸늘한 눈길 속에서 귀국 활동을 제대로 하기도 어려웠다. 함흥 체류 일본인들은 '일본인 기술자 잔류를 통한 신조선 건설 지원'을 내걸고 귀국 협조를 흥정했다. 그러나 일본인 사이에서는 재산도 몰수당하는 판국에 공장 운영에 협조할 필요가 없다는 의견도 강했다. 일본 기술자의 지원은 식민지배에 대한 사과가 아니라 36년 동안 조선을 억압한 자신들의 무사 귀국을 보장받으려는 생존책이었을 뿐이다.

1947년 북 최초의 경제발전계획과 흥남비료공장의 공적

해방 직후인 1947년 2월, 북조선 도·시·군 인민위원회대회에서 경제발전계획이 발표되었다. 우선 공업생산을 1946년보다 92%, 국영공장 종업원 수를 20%, 노동생산율을 48% 늘리기로 했다. 이를 위해서는 석탄채굴량과 금속공업, 화학비료를 두 배 이상 생산해야 했다. 흥남화학공장의 보수와 새 공장 건설이 절박해졌다. 흥남비료가

2013년 완공된 메타놀생산공장

화학비료를 전부 생산해야 하는 상황이었다. 흥남비료 등 흥남인민공장 앞에 방대한 생산계획이 제기되었지만, 유화철광 인회석을 비롯한 원료가 없어서 불가능해 보였다. 김일성 주석은 '흥남인민공장 생산계획 완수를 위한 결정서'를 채택하고 원료와 연료, 자재 보장 대책에 나섰다.

흥남비료공장이 나서자 북 전역의 공장이 호응하면서 화학공업 연간계획을 107.3%로 초과 달성했다. 1956년 김일성 주석은 이곳에 와서 "비료는 쌀이며 쌀은 공산주의"라는 말을 남겼다. 비료공장의 중요성을 짐작하게 하는 대목이다. 흥남비료공장에서는 1958년, 연간 13만 6,000톤의 질안비료 생산공장이 조업을 시작했고 과산화석회·질안석회 비료공장을 세웠다. 1972년에는 종합화학 비료공장이 되었다. 현재 종업원은 산하 공장 4개 직원을 포함 약 7,000명이며, 자체 화학공업대학이 있다. 2020년 9월 『조선의 오늘』이라는 북 인터넷 언론에서는 흥남비료련합기업소에서 수경 온실용 영양액 비료 공장을 건설했다고 보도했다.

흥남비료공장에서 만나는 주은래 동상

뜻밖에도 흥남비료공장에는 중국 지도자인 주은래의 동상이 있다. 주은래는 1958년 2월, 처음으로 북을 방문했다. 북에 주둔하고 있는 중국 인민지원군 철수 문제를 마무리하기 위해서였다. 그의 방문 기간 중 함흥의 흥남비료공장을 방문하는 일정이 있었다. 주은래가 죽은 지 3년 뒤인 1979년 5월, 주은래의 동상을 흥남비료공장 안에 세웠다. 제막식에는 김일성과 등소평, 주은래의 부인이 직접 참석했다.

북은 북중관계를 '조중혈맹'이라고 말한다. 사회주의 나라 사이의 친선관계를 뛰어넘는 의미를 담고 있는 말이다. 조중 친선의 시작은 일제강점기 두 나라 사회주의자들이 함께한 항일 빨치산투쟁으로부터 시작된다. 이들은 일제와 투쟁에서 생사고락을 같이한 형제였다.

1945년 일제가 물러나자 중국에서는 장개석의 국민당과 모택동의 공산당 사이에 본격적인 내전(북에서는 이를 동북해방전쟁이라 부른다)이 시작됐다. 미국의 지원을 등에 업은 장개석 군대는 만만치 않았다. 동북해방전쟁 시기 북도 건국 과정에 있었으므로 여러 가지 어려움이 컸다. 하지만 김일성 주석은 "중국 인민의 혁명투쟁을 지원하는 것은 조선 공산주의자들과 조선 인민의 숭고한 국제주의적 의무"라

❶ 흥남비료공장 주은래 동상
❷ 주은래 동상 제막식에 참석한
　주은래 부인과 김 주석

면서 북의 우수한 지휘관들을 중국 동북지방으로 파견하고 물심양면의 지원을 아끼지 않았다. 김일성 주석의 지침에 따라 중국 전장으로 떠난 조선인 병력은 25만여 명에 달했으며, 당시 북이 보유하고 있던 무기와 식량 지원도 아끼지 않았다.

중국의 광활한 땅에는 그들의 숭고한 국제주의 넋이 깃들어 있다. 중국 동북지방 인민들은 지금도 "동북 땅 그 어디에서든 한 줌의 흙을 쥐어보라. 거기에는 수많은 조선의 아들딸들이 흘린 피가 스며 있다"라고 말한다. 모택동과 주은래도 "중국의 오성홍기에는 조선 공산주의자들의 피가 스며 있다"라고 말했다. 김일성 주석과 당시 중국 지도자들 사이에 맺어진 국경과 외교적 관례를 초월한 동지애는 조중친선의 군건한 초석이다.

1962년 10월 평양에서 체결한 조중변계조약도 김 주석과 주은래의 서명으로 이루어졌다. 이 조약에 따르면 백두산 천지의 경계선은 '천지를 둘러싸고 있는 산마루의 서남쪽 안부(鞍部, 안장처럼 들어간 부분)로부터 동북쪽 안부까지를 그은 직선'이다. 따라서 천지의 54.5%는 조선에, 45.5%는 중국에 속하게 되었다. 또 두 나라의 국경인 압록강과 두만강에 대해서도 다루고 있는데, 264개의 섬과 사주는 조선에, 187개의 섬과 사주는 중국에 귀속되었다. 1966년 중국 문화대혁명 당시 홍위병들은 '조중변계조약'이 조선에 일방적으로 유리하다면서 주은래를 거세게 비판하기도 했다.

주은래가 김일성 주석을 얼마나 좋아했는가는 1960년대 초 김일성 주석이 병이 났을 때 불원천리 조선까지 병문안을 온 점, 김 주석이 중국 동북지방을 비공식 방문했을 때 암 수술을 받고 운신하기 힘든 형편에서도 하얼빈까지 가서 김 주석을 만난 사실 등을 통해서도 확인할 수 있다. 김 주석은 주은래가 서거한 후 조선에서의 첫 외국인 동상으로 주은래가 흥남비료공장에서 연설하던 모습 그대로를 재현해 그 자리에 세우게 했고, 제막식에 주은래의 부인을 초청했다.

북 인민들의 '입는 문제'를 해결한 2.8비날론련합기업소

함흥은 1950년대에 '흥남 5대 인민공장'의 비료생산을 중심으로 조선의 건국에 기여했다면 1960년대에는 조선의 의복생산을 책임지며 도약을 이룬다.

1961년 5월 2.8비날론공장이 연산 2만 톤 규모의 공장으로 출발했다. 공장 건설 후 함흥은 비날론의 도시로 명성을 떨치기 시작했다. 비날론은 석유가 아니라 석탄과 석회석에서 원료를 뽑아내는 합성섬유다. 자기의 자원과 기술, 힘으로 만드는 민족자립경제건설 노선을 추구하면서 북에 흔한 석회석을 주원료로 옷감을 만들 수 있다면 굳이 수입 섬유를 쓸 이유가 없다.

남쪽에서는 이름이 비닐이나 나일론과 비슷하여 제품의 질도 비슷할 것으로 오해하기 쉽다. 하지만 나일론보다 흡수성, 통기성, 보온성이 뛰어나고 면에 가장 가까운 섬유로 흡습성이 좋다. 흰색을 띠고 윤기가 나며 산·칼리에 강하고, 보온성도 높아 양털과 혼직하여 외투천, 양복천 등을 만든다. 또 돛천, 천막, 방수포, 고기그물, 벨트 등 공업용 섬유로도 쓰인다. 100% 비날론 천은 질기면서 잘 구겨지지도 않는다. 비스코스 면과 혼방하면 염색이 잘 되고, 모섬유와 혼방하면 부드럽다. 더구나 비날론은 우리 민족인 리승기 박사가 발명했다. 북에서 비날론은 단순한 섬유가 아니라 세계 최고의 합성섬유를 우리 민족의 손으로 만들었다는 자부심이요, 날로 강화되는 대북 제재에도 불구하고 자신의 길을 갈 수 있는 희망이다. 건국 초기에 리승기 박사처럼 뛰어난 인재들을 모셔와 그들과 함께 이룬 역사에 대한 그리움이요, 앞으로도 자강력 제일주의를 멋지게 실현할 수 있겠다는 믿음이다.

리승기 박사는 1905년 담양에서 태어나 1931년 교토제국대학에서 학사 학위를 받은 후 교토대학 화학연구소에서 조교수로 근무했다. 1938년 미국 듀퐁사가 석유를 원료로 하는 나일론을 개발한 뒤 세계적으로 합성섬유 연구 열풍이 불었다. 리 박사도 이때 합성섬유 연구를 시작했다. 석유가 나지 않는 일본은 석회석을 원료로 한 폴리비닐알코올 계열을 원료로 쓸 수 있는지 고심했다.

1939년 리승기 박사는 석회석을 원료로 한 합성섬유를 만들어내는 데 성공했다. 세계에서 두 번째 개발된 합성섬유였지만 공업화가 이루어진 것은 아니었다. 리승기 박사는 비날론 공업화 연구를 계속하려 했지만 일제의 군수생산에 협력하지 않는다는 이유로 체포 구금되었다. 세계적인 발명을 하고도 감방에 갇힌 박사는 나라 잃은 설움에 가슴을 칠 수밖에 없었다.

해방된 뒤 귀국한 그는 서울대학교 공과대학 학장이 되었지만 1946년 미군정 하에서 교수를 그만두고 귀향했다. 미군은 자신들의 정책에 비판적인 교수들을 배제하기 위해 '교수 재임용 심사' 조건이 포함된 국립서울대학교 설립안을 강요하고, 서울공대 실험실마저 압수하여 미군 사무실로 썼다.

고향 담양에 내려가 은거하던 리승기 박사는 김일성 주석의 거듭된 요청과 설득으로 6.25 전쟁 중(1950년 7월) 제자들과 함께 북으로 갔다. 월북한 그는 바로 피난처에서 운영되던 김일성종합대학에 비날론 연구실을 차려 연구에 집중할 수 있었다. 그리고 1956년 마침내 시제품 생산에 성공했다. 리승기 박사는 사회주의를 지향하는 사람이 아니라 자신의 연구가 사람들의 삶에 보탬이 되기를 바라는 양심적인 학자였다.

북은 1958년 함흥에 비날론공장을 세계 최대 규모로 건설하겠다는 결정을 내렸다. 그리고 1960년에 착공, 1961년에 연산 2만 톤 규모의 2.8비날론공장을 완공했다. 리승기 박사는 김일성 주석에게 요청하여 과학원 함흥분원을 세우고 이곳으로 관련 연구기관을 집중시켰다. 유기화학연구소, 무기화학연구소, 분석화학연구소, 비날론

연구소, 화학공학연구소 등 13개 전문연구기관과 비날론공장을 비롯한 중간 실험공장 10개, 도서관과 이과대학 분교, 흥남공업대학 같은 관련 교육기관이 모임으로써 생산과 연구를 밀착시켜 진행하는 북의 과학연구방식 모델이 탄생한 것이다. 1961년 리승기 박사는 사회주의권의 노벨상인 레닌상을 받았고, 1996년 사망 때까지 애국적인 과학자로서 뜻깊은 삶을 살았다.

함흥분원의 리승기 박사

고난의 행군을 거치며 도약하는 비날론공장

1995년 전력 생산이 급감하자 에너지 과소비 산업인 비날론공장은 문을 닫았다. 1999년 3월 과학원 함흥분원을 찾은 김정일 국방위원장은 에너지 소비가 너무 커서 비날론공장 가동이 타산에 맞지 않는다는 일꾼들에게 "비날론 중간제품에서 연구과제를 찾으라"라고 하면서 "5~10년 사이에 반드시 비날론 중간제품으로 부가가치가 높은 새로운 첨단기술 제품을 개발해야 한다"라고 역설했다. 이 지침에 힘입어 꾸준히 노력한 결과, 공장이 멎은 지 16년이 흐른 2010년 3월 폴리비닐알코올과 폴리초산비닐, 염화비닐 등 새로운 중간제품을 생산하면서 비날론공장은 새롭게 일신했다. 리승기 박사가 20세

기에 돌에서 솜을 생산하는 기술로 주체섬유를 탄생시켰다면, 이제
는 21세기에 맞는 새로운 비날론공업이 탄생한 것이다. 메탄올에 의
한 초산 생산 공정은 '탄소하나화학공업'이 다루는 주제이며, 김정은
위원장 시대에 북 화학공업 발전 전망의 대명사이기도 하다.

비날론공장이 새롭게 태어난 과정을 살펴보자. 2003년 8월 소다
직장 현대화를 시작으로 염화비닐 직장 현대화가 시작되었다. 2006년
11월 김정일 위원장은 함흥화학공업대학 과학착상관에 전시된 '2.8
비날론 당면 생산 타산안'을 깊이 살펴보다가, 이를 기본으로 2.8비
날론련합기업소 현대화를 추진하자고 제안했다. 그는 2007년, 2008
년에도 이곳을 찾아 그 구상을 발전시켜 나가면서 사람들을 독려했
다. 그의 독려에 힘입어 기업소 노동자들 속에서 혁신의 바람이 불
기 시작하더니, 2010년 초부터 비날론의 원료물질인 초산 공정 정상
화 시운전이 이루어졌다. 비날론과 카바이드, 가성소다와 염화비닐
은 말할 것도 없고 물감, 농약, 염산, 액체염소, 표백분, 중조, 염화바
리움, 염화칼시움, 초산, 알코올, 가소제, 초산비닐, 폴리비닐알코올
을 비롯한 420여 종의 화학제품들이 쏟아져 나오기 시작했다.

폭포처럼 쏟아지는 비날론

2010년 비날론공장의 성공을 기뻐하는 화보

　　2010년 2월 김정일 위원장은 쏟아져 나오는 비날론 솜을 기쁘게 만져보며 짧은 기간에 기업소가 현대적으로 꾸려지고 비날론이 쏟아져 나오게 된 것은 원자탄을 폭발시킨 것과 같은 특대형 사변이며 온 나라의 대경사라고 선언했다. 2010년 3월 초 함흥에서는 비날론 대경사를 경축하는 군중대회가 진행되었다.

김정일 위원장의 투혼이 서린 '함남의 불길'

2011년은 북의 동해지구에 함남의 불길이 타오른 해였다. 함남의 불길이 무엇인지 이해하려면 2011년이 어떤 해였는지 살펴보아야 한다. 북이 '고난의 행군'의 종료를 선언한 것은 2001년이었다. 하지만 식량과 전기 사정은 여전히 엄혹했다. 1990년대 중반처럼 기아가 심하지는 않았지만, 내가 가본 2000년대 초반의 북은 평양조차 발전이 멎은 도시처럼 쾽하고 썰렁했다. 경제가 눈에 띄게 좋아진 것은

2011년 무렵이었다. 2012년 12월 평양에 갔을 때, 도시의 모습이 확 달라져 충격을 받았다. 서울의 최고급 물놀이공원과 비교해도 전혀 손색없는 문수물놀이장, 밤새 꺼지지 않는 네온사인. 그 무렵 북을 다녀온 사람들은 이런 말들을 했다.

"도대체 북에 무슨 일이 있었던 걸까! 평양 야경이 이렇게 환해지다니, 전기사정이 어떻게 갑자기 이렇게 좋아졌을까?"

2009년은 전해에 비해 거의 두 배에 달하는 경제성장 지표와 경제부흥을 알리는 조짐들이 나타났다. 2009년부터 건설하기 시작한 희천발전소가 2012년에 완공되어 평양에 전기를 안정적으로 공급하면서 '희천속도'라는 말이 유행했다. 그와 동시에 함남을 중심으로 화학공업, 금속공업의 정상화가 이루어졌다. 그것은 단순한 공장의 재가동이 아니라 새롭고 현대화된 새 세기 경제번영의 시작이었다.

2011년 흥남비료련합기업소에서 석유가 아닌 석탄 가스화 완공에 의한 첫 비료를 생산하기 시작했다. 150만 리터의 산소분리기와 가스화된 생산공정, 출하장에서 쏟아져 나온 첫 요소비료는 비료 부족을 극복해 나갈 '주체비료'의 탄생을 의미했다. '온다야 온다길래 동구 밖 큰길에 나갔더니 자동차에 가득가득 흥남비료가 오누나'라는 신고산타령이 흘러넘쳤다.

룡성기계련합기업소는 시작 135일 만에 지열설비 생산에 성공했다. 2.8비날론련합기업소에서는 수평방사 공정이 첫 시동을 걸었다. 1960년대에 돌에서 비날론 꽃을 피운 기적의 땅 함흥이 오늘은 동해의 맑은 공기를 다스려 흰 쌀알과도 같은 비료를 만들어내고 땅속에서 새 문명의 지열을 뽑아 올린 것이다.

또한 단천항 개항으로 단천이 바다로, 세계로 나가는 길이 열리게 되었다. 북은 2011년의 10월을 '주체 100년의 10월'이라고 부르며 함남이 조국 청사에 길이 남을 하나의 뚜렷한 획을 그었다고 기뻐했다. 흥남지구에서 희망에 넘친 사람들의 모습을 보며 무한한 기쁨을 느낀 김정일 국방위원장은 "함남에서 불길이 타올랐소! 어제 날에는 라남의 봉화를 가지고 떠들었는데 오늘은 우리가 함남의 불길을 추켜들고 나가야 합니다"라고 외쳤다.

2011년 12월 11일(서거 6일 전)의 『로동신문』 보도를 보면 김정일 국방위원장이 함남의 불길을 지피기 위해 얼마나 애를 썼는지 짐작할 수 있다. 12월 10일에도 김정일 위원장은 2.8비날론련합기업소 급수 침전지를 시찰했다. 10만여 리터의 맑은 물이 철철 흘러넘치는 양수장과 수문 설비, 난간을 비롯하여 새롭게 변모된 침전지를 보면서 인민군 장병들의 위훈을 높이 평가했다. 이어서 룡성기계련합기업소에 가서 회전하는 세 개의 압착 롤러 사이로 자동생산되는 제품들을 돌아보았다. 그리고 신흥산화학공장, 함흥편직공장. 흥남부두공장, 성천강수산물출하사업소, 함흥시 회상지구농장을 시찰했다니, 살아있는 마지막 순간까지 '함남의 불길'의 대고조를 위해 투혼을 불사르는 모습이 눈앞에 그려지는 듯하다.

이 기사가 나온 지 일주일 만인 2011년 12월 17일 김 위원장은 서거했다. 김 위원장은 생애의 마지막 순간까지 새로운 시대를 열기 위해 함남의 불길을 지피면서 모든 힘을 다 바쳤다. 서거 전날까지 함남을 방문했고, 달리는 열차 안 집무실에서 인민들의 식탁에 물고기를 나누어주는 문건을 비준했다. 건강도 좋지 않은 사람이 하루 동안 어떻게 그런 강행군을 할 수 있었을까! 8년이 지난 뒤, 성천강 수산물출하사업소 김선실 지배인의 인터뷰 기사로 김 위원장의 현지 지도 모습을 짐작해보자.

성천강 오시는 걸음으로 …… 가공장을 찾으시여 작업에 열중하고 있는 로동자들의 모습을 오랫동안 보아주신 그이께서는 종합지령실에 들어서시여서도 칸막이 유리를 통하여 3차 가공장을 보아주시며 하얀 위생복을 입은 종업원들이 수산물을 정성껏 가공하고 있다고, 작업장이 깨끗하고 위생성도 잘 보장되어 있다고 교시하시였습니다.

종합지령실에서 …… 저의 설명을 들으신 위대한 장군님께서는 이곳에 꾸려진 수산물생산토대가 대단하다, 살아있는 수산물을 보관하는 축양장이 있고 하루에 많은 수산물을 급동할 수 있는 설비와 수천 톤을 랭동할 수 있는 저장고도 있다, 수산물을 2차, 3차 가공할 수 있는 설비들도 그쯘히 갖추어져 있다, 사업소에 콩크리트 잔교도 있고 고기잡이배도 많다고 치하하시였습니다.

…… 위대한 장군님께서는 이어 가재미, 넙치, 털게, 우레기, 조개 등이 들어 있는 축양장도 일일이 돌아보시고 사업소에서 생산하는 가공품들을 어떻게 처리하는가도 알아보시면서 앞으로 많이 생산하여 인민들에게 팔아줄 데 대하여 간곡히 교시하시였습니다. 위대한 장군님께서는 저희들이 김일성종합대학 연구사들과 지혜를 합쳐 게껍질에서 얻어낸 키토산으로 만든 여러 가지 용도의 나노제품들도 보아주시고 높이 평가하시면서 연구사업

❶❷ 성천강수산물출하사업소에서 일하는 김선실 지배인

❸ 함흥 목제품 공장

❹ 함흥 메기공장과 이동식 그물우리장

을 심화시킬 데 대한 강령적 과업도 제시하시였습니다. …… 앞으로도 인민을 위하여 일을 잘 하기 바란다는 당부와 자신께서 날씨가 더울 때 다시 와보겠다는 귀중한 약속을 남기시고 사업소를 떠나시였습니다. 그런데 이날이 위대한 장군님께서 끊임없는 현지지도의 과로로 하여 서거하시기 바로 한 주일 전의 날로 될 줄 어찌 알았겠습니까.

그냥 공장에 한번 들렀다가 나오는 것이 아니다. 노동자들과 공장이 돌아가는 모습을 살펴보고 공장 운영에 관한 이야기를 들어주고, 의미를 재해석하고 격려하는 모습이 눈앞에 그려진다. 아무리 자신을 잘 따르는 인민이라지만, 처음 보는 사람과 어울려 마음을 합치는 일은 정말 힘이 든다. 자기의 죽음을 예감했을까? 그래서 노동자 한 명이라도 더 만나 자신의 사후에도 조선의 운명을 책임지고 나갈 짐을 덜어주려 그리 열심히 움직인 것일까?

마전해수욕장

함흥공업지대 근처에 있는 마전해수욕장에는 7·8월이면 평양 등 각 지역에서 10만이 넘는 해수욕객이 몰린다. 산으로 병풍처럼 둘러싸인 마전해수욕장은 바람이 잔잔하고 물이 얕아서 해수욕장으로 안성맞춤이다. 바닷물의 염도도 3.69%로 건강에 적절하며 15리 구간에 펼쳐진 모래사장도 깨끗하고 소나무숲이 백사장과 잘 어울린다.

2006년 11월 김정일 위원장은 당시 새로 건설한 마전유원지의 실태를 살펴보았다. 그때 지어진 마전비치리조트는 150명을 수용할 수 있는 77개의 객실과 리셉션 건물을 포함한 21개의 건물로 구성되었다. 전체 리조트의 중앙에 있는 리셉션 건물에는 식당과 연회장을 비롯해 노래방, 당구대 등을 갖추었다. 김 위원장은 이에 만족하지 않았다. "마전유원지를 잘 꾸려 로동계급이 널리 리용하게 하여야 합니다. 사회주의는 로동계급의 세상인데 로동계급에게 유원지 하나 제대로 꾸려주지 못한다는 것은 말이 되지 않습니다." 김 위원장의 구상에 따라 웅장하고 화려한 마전호텔과 인공호수, 나무숲, 꽃밭이 새로 만들어지기 시작해 2009년에 새로운 모습을 선보였다.

김정은 시대인 2015년 휴양각과 캠프 시설이 새로 들어서서 일반해수욕장지구, 서호학생해수욕장지구, 소년단야영소지구 등으로 구분되는 규모 있는 유원지로 변모했다. 일반해수욕장지구는 면적이 80여 정보로 넓은 모래톱이 특징이고, 서호학생지구는 100여 정보의 수심 1m 지역이다. 소년단야영소는 서호해수욕장과 일반해수욕장 사이 숲속에 캠프시설, 체육시설, 문화시설들을 갖추어 놓았다.

함흥본궁, 함흥력사박물관

함흥을 도시로 키운 젖줄이 성천강이다. 성천강을 따라 함흥 중심가로 올라가면 함흥본궁이 나온다. 이성계가 청년 시절 살던 집이다. 정종과 태종이 태어났으며, 조선 건국 후에는 4대 조상들의 신주를 차려놓고 제사를 지냈다. 1398년 이성계는 왕위에 오른 지 7년 만에 권좌를 물려주고 1403년까지 함흥본궁에서 살았다. 정종이 2년 만에 태종에게 권좌를 빼앗기자 분노한 이성계는 태종이 보낸 사신들을 모조리 죽여버렸다. 여기서 '함흥차사'라는 말이 생겨났다. 임진왜란 때 전소되어 17세기 말경에 다시 지었으며, 6. 25 전쟁 때 일부 파괴되었으나 대부분 복구되었다. 현재 남아 있는 건물은 정전正殿과 목조·익조·도조·환조의 위패를 모셨던 이안전, 풍패루 등이다.

함흥본궁은 지금은 함흥력사박물관으로 활용되고 있다. 조선 자기를 비롯한 여러 공예품이 전시돼 있고, 황초령과 마운령에 세워져 있던 진흥왕순수비, 임진왜란 때 왜병을 물리치기 위해 앞장서서 싸

함흥반송

운 12인의 의병을 추모해 1712년에 세운 창의사비 등 역사유적을 옮겨 놓았다. 이곳에는 수령 450여 년에 달하는 세계적으로 희귀한 변형 소나무 함흥반송이 있다. 북 천연기념물 제252호다.

함흥본궁

함흥본궁 풍패루

함흥 동흥산 역사유적

함흥본궁에서 성천강 상류 쪽으로 올라가면 동흥산이 나온다. '조선 동부의 번영하는 도시 함흥에 있는 산'이라는 뜻이다. 동흥산 마루의 공원에 오르면 함흥시 전경과 함흥평야를 한눈에 볼 수 있다. 동흥산 기슭에는 김일성 주석과 김정일 국방위원장의 동상이 세워져 있다. 그 둘레에 함흥성이 있다. 지금은 약간 흔적만 남은 성벽에 안내문을 세워두었다. 1108년에 고려가 북관을 개척하고 세웠던 9개 성 중

❶ 선화당 ❷ 구천각 ❸ 동흥산에 있는 함흥성 흔적과 안내문

의 하나로, 성 안에는 병영, 무기고, 식량창고가 있었다. 성 안팎이 한 눈에 안겨 오는 가장 높은 곳에는 북장대가 있었다. 북장대에는 북상루가 있었는데 지금은 북상루 터에 1713년에 세운 구천각이 있다. 감영의 다른 건물은 사라지고 1764년 개축한 선화당과 부속건물만 남아 있다. 선화당은 조선시대 함경도 감영에서 관찰사가 집무를 보던 곳이다. 그 뒤쪽이 함흥향교 자리다. 부속건물인 제월루만 남아 있다가 2012년에 제월루를 중심으로 함흥민속공원이 건립되었다.

함흥 시내 관광과 호텔

동흥산 아래쪽으로 흔적만 남은 옛 만세교 바로 옆에 성천교가 있다. 만세교는 너비 5.4m, 길이 500m의 다리로 원래 함흥 명승의 하나로 알려져 있다. 태조 이성계가 조선 왕들의 만수무강을 기원한다는 뜻으로 만든 목조다리다. 정월대보름날 남녀노소가 호두, 잣, 땅콩, 엿을 먹으며 다리를 거니는 풍습이 있었다. 러일전쟁 때 러시아군이 폭파한 것을 일본공병대가 1906년 목조로 다시 지었다가 1930년 철근콘크리트로 건설했다. 당시 함흥에서 제일 긴 교량이었으나 흔적만 남아 있고 1962년 바로 옆에 성천교가 건설되었다.

이 일대가 함흥 시내의 중심가다. 함흥대극장, 함흥혁명사적관, 함경남도도서관, 과학기술도서관 등이 모여 있다. 함흥의 숙박시설은 신흥산호텔이나 마전호텔, 마전비치리조트가 있으며 식당은 함흥냉면으로 유명한 신흥관이 있다. 메밀로 만드는 평양냉면과 달리 감자로 만드는 함흥냉면은 보통 농마국수라고 부르며 면발이 훨씬

❶ 성천교와 오른쪽 아래 보이는 만세교의 흔적

❷ 함흥대극장

❸ 함경남도도서관

❶ 함흥냉면으로 유명한 신흥관
❷ 함경남도 과학기술도서관 전경
❺ 신흥산호텔

쫄깃하다. 감자지짐, 찰떡, 감자송편 등과 같이 나온다. 남에서는 양이 부족할 경우 '곱빼기'를 시키지만, 북은 냉면을 100g, 200g, 300g 단위로 주문한다.

함흥수리동력대학

함흥에는 함흥화학공업대학, 금야대학(농업대학), 함흥콤퓨터기술대학, 함흥의과대학, 고려약학대학, 함흥수리동력대학 등이 있다. 함흥수리동력대학은 관개시설과 동력 부문 기술자·과학자·교원 양성을 목적으로 1959년에 설립되었다. 함흥수리동력대학의 교원과 연구사들은 홍수와 같은 비 피해를 막기 위한 관개기술 관련 연구, 발전소 및 댐의 합리적 구조에 관한 연구, 중소형 발전소의 자동화에 관한 연구, 수력터빈의 효율을 높이기 위한 연구 등 여러 연구의 성과를 경제의 각 부문에 도입했다. 서해갑문, 대동강발전소, 삼수발전소, 금야강발전소, 백두산영웅청년발전소, 대계도간척지, 희천발전소, 단천항 건설을 비롯하여 당의 웅대한 대자연 개조 구상을 실현하고 경제강국 건설에 기여한 바가 컸다.

함흥수리동력대학 개건을
현지지도하는 김정일 위원장

신흥군

신흥군은 함흥의 북쪽이며 백두산줄기와 잇닿은 부전령산줄기의 끝자락이다. 부전령산줄기는 350여 리 구간에 해발 1,500m가 훨씬 넘는 산이 많고, 해발 약 1,400m의 부전고원과 장진고원이 있는 천연의 요새다. 남쪽으로 조금만 뚫고 나가면 함흥으로 이어지는 지리적 조건으로 1930년대 후반 조선인민혁명군이 항일무장투쟁을 국내로 확대하기 위한 비밀근거지의 교두보 역할을 했다.

비밀근거지라는 말이 생소할 것 같아 간단히 설명하자. 항일 빨치산이라고도 부르는 조선인민혁명군은 1930년대 전반기에는 동만주 일대, 두만강 연안에 창설되었던 유격근거지를 중심으로 활동했다. 어느 정도 역량이 성장한 그들은 1930년대 후반기에 주 무대를 국경 일대와 국내로 옮겼다. 우리 민족의 힘으로 독립을 이루려면 반드시 일본에 항거하는 전민항쟁이 일어나야 한다. 그것을 준비하기 위한 국내 거점망이 비밀근거지다. 백두산을 가면 으레 보게 되는 백두밀영이 1936년 9월에 만들어진 비밀근거지의 총사령탑이었으며 신흥지구 비밀근거지는 국내로 움직임을 확산시키는 전진기지였다.

1937년 7월 7일 중일전쟁이 발발하고, 초기에 일본이 승전하는 분위기가 형성되자 '조선 독립은 이제 불가능하다'라는 패배주의가 만연했다. 독립을 호소하던 명망가 중에서도 변절자가 속출했다. 조선인민혁명군의 책임자였던 김일성 사령관은 1937년 9월 '전체 조선 동포들에게 보내는 호소문'을 발표했다.

호소문의 첫 번째 내용은 "중일전쟁은 우리 민족의 독립전쟁에 절망이 아니라 밝은 전망을 열어주고 있다"라는 것이었다. 그리고 "일본은 광대한 중국을 결코 집어삼킬 수 없다. 먹을 수 없는 먹이를 입안에 물고 먹지도 뱉지도 못해 끙끙거리다가 죽어갈 그런 형국이다"라고 선언했다. 즉 광대한 지역에 병력을 늘어놓게 된 일본은 시간이 갈수록 병력과 물자 부족, 보급난, 원료 부족난에 허덕이며 패망의 길로 들어설 수밖에 없다는 것이다. 그러므로 조선 독립에 대한 신심을 잃지 말고 반일 투쟁을 강화해 나가자는 내용이다.

김일성 주석의 정세판단은 적중했다. 일본제국주의는 만주사변처럼 몇 개월이면 중국 대륙을 집어삼킬 수 있을 것이라 믿고 중일전쟁을 시작했지만, 중일전쟁은 9년 동안 계속되었으며 일본제국주의는 패배자가 되고 말았다. 김일성 주석의 예견대로 먹을 수 없는 먹이를 집어삼키려고 끙끙대다 패망의 길로 들어선 것이다.

두 번째 내용은 중일전쟁으로 일제는 패망의 길로 들어섰으므로 우리도 자체의 힘으로 조선독립을 성취할 수 있는 실제적 준비를 서둘러야 한다는 것이었다. 즉 자체의 힘으로 조선 독립을 성취할 수 있는 일제와의 전민항쟁을 실제적으로 준비해 나가야 한다고 호소했다. 아울러 생산유격대와 노동자돌격대를 조직하고, 반일투쟁을 강화하며, 조국광복회 조직을 확대해 나가자고 호소했다. 조선인민

자강도
량강도
함경북도
평안남도
강원도
동해

장진군
부전군
량강도 김형권군
▲천산대봉
복개미령
부전령 ▲백역산
덕성군
신흥군
▲고대산
비밀근거지
경흥리
▲기린산 죽전령
마안산 ▲
◉신흥
영광군
흥원군
박달봉 토끼령
▲
하흥시

혁명군은 전민항쟁 준비를 위한 실천적 대책을 취해 나갔다. 많은 소부대와 정치 간부들이 국내로 들어와 전략적 의의가 큰 산줄기들에 조선인민혁명군 부대의 전민항쟁 지도를 담당할 비밀근거지들을 만들었다.

1937년 9월 김일성 사령관은 10명의 소부대만을 이끌고 직접 국내의 신흥지구로 진출했다. 국내에서 벌어지는 전반적 항일운동에 대한 지도를 강화하며 전민항쟁 준비의 돌파구를 열기 위한 작전이었다. 신흥지구에는 이미 울창한 수림 속에 여러 개의 밀영이 꾸려져 있었는데, 이 밀영들은 소부대의 활동거점이었다. 김 사령관은 적들의 삼엄한 경계를 뚫고 첫 번째 목적지인 신흥지구 동오골밀영으로 갔다. 가는 도중 일제의 눈을 피해 산중생활을 하고 있던 20명 정도의 청년들을 만났다. 그들이 이구동성으로 함께 투쟁하겠다고 하자 9월 호소문을 주고 부전령 비밀근거지에 있는 소부대 성원들과 연계를 맺도록 조치해 주었다.

신흥군의 명소 삼부연

삼부연폭포

동오골밀영에 도착한 김 사령관은 30명 정도의 정치일꾼, 지하혁명조직 책임자, 노조, 농조의 핵심들과 담화를 나누고 신흥탄광마을이 내려다보이는 삼밭산에서 조선인민혁명군 정치일꾼 및 지하혁명조직 책임자 회의를 열었다. 이 회의에서는 흥남과 함흥, 원산 등 군수공장이 집결되어 있는 동해안지구를 비롯한 국내 여러 곳에 당과 조국광복회 조직을 비롯해 반일대중단체들을 광범하게 꾸리고 확대할 것, 노동조합과 농민조합을 혁명적 대중조직으로 확대 강화할 것, 국내 각 지역에서 각종 형태의 반일항전을 과감히 전개해 나갈 것 등이 강조되었다.

이후 부전, 함흥, 흥남, 원산, 단천, 풍산, 신흥을 비롯한 국내 각지에서 전민항쟁 세력이 급속히 성장했다. 황수원 언제공사장과 함흥-신흥지구의 여러 탄광, 광산에서 노동자돌격대가 조직되었고, 후치령 생산유격대도 조직되었다. 곳곳에서 태업과 오작 시공, 폭발사고와 집단탈출 사건들이 일어났다.

조선인민혁명군은 숨어 있던 노조 관계자들을 100여 명이나 찾아내 조국광복회에 흡수했으며 흥남지구 노조를 노동자돌격대의 원천지로 만들었다. 1937년 가을에 천내리 시멘트공장 노동자 1,000여 명을 망라한 파업투쟁을 조직하여 적들을 당황케 한 것을 비롯하여 원산, 문천에서도 적극적인 활동을 벌였다. 아울러 흥남지구의 군수 공장에 침투하여 의식적인 파괴 공작으로 폭발을 일으켜 타격을 주었다. 수풍발전소 노동자 출신으로 나중에 건설상까지 역임한 최재하는 1930년대 말부터 한반도 중부 이북의 큰 공장, 건설장의 노동자들은 거의 다 백두산과 연결된 조직의 영향 밑에서 움직인 것 같다고 회고했다.

❶❷ 신흥지구 혁명전적지
❸ 1937년 김일성 사령관이 머물던 신흥지구 삼밭산 집
❹ 신흥지구 동오골밀영의 사령부 자리
❺ 신흥탄광의 갱 입구

부전군

신흥군에서 북쪽으로 10km쯤 가다 갈림길에서 좌회전하면 함흥의 젖줄인 성천강 상류를 만난다. 다시 25km를 가면 부전령 정상과 부전고원 입구에 다다른다. 날이 맑으면 부전령 정상에서 함흥시와 신흥군, 함주군, 정평군을 한눈에 볼 수 있다. 여기서 개마고원 전체를 조망할 수는 없지만, 개마고원의 일부인 부전고원과 부전호는 돌아볼 수 있다. 한국에도 덕유산고원, 대관령고원이 있지만 부전고원 같은 고원의 진수를 맛볼 수는 없다.

부전고원은 조선 8경의 하나로 꼽히는 명승지로 면적은 1,770㎢, 평균 높이는 해발 1,490m다. 부전고원 주변으로 차일봉(2,506m) 등 준령들이 만년설을 머리에 이고 둘러서 있다. 부전고원은 특이한 자연풍경과 계곡미, 인공호수 부전호의 '산중 바다' 풍경, 동쪽으로 아득히 멀리 보이는 동해의 해돋이 등 다른 곳에서는 볼 수 없는 절경이 많다. 연평균기온 0.4도, 1월 평균기온 영하 18.2도, 7월 평균기온 16.6도로 겨울은 길고 몹시 추우며 여름은 짧고 서늘하다. 연평균 강수량은 800mm 정도다.

부전고원은 산림자원이 풍부하며 호랑이, 스라소니, 곰, 노루, 사

삼수군

자
강
도

대동기강

주대봉 ▲

통치산 ▲   지대봉 ▲

오춘봉 ▲

두운봉 ▲

용포산 ▲

부   여
문   룡
리   구
강   강

장성봉 ▲

호랑산 ▲

전   대림산 ▲

대양산 ▲

강

부
전   희새봉 ▲
군

량 강 도

풍 서 군

련화산 ▲

울양봉 ▲

좀전산 ▲

랑
림
군

차일봉 ▲

서태봉 ▲

차
일
강

대남산 ▲
부
전
호

남수백산 ▲

장
진
군

달어리강   옥련산 ▲
김
형
권
군

◎ 부전

숫돌산 ▲

평산봉 ▲

전
강

상호골산 ▲   부   백역산 ▲

신   흥   군

부전고원

향노루, 수달 등 진귀한 동물들이 살고 있다. 사람이 거의 살지 않는 깊은 고원이었으나 해방 후 주민들을 배치하여 읍소재지를 만들고 광산과 협동농장들이 꾸려졌다. 주요 농산물은 감자이며 넓은 풀판에는 양, 소 등을 기른다.

고원의 한가운데에는 부전호가 있고 북쪽으로 부전강이 흐른다. 부전호는 일제강점기에 고원 남부의 부전령에서 발원하여 고원으로 북류하는 부전강의 계곡을 신흥군 동상면에 댐을 쌓아 만든 인공호수다. 면적은 약 22㎢이다. 만수 시 주위 둘레는 76km이고 총 저수량은 6억 3,940만㎥다. 부전호수의 물은 부전령의 중복에 길이 28km, 둘레 3.64m의 터널을 통과하여 동해 쪽 비탈면의 성천강으로 약 1,000m 정도 낙하한다. 이 낙차를 이용하여 유역변경식 발전소를 건설했다. 부전강발전소의 전력은 뒤에 만들어진 장진강발전소의 전력과 함께 흥남질소비료공장과 그 연관 공장에 송전되었다.

부전호는 주위 2,000m 이상의 산악지대에서 10여 개의 하천이 흘러들어와 늘 맑고 푸름을 유지한다. 호수 주변은 8월에도 평균기온이 16도를 넘지 않아 시원한 별천지로 일제강점기에 일본인들의 피서지로 애용했던 곳이다. 함흥에서 출발하는 신흥선 열차를 타고 호수 근처까지 갈 수 있다.

부전령에서 15km 가면 돌강으로 유명한 옥련산이 나온다. 돌강은 옥련산 입구 교차로에서 북쪽으로 5분 정도 걸으면 나오는 골짜기의 돌로 쌓인 강을 말한다. 길이 800m 너비 60m의 강에는 실제로 물이 흐르고 있지만 큰 바위들에 가려 물은 보이지 않고 물소리만 들

❶ 평화로운 부전고원의 모습
❷ 옥련산 정상에서 바라본 부전고원　❸ 옥련산 돌강
❹ 옥련산 뒤덕봉밀영 사령부　❺ 옥련산 회의 장소
❻❼ 김정숙 여사가 숙식했던 부전령비밀근거지와 옥련산밀영의 돌밑집

린다. 옥련산이란 이름도 구슬 같은 돌이 많이 흘러내려 생긴 산이라는 뜻이다.

돌강 너머로 100m 정도의 길을 따라가다 보면 옥련산혁명사적지가 나온다. 옥련산혁명사적지는 앞에서 언급한 신흥지구 비밀근거지 망을 꾸리기 시작할 무렵인 1937년 8월, 김정숙 여사가 당 조직 건설과 조국광복회 운동을 확대 발전시키기 위한 사업을 벌인 곳이다. 그때 김정숙 여사는 부전고원이 잘 내려다보이는 옥련산마루에 올라 부전령비밀근거지를 만드는 문제에 대해 사람들과 의논했다고 한다. 이곳도 신흥지구혁명사적지와 비슷한 부전령혁명사적지로 그때의 흔적을 보존하고 있는 참관지들이 많다. 그 의미는 신흥군에서 설명했으므로 여기서는 자세한 내용을 생략한다.

홍원군

홍원군에는 평라선 철도와 원산-라진, 홍원-북청, 홍원-신포-북청, 홍원-낙원-함흥을 잇는 도로가 있어 교통이 편리하다. '홍원'은 크고 넓은 평야라는 뜻으로, 바다를 낀 아름다운 지역을 연상케 하는 이름이다. 홍원읍 동쪽 장동진 해안에는 소나무가 많아 솔

섬이라고 부르는 세 개의 바위섬이 있다. '함남 10경'의 하나다. 깎아지른 듯한 벼랑과 파도치는 푸른 바다, 바위섬, 소나무가 어울려 아름답다. 홍원 경포 바닷가에 있는 유문진주암은 중생대 말-신생대 3기 초에 생긴 대표적인 분출암의 하나로, 독특한 지질구조와 함께 빼어난 경치로 천연기념물 제278호로 지정되었다. 큰 바위 밑이 해식작용으로 뚫리면서 아치를 이루고 그 아래로 바닷물이 드나드는 청도해식동굴은 천연기념물 제280호다.

길이가 400m에 이르는 천연석회동굴로 천태만상을 이루는 석

홍원 앞바다 양식장

순, 돌고드름과 10여 개의 연못이 독특한 멋을 만들어내는 운포동굴은 천연기념물 제282호다. 홍원군의 명소인 홍원읍 뒷산 학두봉 기슭의 광풍루는 조선 중기에 지어진 홍원향교의 문루로 우아한 자태를 자랑한다. 그 외에도 바다에 몸을 던져 절개를 지켰다는 여인의 애달픈 전설이 내려오는 절부암, 창망한 바다와 가슴 시린 월광의 기묘한 조화를 완상하는 장소로 그만이라는 해월정, 옛날 어부들이 이곳에 올라 파도와 기상을 점치고 출어했다는 관어대가 있다.

홍원수산사업소는 원양어로작업과 수산물 가공, 바다 양식, 선박 건조 및 수리까지 맡는 강원도의 종합적인 수산물기지 중 하나다. 명태, 가자미, 임연수어, 오징어, 꽁치 등이 잡히며 명란젓은 외국에 수출한다. 홍원 앞바다에서 나는 가리비는 맛이 좋기로 유명하다. 2019년

해월정

에 신포원양수산련합기업소와 함께 새 품종의 굴 인공배양에 성공했다. 수백만 마리의 굴 종자를 생산하여 동서 해안의 양식 단위들에 보내주고, 수십 톤의 굴과 해삼을 양식하여 인민에게 공급한다. 이곳 분석실에서 각종 분석설비로 양어와 양식에 대한 연구사업을 진행한 성과다.

함경북도 수산관리국에서는 성게 양식에 적합한 수역을 확정하기 위해 자원조사를 진행하고 기존 배양장을 정비하여 효과적인 성게 양식 방법을 확정하려는 계획에 따라 홍원에서는 참성게 씨받이를 할 수 있는 환경과 조건을 갖추었다. 2021년에는 가자미 종자의 영양관리를 잘하고 단계별에 따르는 선진적인 양어방법을 도입하여 두 배 이상의 방류 실적을 냈다.

2019년 여름에 불어닥친 태풍으로 이곳도 피해가 컸는데, 이것이 국가적 지원에 의해 사회주의 선경으로 변모되는 계기가 되었다. 전자도서관 미래원을 새로 세웠으며 학생소년회관, 은덕원, 조선식 건물로 된 국숫집과 현대적인 어린이식료공장, 수십 동의 살림집들이 조성되었다.

신포시

신포시를 가려면 평라선 철도나 함흥-청진 고속도로, 원산-우암 도로를 이용할 수 있다. 해안선을 끼고 크고 작은 만들이 발달하여 양식장이 많으며, 난류와 한류가 겹쳐 회유성 어족이 풍부하다. 신포시의 물고기 어획고는 북 전체의 5분의 2를 차지한다. 밥조개, 대합, 전복 등 조개류와 문어, 새우, 미역, 다시마, 가리비, 해삼 등을 양식한다. 신포원양수산련합기업소는 대형어선과 대형운반선, 1만 톤급

2020년 개건한
신포물고기통조림공장

이상의 가공모선들로 구성된 원양어로선단 그리고 중소형 어선들로
이루어진 근해어로선단, 양식직장을 비롯하여 항만과 대형가공시설
을 갖춘 대규모 종합 수산업 기지다. 특히 이 기업소는 과학장비로
물고기가 많이 지나가는 곳을 탐색하면서 산하의 양화수산사업소
등 인근 여러 사업소들과 함께 어선들을 기동성 있게 진출시키는 종
합적인 지휘소 역할을 한다.

김정은 시대 북의 수산업

김정은 위원장에게 물고기 증산 문제는 아버지의 유훈처럼 다가오는
문제다. 김정일 위원장은 서거 이틀 전인 2011년 12월 15일 함경남
도 수산물 생산현장을 돌아보았다. 서거 전날도 수산물 관련 현지지
도를 멈추지 않았으며 서거 당일에도 함경남도를 찾았다. '잠시의 휴
식도 없이' 함남으로 떠나려는 그를 주변 간부들과 주치의들이 결사
적으로 말렸지만, 소용이 없었다. 그는 그날 밤 열차 안에서 서거했
다. 열차 안 집무실 책상에는 그가 마지막 본 문건인 듯 '새해를 맞는

수도 평양을 비롯, 대도시들에 충분한 물고기를 보장할 데 대하여'라는 문건이 놓여 있었다. 아마도 의자에 앉은 채 심근경색이 왔던 것 같다.

그 때문인지 김정은 위원장은 집권하자마자 수산업을 발전시키려는 행보를 보였으며, 이와 관련된 소식이 연일 『로동신문』을 장식했다. 2013년 5월 28일자 신문은 김정은 제1비서(당시의 직책)가 군 제313부대에서 관리하는 8월25일수산사업소(원산)를 현지 지도하면서 최신 어군탐지기를 비롯한 현대적인 설비를 갖춘 네 척의 고깃배를

김정일 위원장이 타고 다니던 열차와 김정일 위원장 열차 집무실

보내주었다고 보도했다. 김 제1비서는 고깃배의 이름을 "풍요한 가을처럼 바다에서도 물고기 대풍을 안아 오라는 의미에서 가을의 상징인 '단풍'이라고 달자"라고 하면서 단풍1호, 단풍2호, 단풍3호, 단풍4호라고 명명했다.

그는 그해 12월 이곳을 다시 찾았다. 2014년 4월에는 전국의 육아원과 애육원, 초등 및 중등 학원과 양로원에 물고기를 공급하는 조선인민군 1월8일수산사업소가 건설됐다. 즉 고아원과 양로원 공급 전문의 초대형 냉동시설을 갖춘 수산사업소가 만들어진 것이다. 2014년 11월에도 김정은 위원장은 이곳을 찾아 배 하륙장의 물고기 폭포, 가공장의 물고기 사태, 냉동저장실과 절임탱크의 물고기 산 등을 돌아보며 조국의 바다를 '황금해'(황금바다)로 만들자고 호소했다. 북 언론은 그 장면을 '우리 군인들에게 매일 물고기를 떨구지 않고 급식시키고 싶은 최고사령관과 마음도 뜻도 함께하는 사업소 일꾼들과 종업원들의 당에 대한 충정의 마음이 안아온 소중한 결실'이라고 보도했다.

2015년 11월 다시 8.25수산사업소를 찾아간 김 위원장은 겨울철 집중어로 전투 기간에 1년 동안의 생산량과 맞먹는 물고기를 단 하루 만에 잡는 놀라운 기적을 창조하여 '이채어경'이라는 시대어를 만든 그들을 치하했다. '이채어경'이란 '만선의 뱃고동 소리 높이 울리고 물고기 폭포 쏟아져 물고기 산을 이루는 포구의 이채로운 풍경'을 말한다.

군대의 수산사업소들은 황금바다를 노래하고 있었지만 사회의 수산사업소들은 별반 성과를 거두지 못하고 있었다. 2015년 5월 김정은 위원장은 신포원양수산사업소를 찾아와 자책하는 책임일꾼에

조선인민군 1월8일수산사업소와 그곳에서 근무하는 어로공 주택지구

게 "사회의 수산기업소 가운데서 신포원양수산련합기업소가 제일 먼저 황금해의 새 력사를, 창조의 기치를 들자"라고 호소했다. 아울러 대형가공모선 삼천리1호를 돌아보면서 "온 나라에 사회주의 바다 향기가 차 넘치게 하자"라고 말했다.

바다에서 잡은 물고기를 배에서 직접 가공하는 추세를 따라 가공모선에 초급냉동설비를 설치하고, 사업소 역시 냉동설비와 절임탱크를 보수 정비하며 현대적인 가공시설을 더 건설하자면서 바다 양어와 양식을 대대적으로 하기 위한 대책을 세워주었다. 김 위원장은 군대 수산사업소에는 고깃배에 '단풍'이라는 이름을 달아주었는데, 사회에서 건조하는 고깃배의 이름은 "황금해 역사의 대문을 열자는 의미에서 '황금해'라고 하는 것이 좋겠다"라고 제안했다.

신포원양수산련합기업소는 배양장 확장공사에 필요한 자재들을 자체로 확보하여 바다 양식업의 배양능력을 1.3배로 끌어올렸다. 또 신포원양수산련합기업소 대형가공모선 삼천리1호에서는 쏟아져 내리는 물고기 폭포가 순간에 가공되어 나오는 풍경이 펼쳐지게 되었다.

금호지구

신포시에서 북청군으로 넘어가기 전, 지도상에 금호지구라고 표시된 지역을 가보자. 케도(KEDO)의 경수로가 건설되던 곳으로, 이 지역을 다녀온 노동자와 기술자들이 꽤 많다. 케도는 1994년 체결된 북미제네바합의 이행을 위해 만들어진 '한반도 개발기구'(Korean Peninsula Energy Development Organization)로 1995년 미국, 일본, 대한민국이 주로 참여했다. 케도는 북미합의 이행을 위해 북의 원자력발전소를 봉인한 후 이 지역에 2003년까지 1,000MW급 전기를 공급하는 2기의 경수로 원자력발전소를 건설하기로 했다. 그리고 완공 때까지 매년 6만 톤의 중유를 공급하기로 했으나 이 약속은 지켜지지 않았다. 표면적인 이유는 미국 의회가 경수로 건설자금을 부결시킨 것이다. 그러나 핵심적인 이유는 미국 행정부에서 이 합의를 지킬 의사가 처음부터 없었던 것이다.

당시 클린턴 행정부는 북이 경제난으로 곧 망할 것이라는 전제하에, 그때까지 핵 개발을 중단시킬 목적으로 제네바합의를 했다고 털어놓았다. 2002년 11월 미국은 북이 농축우라늄을 개발하고 있다는 보고서를 일방적으로 발표했고, 케도는 중유 공급을 중단했다. 2003년 1월 부시 대통령이 북을 악의 축이라고 비난하는 등 대북 압박을 노골화하자 북은 NPT(Nuclear nonproliferation treaty, 핵확산금지조약)를 탈퇴했다. 2006년 1월 케도의 모든 개발인력이 금호지구에서 철수했으며, 그해 10월 북의 1차 핵실험이 이루어졌다. 2006년 12월 금호지구 경수로 사업은 공식적으로 종료되었다.

경수로 건설현장

금호지구는 남북 근로자들이 힘을 모아 땀을 흘렸던 역사의 현장이다. 한국전력 직원 등 130여 명의 우리 근로자들이 파견되었다. 2007년부터 2016년까지 가동되었던 개성공단보다 먼저 남북 노동자들이 함께 땀을 흘리면서 나눈 사연들이 참 궁금하다. 270만 평에 이르는 이 지역은 북 당국의 통치권이 미치지 않는 특수지역으로 케도가 관리했다. 한국인 근로자들은 특구 안에서 숙식을 해결했지만 100여 명에 이르는 북 근로자들은 하루 작업이 끝나면 특구 밖으로 나가야 했다.

케도는 북 근로자들을 직종에 따라 A에서 G까지 7개 그룹으로 나눠 임금을 차등 지급했다. 중기 운전자가 A그룹에 속해 한 달 평균 220달러, G그룹에 속하는 도장공 등 12개 직종의 근로자가 138달러의 임금을 받았으니 개성공단 근로자에 비해 상당히 많은 편이다. 이후 이곳 관련자들의 방문기를 보니 가슴 아픈 사연도 많았고, 감동도 많았던 것 같다. 개성공단이 중단된 것만큼이나 안타까운 일이다.

북청군

북청은 발해 5경 중 하나인 남경 지역으로 한반도에서 발해 유적이 가장 많은 곳이다. 중국의 훈춘, 영안의 발해 유적지에 가본 사람이 많을 것이다. 하지만 중국은 동북공정에 따라 고구려와 발해를 자기의 역사로 탈바꿈시켰고, 우리 민족의 역사로 설명하는 것을 용인하지 않아 제대로 된 해설을 듣기 어렵다. 북청과 청진 지역이 앞으로 우리가 찾아갈 수 있는 유일한 발해 유적지가 될지 모르겠다.

한반도 중북부와 만주에서 당나라를 몰아내고 고구려의 광대한 영토를 회복했던 발해는 고구려의 민족사적 정통성을 이은 나라다. 우리나라 역사 평가 작업 중에서 발해 관련 작업이 가장 미미하다. '남북국시대'라는 용어를 사용하는 추세는 늘고 있지만 여전히 공식적인 견해는 '통일신라시대'다. 중국을 통일한 수, 당이 총력을 기울였던 침략전쟁을 각각 4회, 8회 모두 물리친 강대한 나라 고구려는 발해로 계승되었다.

발해는 문화에서도 고구려를 계승했다. 가장 먼저 성곽제도에서 그것이 나타난다. 발해는 각기 다른 지형조건에 맞춰 산성, 평지성, 평산성 등 여러 형식의 성곽을 쌓았다. 발해의 성산자산성, 성장습자산성, 운두산성은 벌판을 끼고 주변의 험준한 지세를 이용하여 쌓은 전형적인 고구려 고로봉식 산성이다. 성벽은 대체로 4각 추형으

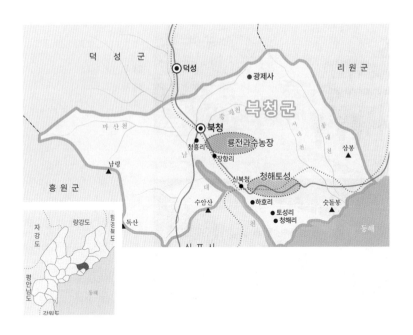

로 다듬은 성돌을 쓰는데, 평평한 곳에는 양면축조법으로, 경사진 곳
은 외면축조법으로 견고하게 쌓았다. 방어력을 높이기 위한 옹성이
나 위치 선정, 축조형식과 방법, 성곽시설 모두 고구려의 전통을 이
어받고 있다.

두 번째로 수도성과 도성 주변 위성들이 고구려의 전통적인 수도
방위체계와 같다. 발해 초기 수도였던 오동성 주변에는 성산자산성,
통구령산성, 흑석고성이 있고 상경용천부 주변에는 성장습자산성,
대목단성, 우장성이 있다.

세 번째, 주택에서도 고구려의 양식을 이어받아 동서 양쪽의 방
은 크고 가운데 방이 작은 3칸짜리이며 건물을 둘러서 물도랑을 내
어 빗물이 스며들지 못하게 했다. 바닥에는 회 또는 모래를 깔고 그
밑에 방습층을 여러 겹 두어 습기가 올라오지 못하게 한 다음 'ㄱ'자

❶ 북청군 읍내
❷ 북청군 대덕산
광제사(조선 전기 사찰)

모양의 온돌을 놓은 것도 고구려 양식이다.

네 번째로 무덤 형식도 고구려와 대단히 흡사하다. 무덤이야말로 조상 대대로 내려오는 형식을 바꾸기 어렵다. 발해는 고구려처럼 돌을 이용하여 돌칸흙무덤, 돌곽흙무덤, 돌관무덤, 돌각담무덤을 만들었다. 발해의 돌칸흙무덤은 안길과 안칸으로 이루어진 외칸 무덤이며 대체로 남향이다. 무덤 칸은 잘 다듬은 판돌과 강돌, 막돌로 쌓았으며 벽에는 회를 바르거나 벽화를 그리기도 했다. 발해 제3대 문왕의 딸인 정혜공주와 정효공주 무덤은 고구려의 강서큰무덤이나 진파리 1호무덤, 통구 사신무덤과 똑같은 구조로, 고구려 후기의 돌칸흙무덤 형식이 그대로 발해에 계승되었음을 보여준다.

북청에 있는 발해유적으로는 청해토성터와 평리무덤떼가 있다. 유명 역사유적지라고 해서 기대를 안고 갔는데 돌무지만 있는 경우

196

도 있고, 표지판만으로는 의미를 이해하기가 쉽지 않다. 이 때문에 몇몇 화려한 역사 관광지로 몰리곤 한다. 그러나 제대로 의미 있는 역사기행을 하려면 볼거리 중심이 아니라 역사적 흐름과 의미를 공부하면서 다니는 게 좋다. 이제 고구려와 발해의 연속성 그리고 발해의 성곽과 무덤이 우리에게 무엇을 말하는지 대략 이해했다면 발해의 남경이었던 북청의 청해토성터로 가보자.

청해토성은 함경남도 북청군 하호리에 위치한 8세기 후반 발해의 평지성이다. 주변에 용전리산성, 안곡산성, 거산성 등이 있는데, 험한 산세를 이용하여 청해토성의 길목을 지키는 위성 역할을 했다. 성은 동서로 긴 모습인데 서쪽에만 성벽이 남아 있다. 현재 남아 있는 성터의 평면은 방형이다. 성벽의 길이는 동쪽 332m, 서쪽 342m, 남쪽 328m, 북쪽 340m이고, 둘레는 1,342m이다. 동쪽 성벽은 현재 도로로 이용되고 있다. 흙을 다져 쌓은 성벽의 밑넓이는 8m 안팎이며 성벽 모서리에 각루가 있었다.

그리 멀지 않은 곳에 700여 기의 발해인 평리무덤떼가 펼쳐지고, 가마터, 오매리절터를 중심으로 한 절골유적, '발해고도지'라고 새긴 비석이 있다. 중국 집안 위나암성(환도산성이라 칭한다) 밑에 있는 거대

청해토성(부거토성) 북문지

청해토성 평리무덤떼(부거리고분군)

❶ 오메리절터 ❷ 오메리 절골 발해유적
❸ 발해의 돌칸흙무덤 ❹ 절골유적 발해층에서 나온 고구려 금동판

한 고구려 무덤떼를 본 사람들은 감동을 잊지 못한다. 평리무덤떼는
적석총이 아니어서 환도산성 무덤떼처럼 감동을 주지는 않지만 발
해의 무덤떼를 만날 수 있다는 것만으로도 귀한 유적이다.

발해의 역사가 우리 민족의 역사로 공식화되고 남북국시대라는
구분이 정식으로 등재되는 날, 우리 민족을 처음 통일한 나라도 고려
가 될 것이며, 고조선에서 시작되어 고구려로 이어지는 우리 민족사
의 흐름이 제대로 자리잡힐 것 같다. 중국의 동북공정에 대해, 아직
도 계속되는 일본의 식민사학에 대해 남북이 힘을 합쳐 대응하고, 우
리 민족의 찬란한 역사를 바로 세울 수 있는 날이 언제쯤이나 올까?

북청의 대표적인 민요 '돈돌라리'

북청은 우리에게 북청물장수나 북청사자놀이, 돈돌라리 등으로 귀에 익은 이름이다. 돈돌라리는 북의 민족예술 무대에 빠지지 않는 민속무용이다. 처녀들이 물동이를 이고 경쾌하게 춤을 추며 '돈돌라리 돈돌라리 돈돌라리요 리라 리라리 돈돌라리요'라는 후렴구를 계속 반복하는데, 남쪽 사람들은 무슨 뜻인지 궁금해한다. 나도 처음에는 '돈을 달라는 뜻인가?' 하고 의아하게 생각했다. '돈돌라리'는 '동틀 날이 온다'라는 뜻이다. 일제강점기 시절 지치고 힘들었던 조선사람들이 '곧 해방이 온다'는 걸 은어로 표현하며 희망을 잃지 말고 살아가자는 노래다. 북청을 중심으로 함경도와 백두산 마을에서 윤무 형식으로 추어온 '돈돌라리'는 춤동작들이 매우 경쾌하다. 매력적인 걷기, 탄력 있는 손목 쓰기, 활달하고 개방적인 팔동작 등에 의해 이 춤의 활동적인 특색이 표현되고 있다. 당시 일제와 투쟁했던 그 지역 조선인들의 정서를 잘 표현하고 있는 듯하다.

북청사과

북청사과는 남쪽에서는 국광으로 알려진 품종이다. 북청사과에 얽힌 이야기는 북 인민들이 선대의 유업을 어떻게 계승 발전시키는지 잘 느끼게 해준다.

북청에는 1898년 심어져 120년이 넘은 지금도 사과가 열리는 '조상사과나무'가 있다. 조상사과나무라는 이름을 붙인 사람은 김일

북청 조상사과나무

성 주석이다. 1959년 10월 처음 이곳을 방문했을 때 "이 사과나무는 우리나라 사과나무의 조상으로 될 수 있다"라며 지어준 이름이다. 그 뒤 김정일 위원장은 이 나무를 천연기념물로 지정했고, 어린 사과나무 세 그루를 접목시켜 아직도 사과가 생산된다. 역사가 깃든 사과나무 한 그루를 보존하여 나라 사랑을 이어가게 하려는 지도자의 의도와 그를 잊지 않고 헤아리는 인민의 노력을 읽을 수 있다.

김일성 주석은 1961년 4월 7일 북청군에서 조선로동당 중앙위원회 상무위원회 확대회의를 열었다. 인민의 식탁을 풍요롭게 하기 위해 과일 재배에 주목한 시도였다. 김 주석은 식민지 때는 지주를 위해 과일을 생산했지만 조선로동당 시대에는 인민들을 위해 과일을 풍성하게 생산해야 한다고 주장했다. 김 주석은 직접 산비탈에 올라 돌밭에 고랑을 내고 심은 사과나무들을 보면서 거름이 비에 씻기지 않게 하려면 계단식으로 돌담을 쌓으라고 지시하는 등 여러 조치를 해주었다. 북청군에는 수백 정보의 산 경사지에 과수원이 들어섰고, 산은 사과나무로 넘실거리게 되었다. 하지만 1990년대 중반 이후 최악의 경제난은 북청에도 몰아닥쳐 사과밭은 황폐해지고, 뿌리마저 말라갔다.

2002년 6월 김정일 국방위원장이 이곳을 찾아왔다. 그는 21세기 경제건설의 틀을 새롭게 짜고 있었다. 경제난 극복은 단순히 고난의 행군 이전 상태로 원상회복이 아니라 새로운 단계로의 도약이 되어야 한다는 구상이었다. 수비가 아닌 공격형 정치를 추구하는 것이 김 위원장의 방식이었다. 북청사과도 예외가 아니었다. 김 위원장은 북청 과수농장을 잘 지키는 길은 "새 세기의 요구에 맞는 과수업의 발전 방향을 세우는 것"이라며, 과수농업의 '과학화, 전문화, 기계화'를 제시했다. 과일나무에 좋은 부식층이 두껍게 쌓이고 미량원소 성분이 유실되지 않게 하려면 산이 아니라 넓은 평지에 과수원을 조성해야 한다는 것이었다. 또 기계화, 전문화를 위해서도 평지가 제격이라며 남천강이 흐르는 룡전마을 앞 들판에 대담하게 평지과수원을 조성하자고 제안했다. 발상의 전환이었다.

평지과수원을 생각하지 못했던 것은, 한 뼘의 땅이라도 더 알곡을 생산해야 하기 때문이었다. 김 위원장은 모든 땅에 알곡을 심는다고 식량문제가 해결되는 것이 아니라면서 알곡 중심에서 채소, 과일, 고기, 생선 등으로 식생활의 질을 높여야 식량문제를 진정으로 해결할 수 있다고 강조했다. 그 뒤 평지과수원에 심을 새 품종의 키낮은 사과나무 묘목 수만 그루와 과수 재배 기술자들을 보내주었다. 북은 이미 2000년 11월 24일에 전국 과수 부문 과학기술발표회 및 경험토론회를 개최하고, 새로운 과수 농법을 연구하기 시작했으며 과일 생산의 과학화, 전문화, 기계화 실현을 위해 여러 지역에 대규모 과수농장을 건설하고 있었다. 9년 동안 룡전리 사람들은 우선 새 과일나무 모 생산에 박차를 가하는 동시에 과감한 토지정리를 시작

북청군 룡전과수농장

했다. 해마다 400여 정보씩 토지정리를 하고 전호식 구덩이를 파서 정보당 100톤 이상의 거름을 쏟아부었다. 또 총 수백 킬로미터의 과수원 도로와 물길을 건설했다.

알곡 농사를 지으면서 동시에 과수원을 조성하는 것은 어렵고 힘든 일이었다. 해마다 최단기간에 추수를 끝낸 다음 땅이 얼기 전에 노동력과 농기계를 집중해서 연차별로 계획한 토지정리, 구덩이 파기를 했다. 밤낮이 따로 없는 치열한 작업의 연속이었다. 또 수백 톤 능력의 돼지공장을 건설해 물거름, 유기질거름을 생산하여 과수밭의 지력을 높였고 모든 과일 생산공정을 기계화했다.

9년이 흐른 2011년 5월 18일 김정일 위원장이 다시 북청군을 찾았다. 그때 북청군 과일나무들이 있던 산기슭에는 살림집들이 들어서 있었고, 사과는 정보당 평균 35톤, 최고 60톤까지 수확했다. 9년 만에 김 위원장이 오자 북청 사람들은 사과나무밭을 수천 정보로 늘릴 수 있게 해 달라고 청원했다. 농업성에서 알곡 생산을 더 줄일 수는 없다며 확장을 허락하지 않는다는 것이었다. 김 위원장은 농업성 일꾼들을 불러 전문 과수농장을 꾸리자는 당의 방침을 실현하기 위해서는 유무상통(있는 것과 없는 것을 서로 융통함)의 원칙으로 문제를 대하자고 제기한다. 북청군 룡전과수농장은 면적은 작지만 맛으로 승부를 봐야 한다면서 룡전에 사과연구소를 건설하도록 하고 과학원 생물공학분원 미생물연구소의 도움을 받아 사과연구를 심화시킬 수 있도록 조치했다.

과수원에서 정보당 30톤의 사과를 팔면 150톤의 백미를 살 수 있다. 농업성의 목표를 훨씬 상회하여 달성하게 되는 셈이다. 북청군은 바로 옆에 항구가 있으니 하루면 러시아 블라디보스톡으로 수출할 수 있어 조건이 좋다. 북청군은 바닷가 1개 협동농장에서만 알곡을 생산하고 나머지는 군 전체가 사과농장으로 되었다. 군 전체에 3,800여 정보의 과수원을 조성하고 총 수백 톤 능력의 돼지공장을 건설했다. 식물성 농약 생산기지를 꾸려 식물성 농약을 10여 가지나 새로 만들었다. 석탄 가스화로 전기를 해결했고 농약 원료의 80%를

단백풀을 키우는 웅덩이

2021년 8월에 현대식으로 건립된 북청 돼지공장

북청에 흔한 생당쑥이나 담배로 해결했다. 자체의 힘으로 대형 트라스를 제작, 500톤과 1,000톤 규모의 과일 저장고 건설도 직접 해냈다. 이제는 2,000톤, 3,000톤 저장 능력의 과일 보관고와 군 과일가공공장 현대화를 본격적으로 추진하고 있다.

2014년 6월 김정은 위원장이 다시 이곳을 방문했다. 그때는 북청에 어떤 문제가 제기되었을까? 북청 사람들은 김정은 위원장에게 사과농장이 북청군 전체로 커지다 보니 그에 맞춰 돼지공장 규모를 늘리는 것이 어렵다고 하소연했다. 그러자 김 위원장은 군 전체를 포괄하는 대규모 돼지공장이 아니라 농장마다 돼지공장을 따로 지어 처음에는 1정보당 두 마리씩 계산하여 돼지를 키우라고 했다. 뭐든지 대규모로 집중시켜야 한다는 관념을 혁파하고, 농장원들의 창조적 노동능력이 적절히 발휘될 수 있는 방안이었다.

청해농장의 사례를 보자. 돼지 외에도 큰 단백풀(북에서 개발한 사료

^{용 풀}) 웅덩이에 미꾸라지를 키우고 토끼 300마리와 염소 200여 마리도 키우고 있다. 이 고기와 사과로 자기 농장의 유치원 간식이 너무 풍성해져서 타 도시로 이사간 사람들도 자기 아이만은 이곳 유치원으로 보내고 싶어한다며 자랑을 늘어놓는다. 삼지연마을 건설공사장에 돼지 100여 마리를 통째로 보내주었다는 이야기도 놓치지 않는다. 이것이 청해농장만이 아니라 김정은 시대 북청사과농장의 일반적인 흐름이다.

대동강 과수농장을 가본 남쪽 사람들은 그 규모에 놀라며, 사회주의라 땅을 자유롭게 활용할 수 있어 통이 큰 것 같다는 소감을 남겼다. 북이 먹거리의 다원화 문제를 사회주의에 맞게 해결하기 위해 관민이 합심하여 문제를 해결하는 과정은 간단치 않다. 시대의 발전 추세와 사람들의 준비 정도에 맞게, 생산의 최적화 방식을 자유자재로 활용하는 그들의 사회주의적 집단생산이 무엇인지 조금 이해가 되는 것도 같다.

2021년 8월, 북청에 돼지공장이 새롭게 준공되었다. 이 돼지공장은 사료가공과 운반, 고기가공뿐 아니라 유기질비료 생산공정까지 갖추었다. 북청군 사과농장과 고리형 순환생산체계를 현대화한 것으로 보인다.

단천시

단천은 세계적인 지하자원의 보고다. 한반도에 분포된 거의 모든 지층이 모여 있고 지각운동의 결과 서로 다른 지질시대의 여러 가지 조성을 가진 관입암(마그마가 지각을 뚫고 들어가 굳어서 이루어진 암석)들과 분출암(마그마가 지표면으로 흘러나오거나 분출되어 형성된 암석)들이 많은 광상을 이루어 놓은 덕분이다. 북천 골짜기를 따라 올라가면서 자리잡고 있는 룡양, 검덕, 대흥 등의 큰 광산에는 연, 아연, 마그네사이트를 비롯한 지하자원이 풍부히 매장되어 있다. 검덕광업련합기업소는 북에서 제일 큰 연과 아연 광산이고, 룡양과 대흥은 세계적인 마그네사이트 생산기지다.

이 지역 마그네사이트 매장량을 두고 세계 3위니 2위니 하면서 순위를 매기는데, 사실 정확한 매장량은 아무도 모른다. 룡양광산은 길바닥에 밟히는 돌가루마저 금덩이, 돈덩이라고 말할 정도로 하얀색 마그네사이트로 뒤덮인 노천광산이다. 산 전체가 하얀색이어서 '백금산'이라고도 부른다. 몇 년 전에도 큰 광맥이 새로 발견되었다고 하니 정확한 규모를 알 수조차 없다는 말이 이해가 된다.

1980년대에 들어와 본격 개발되기 시작한 대흥청년영웅광산은 광맥이 거의 수직 방향으로 있어서 한 개의 락광정(落鑛井, 캐낸 광석을

206

량 강 도
운흥군

함경북도
백암군

량 강 도
갑산군

함 경 북 도
길주군

대흥마그네사이트
광산

무학역

무학광산
(마그네사이트)

검덕산

대흥
마그네시아공장
검덕제1선광장

대흥역

검덕 광산
(연, 아연)

금골역

검덕제2선광장
검덕제3선광장

룡산광산
(마그네사이트)

허 천 군

단천시

룡연산

함 경 북 도
김책시

복개봉

북
대
천

련화산

관암산

남
대
천

천봉산

복대천

원산덕산

광천광산
(중석, 코발트,
몰리브덴)

단천

동해

리 원 군

실어내기 위해 아래로 떨어뜨리는 데 쓰는 굴)만으로도 수백만 톤의 마그네사이트 광석을 생산할 수 있다. '검덕'이라는 이름은 거미줄처럼 생겼다는 뜻의 '거미덕'에서 유래되었다. 뻗어가는 거미줄처럼 매장량이 무궁무진하다는 뜻이다. 검덕광업련합기업소 리문봉 지배인은 "아직은 거미의 발 중 하나만 뜯어먹었고 몸통은 보지도 못했다"라고 말한다. 검덕광산에서는 연, 아연 이외에도 금, 은, 게르마늄, 몰리브덴, 흑연 등 30여 가지 다른 광물이 매장되어 있어 '금골', '돈산'이라고도 부른다.

2001년 마그네사이트를 가공한 마그네샤크링카 생산공장을 준공했는데, 2007년 기준 생산능력이 연간 200만 톤에 이른다. 마그네샤크링카로 처리하는 과정에서 약 1,500도에 달하는 고온 열처리가 필요한데, 북에서는 수입 중유나 코크스 대신 무연탄을 쓰는 주체식 고온 열처리법을 사용한다. 2017년 『로동신문』은 단천에서 국가과학원 레이저연구소의 과학자들이 '처음으로 자체의 자원·기술로 광석 빛 선별기를 개발했다'라고 보도했다. 단천은 단천항과 룡대항 이외에도 청진항(40km), 신포항(80km)과 가까워 수출에도 유리하며, 금골선과 허천선이 평라선으로 연결되어 자원을 수송한다. 북은 2009년 7월부터 기존의 낡은 단천항을 현대화하는 공사를 대대적으로 벌여 2012년 5월 준공했다.

❶ 대흥청년영웅광산
❷ 룡양광산
❸ 1980년대 완공된 검덕광산의 모습

❶ 검덕광산 제3선광장
❷ 검덕광산 마광광장
❸ 단천항

무궁무진 마그네사이트의 용도

우리 기업들이 북에서 가장 관심을 보이는 지역이 단천이다. 수많은 이익을 창출할 수 있는 '보물고'이기 때문이다. 특히 마그네사이트에 눈독을 들인다. 마그네사이트는 어디에 쓰일까? 마그네사이트는 열처리 온도에 따라 쓰임새가 달라진다. 600~1,000도에서 열처리된 '경소마그네시아'는 화학촉매제 또는 농업용 비료와 여러 특수 유리의 원료다. 1,400도 이상의 고온에서 열처리된 '중소마그네시아'는 열전달을 차단하는 제철소 용광로의 내화벽 등에 사용되는 광물 자원이다. 약 1,500도가량의 고온으로 열처리하여 얻은 마그네사이트 덩어리는 비싸게 수출되는 고부가가치 '마그네시아 클링커'이다. 2,750도 이상의 초고온에서 용융된 순도 99% 이상의 '고순도 마그네시아'는 광학장비, 원자로, 로켓 분사구 등에 쓰인다. 값이 비쌀 수밖에 없다.

마그네시아를 환원시키면 금속 상태의 마그네슘을 얻을 수 있다. 마그네슘은 알루미늄, 아연, 망간 등과 합금하여 비행기, 우주비행선, 기계, 자동차 등에 광범위하게 사용되며, 적용 분야가 갈수록 넓어지고 있다. 2009년 남쪽 마그네사이트 소비량은 21만 톤이었다. 마그네슘 합금의 국내 소비량이 매년 50% 이상 늘어나는 것으로 보아 만일 남북경협이 이루어지면 비싼 외국 마그네사이트의 수입 비용을 많이 절감할 수 있을 것이다.

아름다운 광부 이야기

남쪽에서는 광업이 몇 군데 겨우 명맥만 유지할 뿐 사양산업이 된 지 오래다. 1993년 정부의 폐광 자유화 정책이 발표되자 탄광 사주는 기다렸다는 듯 보상금을 받고 폐광했고, 광부들은 두 달 치 임금을 챙겨 받고 광산을 나왔다. 쓸모있는 지하자원이 거의 없다지만, 과연 정밀 검사를 해보고 판단했는지는 의문이다. 2000년대에 들어와 국내 광물자원의 중요성을 자각하고 광맥을 찾고 개발해야 한다는 문제 제기가 있었으나 전문인력도, 채산성도 보이지 않는 상태에서 흐지부지될 수밖에 없었다.

자원개발이라는 말을 들으면 볼리비아에서 리튬 개발권을 얻어낸 듯 떠들며 자원외교를 자랑하던 어떤 대통령이 생각난다. 국민 세금 1조 5,000억 원을 투자한 아프리카 마다가스카르의 암바토비 니켈광산이 알고 보니 자금을 해외에 빼돌리는 핑계에 불과했다는 언론의 보도는 아직도 정확히 밝혀내지 못한 거대한 비리의 광맥이다.

자원개발의 중요성은 갈수록 커지지만 광산에 대한 이미지는 썩 좋지 않다. 옛날 태백탄광에 대한 기억도 갱도가 무너지기 일쑤고, 작업환경이 워낙 좋지 않아 진폐 환자가 속출했다는 정도다. '막장 인생'이라는 말이 나올 정도로 갈 곳 없는 사람들이 마지못해 가는 곳! 환경오염의 원천이라며 탄광들을 없앨 때도 아무도 아쉬워하지 않았다.

북에서 탄광은 일반 사람들에게 어떤 의미로 다가올까? 북이 아무리 정책적으로 탄광의 노동환경에 신경을 쓴다 하더라도 수백 미터의 컴컴한 지하갱도에 내려가 소음과 먼지를 뒤집어쓰면서 광석을 채굴하는 일은 어지간한 결심으로는 어림도 없다. 생활비 급수는 일반 노동자보다 월등히 높겠지만, 주변 문화시설도 변변치 않고 보통 산골처럼 경치가 좋은 것도 아니어서 옛날 우리 농촌 총각처럼 광부에게 시집가려는 처녀들도 귀하다. 그렇지만 민족자주경제를 생명으로 여기는 북에서 채취공업은 공업의 기본이다. 광산의 중요성은 클 수밖에 없다.

북은 탄광 인력을 어떻게 충당할까? 북의 광부들은 제대군인 출신이 많다. 빛나는 청춘 시절에 조국을 위해 군대에 가는 일을 가장 영광스럽게 여기는 것이 북 청년들의 기풍이다. 나라와 인민을 위해 청춘을 바친 인민군이 사회에 복귀하면 존경과 사랑을 받는다. 제대하면 대학에 들어갈 수 있지만 대체로 평생직업을 선택하는데, 조국이 부르는 곳이면 어디든지 달려가겠다는 패기가 넘친다. 『2009년』이라는 북의 소설에서는 인민군의 마음을 이렇게 표현했다.

…… 인간의 리상과 행복의 대명사임에도 불구하고 부귀영화란 말은 자기의 진정한 주인과 의미를 잃어버린 채 오랜 기간 몇몇 부자들이나 통치배들의 독점물로 되어 왔다. 자본주의 부귀영화는 개인의 것이지만 사회주의 부귀영화는 온 나라 대가정이 함께 누리는 참다운 인민의 부귀영화이다. …… 재물이 많은 사람이 부자인 것이 아니라 남에게 재부를 안겨주는 사람이 진짜 부자다. 자기의 피땀으로 조국이 강해지고 인민이 부유해지며 후손들이 잘살게 된다면 그로 하여 느끼게 되는 행복감은 실로 억만금에도 비길 수 없는, 가장 아름답고 귀중한 것이다. 바로 이러한

소중한 행복관을 지녔기에 우리 병사들은 찬 눈비에 언 밥을 말아 먹으면서도 밝게 웃는 것이다. 번영하는 조국의 래일을 위해 피와 땀, 심지어는 목숨까지 서슴없이 바치면서도 그것을 인생의 한 시절밖에 차례지지 않는 청춘 시절의 자랑으로, 영광으로 소리 높이 구가하는 것이다.

광산으로 자원해서 가는 제대군인을 다룬 북 드라마가 있다. 김문창 장편소설을 텔레비전 드라마로 만든 룡양광산 광부들의 이야기『백금산』이다. 드라마는 군 제대 후 대학에서 공부하려던 꿈을 접고 광부로 자원하는 장면부터 시작한다. 대단한 성공을 위해 험지로 가는 것이 아니라 자기의 삶과 열정을 깡그리 바치려는 마음이다. 또 다른 영화『금골의 61년생들』은 실제 인물인 검덕광산의 고경찬 (본명은 고경철) 광부의 이야기를 다루었다. 고경찬이 이끄는 검덕광산 4.5호 갱의 '고경찬 영웅소대'는 지난 2021년 환갑을 넘긴 나이에도 채굴 목표를 초과 달성했다. 이들의 모습은 북 광부들의 삶을 생생하게 보여준다.

고경찬 영웅소대는 김일성 주석이 검덕광산을 찾아왔던 1961년에 금골에서 태어난 동갑내기들로 구성된 광부 소조다. 그들은 김 주석이 이 험한 산골 검덕광산, 그것도 지하 막장까지 들어가 광부들에게 소명의식을 준 것에 대한 고마움을 잊지 못한다. 당시 김일성 주석이 들어갔던 갱은 그 날짜를 기념하여 '4.5호 갱'이라고 명명했다. 어려서부터 아버지에게 그 이야기를 귀가 아프도록 들었을 고경찬은 대를 이어 광부가 되었다. 자신들을 키워준 조국에 심장을 바

금골 4.5호 갱에서
일하는 고경찬 영웅소대

치기 위해 한 톨의 광석이라도 더 캐서 공장으로 보내주어야 한다는 일념으로 채탄 실적 초과달성을 놓치지 않는다. 노력 영웅으로 훈장을 받았지만 더 많은 사람이 영웅적인 삶에 동참할 수 있도록 사는 것이 그들의 꿈이다.

검덕 광부의 이야기를 조금 더 살펴보자. 『금골의 61년생들』도입부에는 지하 막장에서 폭발사고를 몸으로 막으면서 산화한 광부의 여동생 정옥이의 이야기가 나온다. 정옥이는 오빠가 느꼈던 애국혼을 자신도 느껴보고 싶어서 자원하지만, 광부들은 동료의 여동생을 아끼는 심정으로 탄광 근처에는 얼씬도 하지 못하게 한다. 그러다 정옥이가 컴컴한 지하 갱도에서 빛나는 표정으로 "이 한 덩이의 광석이 조국 공업의 디딤돌이라고 생각하니 기뻐서 훨훨 날 것 같다"라고 말하는 것을 보면서 고경찬의 마음이 바뀐다. 오빠를 그리워하는 감상적인 마음이 아니라 진짜 광부의 뜨거운 심장과 혼을 가지고 있다는 것을 알게 되자 영웅소대의 취사원으로 취직시켜준다.

광부의 뜨거운 심장이란 과연 무엇일까? 땀을 뻘뻘 흘리며 한 덩어리의 광석이라도 더 캐는 이유가 조국을 위한 것이라니…. 그들에

게 조국이란 무엇일까? 영화에 나오는 광부의 아내 이야기를 통해서
도 북 사람들의 정서를 엿볼 수 있다. 그녀들은 새벽같이 밥 차려놓
고 광장에 나와 합창과 율동으로 출근하는 광부들의 기세를 키워주
려 경제선동을 한다. 낮에는 함께 모여 틈틈이 간식을 싸 들고 광산
을 찾아가기도 하고 응원 공연도 한다.

북에서는 전업주부야말로 정말 바쁜 사람들이다. 사설학원이 따
로 없으므로 아이들의 숙제를 도와줄 유일한 존재가 주부이며, 전
업주부 조직인 여성동맹(이하 여맹)에서 해야 하는 일도 산더미 같다.
『금골의 61년생들』 영화에는 합창단의 지휘를 맡은 여맹 책임자 이
야기도 나온다. 평소 여맹 활동에 바빴던 그 여성은 아이가 학교에
서 꼴등을 하자 남편에게 아이 성적이 그 지경이니 여맹 위원장과 합
창단 지휘자 자리를 그만두겠다고 울먹인다.

여기서 남편의 반응이 우리와 다르다. 남쪽 남편들 같으면 수입
이 생기는 일도 아닌 판에 아이 공부가 더 중요하지 않냐며, 그만두
라고 하는 것이 보통이다. 그런데 북의 광부 남편은 여맹 활동을 그
만둔다는 말에 펄쩍 뛴다. 자기는 출근할 때 여맹 합창을 들으면 일
할 의욕이 솟구치는데 합창 지휘를 그만두면 어떡하느냐고 난리를
친다. 그리고 다른 광부들도 부녀들의 응원에 힘을 얻는 것은 마찬
가지라고 얘기해준다. 그러자 아내는 갑자기 얼굴에 화색이 돌면서
자신들의 응원이 광부들에게 힘을 준다면 더 열심히 연습하겠다고
다짐한다.

무슨 위로용 선물을 약속받은 것도 아니고, 아이 학업에 대한 대
책을 세워준 것도 아니다! 우리로서는 이해하기 힘든 대화…. 다만
사람들이 정말 순박하고 맑게 살아간다는 느낌이 든다. 남의 여성운

216

동이 남편의 가부장적인 반대를 무릅쓰고 자신의 삶을 개척하는 것이라면 북의 여맹 활동은 남편과 함께 조국을 위해 각자의 위치에서 서로 단합하고 힘을 주는 것이다. 세대주(남편)는 탄광에서 영웅적으로 일하고, 아내는 집안일을 하면서 남편을 도울 길을 찾고…. '나라의 주인'이라는 자부심으로 살아가는 광부와 가족들의 모습이 아름다워 보였다.

상전벽해가 될 단천지구

영화를 보면서 단천지구의 광부들이 조국애로 가득 차 헌신하는 모습은 아름다웠지만, 삶의 조건은 황량해 보였다. 지하 막장의 공기는 어쩔 수 없다 해도 주거환경은 개선할 수 없을까 하는 생각을 지울 수가 없었다.

그런데 뜻밖의 계기가 마련되었다. 2020년 9월 3일 함경남북도에 9호 태풍 마이삭이 불어닥쳤다. 검덕광업련합기업소와 대홍청년영웅광산, 룡양광산 등에서 2,000여 세대의 살림집과 수십 동의 공공건물이 파괴되고 침수되었다. 도로 45개소 6만여 미터가 유실되고 59개의 다리가 끊어졌으며, 31개소 3,500여 미터 구간의 철길 노반과 2개소 1,130여 미터의 레일이 유실되는 등 교통이 마비되었다.

이에 김정은 위원장이 9월 5일 손편지를 써서 평양의 당원들에게 피해복구 사업에 자원해 줄 것을 호소하자 신청자가 30만 명을 넘어섰다. 치열한 경쟁을 뚫고 선발된 수도당원사단 1만 2,000명이 함경

태풍 피해 이후 새로 지은 검덕 살림집

남북도 피해지역으로 출발했다. 김 위원장은 9월 8일 중앙군사위원회를 소집하고, 군대를 동원해서 연말까지 검덕지구에 2,500여 세대를 새로 지을 것을 확정했다. 10월 13일 이곳을 다시 방문한 김 위원장은 공정이 60% 정도 진척된 수해복구 건설장으로 가는 고갯길에서 낡은 집들을 보고 마음이 아팠던 것 같다. 그는 "반세기도 훨씬 전에 건설한 살림집들이 아직 그대로 있다. 재해로 무너진 집들만 새로 지어줄 생각을 했지 너무나 기막힌 환경과 살림집에서 고생하고 있는 인민들의 실상을 제대로 알지 못했다"라면서 "저런 집들도 다 헐어버리고 새로 지어주지 못하는 것이 속에서 내려가지 않는다"라고 했다. 또 "검덕 노동계급을 나라의 맏아들이라고 하면서 …… 살림살이에 관해 관심을 돌리지 못하여 이렇게 뒤떨어진 생활환경 속에서 살게 한 데 대하여 심각히 자책해야 한다"라고 했다.

김 위원장은 이후 대흥과 검덕, 룡양의 세기적인 낙후를 싹 털어버리고 새 세기의 요구에 맞는 현대적인 살림집들을 건설하여 검덕지구를 국가적인 본보기 산간도시, 광산도시로 훌륭히 전변시키자고 했다. 그는 앞으로 5개년계획 기간에 검덕광업련합기업소, 대흥청년영웅광산, 룡양광산에 2만 5,000세대의 살림집을 새로 건설할 결심을 피력했다. 자신이 직접 책임지고 떠맡아 인민군대와 함께 검덕광산마을을 세상에 없는 광산도시, 사상 초유의 산악협곡도시로 꾸리겠다는 의미였다.

11월 27일자 『로동신문』은 단천시에 2,300여 채의 단층·소층·다층 주택과 공공건물, 공원이 들어섰다는 것을 보도했다. 앞으로 5년 후 이곳은 어떻게 변하게 될까? 사상 초유의 산악협곡도시라는 말이 잘 상상되지 않는다. 이 꽉꽉한 광산도시가 누구나 가서 살고 싶은 곳으로 바뀔 수 있을까? 그것이 참으로 궁금하다.

광천광산

요 몇 년 사이 새로 짓는 북 건축물의 외관이 전보다 훨씬 세련된 느낌이다. 수입 대리석 같은 비싼 마감재를 사용하지 않고 자체적으로 건자재를 만들어 쓸 텐데, 어떻게 했는지 궁금하기도 했다. 최근 기사를 보다가 광천광산의 움직임이 이러한 추세와 연관이 있는 것을 알게 되어 잠깐 소개하기로 한다.

단천항 바로 위의 단천마그네샤공장에서 금골선을 따라 조금 올라가면 입구에 광천광산이 나온다. 광천광산은 흑연, 석면과 아연 등 10여 종의 광물이 매장되어 있다. 석면부터 시작해서 고급 천연 석재인 연옥을 생산하게 되었으며 2015년에는 흑연 생산 토대도 갖

추었다. 2018년에는 경소마그네샤를 원료로 타일을 생산하기 시작
했으며 2019년에는 기와생산기지, 벽돌생산기지도 만들었다. 김정
은 시대에 북의 경제가 전반적인 활기를 띠면서 '인민대중제일주의'
바람이 거세게 불었는데, 이곳에도 혁신의 바람이 불기 시작했다.
광산에 과학기술실을 만들면서 수입산 마감 건재를 사용했는데 그
과정에서 혁신에 대한 요구가 강해졌던 것 같다. 그때 마침 광산 노
동자들이 사용할 정양소(휴양시설)를 최고급으로 만들고 싶은데 수입
산 자재를 쓸 수가 없어 궁리가 많아졌다.

그들은 이것저것 알아보다가 우연히 단천에 널린 돌에 주목했다.
단천지방 길거리 어디에나 줄무늬가 쭉쭉 흐르고 색깔이 예쁜 돌이
널려 있다. 문득 '가공만 잘하면 훌륭한 마감 건재로 이용할 수 있지
않을까?'라는 생각이 들었다. 검정돌비늘이라고 거들떠보지도 않던
길거리 암석과 폐석을 배합하여 건물 벽체에 시공해보니 눈을 뗄 수
없을 정도로 아름다운 '돌집' 정양소가 생겨나 대성공을 거두게 되었
다. 자신감을 얻은 그들은 바닥에도 수입산 타일 대신 연옥 생산과
정에서 나오는 폐석을 썼으며 식탁과 전등갓도 폐석으로 만들었다.
타일 대신 돌로 바닥을 까니 겨울에 동파 현상이 없었고, 긁힐 우려
도 없었다. 필요한 규격대로 절단하고 연마만 잘하면 윤기가 흐르면
서 돌의 색깔과 무늬가 살아난다. 벽체에 노란색의 띠 장식을 한 돌
은 연옥 생산과정에서 나오는 잔옥이다.

연옥으로 식탁도 만들었다. 연옥은 열을 받으면 적외선과 음이
온을 내보내기 때문에 건강에 매우 좋다. 3층 탁구장과 목욕탕에는
옥돌 알갱이를 깔아 '음이온치료실'을 만들었다. 침대 머리맡 탁자도

벌레가 끼지 않고 방 안을 소독해주는 효과가 있는 다릅나무를 썼는데, 나무 모양새를 그대로 살렸다. 2층 복도는 숲속에 온 것처럼 꾸며져 노동자들의 정서에도 큰 도움을 준다. 광천광산에 고급 천연석재가 무진장하다는 소문이 날개가 돋친 듯 퍼지자 함경남도 단위들은 물론 함경북도, 강원도를 비롯한 각지에서 이곳을 찾기 시작했다. 평양시에서도 많은 일꾼과 기술자들이 깊은 산골까지 찾아와 여러 종류의 돌을 골라 가져갔다.

광천광산 일꾼들은 노루골에서 오색화강암도 찾아냈다. 오색화강암은 장석류, 석영, 각심석, 흑운모로 이루어져 있다. 붉은색, 푸른색, 누런색, 검은색, 흰색의 다섯 가지 색이 모든 바위에 골고루 물들어 있어 꽃보라를 뿌린 듯하다. 오색화강석은 세계적으로 귀하며 천연장식품의 특수건재에 쓰이는 귀중한 자원이다. 그들은 이 오색화강석으로 더 많은 꿈을 꾸기 시작했다.

3장.
함경북도

'함경북도' 하면 무엇이 가장 먼저 떠오를까? 서울이나 평양에서 가장 멀고 추운 곳? 옛날 야인이 활개 치던 변방? 두만강을 건너 중국 러시아와 잇닿아 있고 험한 함경산맥이 층층이 둘러싸고 있으니 거칠고 추운 지방이라는 느낌이 드는 게 당연한 것 같다.

우리의 생각이야 어떻든 지금의 함경북도는 북 경제를 추동해 나가는 '대야금기지'이며, 칠보산을 중심으로 산과 동해바다, 온천이 어우러진 국제관광지다. 부전고원과 빙식곡을 볼 수 있는 관모봉 등 남쪽에서는 느낄 수 없는 고원의 아름다움을 만끽하게 해주는 신비로운 곳이다. 함경북도를 찾는 관광객은 대부분 평양에서 청진 어랑공항으로 들어온다. 일정이 맞으면 러시아행 비정규 국제선 기차를 이용할 수도 있다. 평양에서 청진까지 22시간 정도 걸리는데, 4인용 침대칸을 이용한다.

함경산맥이 관통하는 함경북도는 험한 산지가 많고 지하자원이 풍부하다. 무산광산은 광구 면적이 여의도의 15배인 130㎢로 1,000m 높이의 산 전체가 광맥이다. 철광 매장량 약 30억 톤으로 세계적 규모로 손꼽히는 노천광산이다. 두만강을 두고 중국과 마주하고 있어 중국 화룡시 호암산 정상에서도 무산광산을 조망할 수 있다. 중국에서 무산광산을 처음 보았을 때 산 전체가 거대한 철광석인 듯

중국

러시아

온성군

경원군

경흥군

회령시

라진-선봉(라선시)

무산군

부령군

연사군

청진시

량강도

경성군

⬛ 집삼혁명사적지
⬛ 염분혁명사적지

어랑군

동해

명간군

명천군

길주군

화대군

함경남도

김책시

한 모습에 압도되었던 기억이 난다. 무산광산의 철광석은 100km에 이르는 '정광수송관'을 통해 청진시 제철소 원료장으로 운반된다. '정광수송관'이란 '3화 수송관'(삭도, 컨베이어벨트, 관 수송관)의 일종인 철광석 운송용 파이프라인인데, 1974년에 만들어졌다. 송유관과 가스수송관은 남쪽에서도 친숙한 이름인데, '정광수송관'이라는 명칭은 생소하다. 돌덩어리인 철광석을 어떻게 관으로 운반할까? 고압 펌프를 통해 운송하지 않을까 싶어 알아보니, 김책제철련합기업소 안에 있는 송평관수송사업소에서 몇 군데의 중계소들을 설치하고 펌프를 점검하고 관리하는 것 같다.

함경북도는 북에서 가장 큰 갈탄 생산지역이기도 하다. 갈탄은 발열량이 낮고 이산화탄소가 많이 배출되어 예전에는 좋은 연료로 분류되지 않았다. 최근 세계적으로 갈탄의 효능을 높이기 위한 연구가 활발하게 진행되면서 갈수록 가치가 올라가는 추세다. 북에서도 김책제철련합기업소에서 갈탄을 연료로 한 주체철을 생산하는 등 갈탄화학공업이 발전했다. 함경북도는 무산광산과 서두수발전소, 함경북도북부탄전 등 연료와 동력 생산지가 있고, 공업용수 및 수송조건이 좋아 금속공업기지로서 최상의 조건을 모두 갖추었다.

풍부한 철광석을 중심으로 선박기계, 탄광기계, 운수기계, 공작기계, 농기계, 정밀기계 생산이 발전했다. 라남탄광기계련합기업소는 종합채탄기, 대형권양기, 마광기 등 채취설비와 대규모 대상설비들을 생산한다. 이밖에도 회령탄광기계공장, 수산기계공장, 트랙터공장 등의 기계 생산 기업소들이 있다. 또한 무궁무진한 갈탄과 풍부한 목재, 전력과 수자원으로 화학공업도 발전했다. 청진시, 김책시, 회령시의 3개 시와 12개의 군이 있다. 라선은 함경북도의 일개 시가 아닌 '특별시'다.

❶ 마양 로동자구 사슴놀이터와 사향노루

❷❸ 무산군 전경

❹ 무산 노천광산 ❺ 250리(100km)에 이르는 정광수송관

김책시

김책시 이름의 유래, 혁명가 '김책'

김책시는 본래 성진시였다가 1951년에 이름이 바뀌었다. 김책은 북의 부수상과 산업상을 역임한 사람으로, 6.25 전쟁 중에 사망했다. 그를 기리기 위해 그의 고향인 성진시의 이름을 김책시로 바꾼 것이다. 북에서 가장 큰 청진시의 제철공장 이름도 '김책제철련합기업소'이며 가장 유명한 공업대학도 '김책공업종합대학'이다. 도대체 김책이 어떤 사람이길래 북의 가장 중요한 제철소와 도시, 북에서 가장 중요한 대학의 명칭을 그의 이름으로 바꾸었을까?

김책은 북만주에서 활동하던 항일 빨치산 출신이다. 김일성 주석과 김책이 처음 만난 것은 1940년 12월부터 다음해 3월 말까지 하바롭스크Khabarovsk에서 열린 코민테른의 '만주 빨치산 지휘관 회의'였다. 김일성 주석이 하바롭스크에 들어갔을 때 김책 역시 '중국공산당 북만성위 서기' 겸 '동북항일연군 3로군의 대표' 자격으로 와 있었다. 그들은 만나자마자 의기투합했다. 김책은 만주에서 중국공산당 소속으로 항일무장투쟁을 하면서 조선 독립을 갈망하는 마음이 각별했다. 북만주 빨치산에서 상당히 높은 직급이었고, 김일성 주석보다

나이도 아홉 살이나 많아 조선인 간부 중에서 좌상 격의 인물이었지
만 소련인이나 중국인 앞에서 김일성을 조선혁명의 지도자로 내세
웠다. 이것은 하바롭스크에서는 매우 중요한 의미를 지닌다.

　당시 하바롭스크의 상황은 복잡했다. 곧 전개될 독일과 전쟁에
집중하기 위해 일본과 중립조약을 맺으려던 소련은 만주 빨치산들
의 일본군 공격이 소·일중립조약을 맺는 데 장애가 될 것을 우려했
다. 그 우려가 지나쳐 소련은 동북항일연군에게 독자성을 포기하고
소련군과 통합하자고 제안했다. 일본에 소련 침공의 구실을 주지 말
고, 훗날 대일작전을 펼칠 때 소련 원동군과 협동하자는 뜻이었다.
하지만 조·중항일연군 대표들은 이를 받아들일 수 없다고 격렬하게

1951년 1월 김주석과 김책

반대했다. 비록 정규군이 아닌 빨치산이지만 서로의 자주성을 견지해야 항일도 혁명도 더 잘할 수 있다고 판단했기 때문이다. 당시 소련과 조·중항일연군 사이에는 전술 방침에 대해서도 이견이 컸다. 소련은 조선과 중국 빨치산들이 소소한 군사 정찰이나 하면서 하바롭스크에 틀어 앉아 훈련에 집중하기를 바랐다.

힘겨운 논의 끝에 각 나라의 자주성을 존중하고 서로 협력하는 방안이 관철되었다. 조선인민혁명군은 소부대 활동, 군중 공작과 조직(특히 한반도 내부) 건설을 중심에 두고 일본군과의 현대전을 대비하여 실력을 배양한다는 결론에 합의했다. 이 모든 결정은 김 주석이 연해주에 오기 전 '소할바령회의'에서 자체적으로 결정한 방침과 일치했다.

이미 거대한 국가를 이룬 소련의 의견에 맞서 빨치산에 불과한 조선인민혁명군의 입장을 관철시키기는 쉽지 않았다. 1940년대 초 하바롭스크 기지에는 북만과 남만 출신, 연해주에서 활동하던 조선 혁명가들도 있었다. 이때 김책처럼 오래 항일무장투쟁을 해온 걸출한 혁명가가 김일성 주석을 지지하면서 김 주석의 견해에 무게가 쏠리게 되었다.

어떻게 김책은 아홉 살이나 아래인 김일성을 절대적으로 신임하고 단결의 중심으로 내세울 수 있었을까? 혁명에는 영도(지도)의 중심이 있어야 한다는 평소 김책의 신념 때문이었다. 즉 영도의 중심에 대한 간절함이 김일성에 대한 특별한 관심과 애정의 원천이었던 것이다.

김책은 김일성을 만난 이후 가장 가까운 동지가 되어 시종일관 따르고 받들었다. 김 주석이 길림 육문중학교 학생이었던 시절, 김 주석을 조선 혁명의 중심으로 세웠던 사람도 김일성보다 나이가 많은 차광수와 김혁이다. 그때는 새세대 공산주의자들이 청년 김일성을 중심으로 똘똘 뭉쳐서 항일무장투쟁을 시작할 수 있었고, 1940년대 전반기에는 김책 같은 투사들이 김일성을 중심으로 단결하여 조선 혁명의 자주노선을 관철하기 위해 투쟁했다. 이때 조선 빨치산 사이에 영도의 중심이 세워졌다는 것은 해방 이후 북 정권 수립의 구심을 만들어내는 중요한 의미를 지닌다.

김책은 해방 이후 건국 과정에서도 김 주석이 가장 신뢰하는 동지였다. 그가 초대 내각 산업상 겸 민족보위성 부상, 외무성 부상과 내각 부수상을 겸직한 것만 보아도 그의 비중을 알 수 있다. 김일성 주석 서거 직후 집무실 캐비닛을 열었더니 김책 사진만 한 장 있었다고 한다. 김 주석은 힘들 때마다 김책 사진을 꺼내 보았을지도 모른다. 사진으로 느껴지는 김책의 인상은 이지적이면서도 참 수더분해 보인다. 김 주석과 그의 우정, 어떤 것이었을까? 자못 궁금하다.

주체철을 탄생시킨 성진제강련합기업소

김책시에는 성진제강련합기업소(이하 성강)가 있다. '성강'은 2009년 처음으로 100% 주체철을 완성한 것으로 유명하다. 주체철을 처음 만든 기업소는 성강이 아니라 청진제강소였다. 1978년 청진시 청진 제강소에서 입철(철가루)에 비해 생산성이 두 배 높은 구단광球團鑛을 만드는 방식으로 새로운 철 생산에 성공했는데 이것이 주체철의 시작이다. 이때의 주체철이란 완성된 쇳물이 아니라 야구공 같은 '산화 구단광'을 말한다. 이 단광을 선철과 파철에 섞어서 용광로에 넣어야 쇳물을 뽑아낼 수 있었다.

잘게 부순 입철을 그냥 넣지 않고 왜 구단광을 빚어서 넣었을까? 입철을 그냥 넣으면 가루가 달라붙어 로가 막혀 버리기 때문이다. 이를 막기 위해 입철에 찰흙을 섞어 10~30mm 구 형태로 빚은 다음 1,200~1,300도로 구워 산화구단광을 만든다. 이것을 선철과 파철 그리고 무연탄과 석회석을 넣은 회전로에 넣고 1,100~1,150도에서 환원시켜 쇳물을 뽑아낸다. 이 공법은 구단광을 식힌 다음 다시 회전로에 넣는 2중의 과정을 거쳐야 하므로 생산성이 떨어지고 전력 소모가 크다. 초기에는 선철과 파철이 대부분이고 주체철의 비율이 20%를 넘지 못했다. 100% 주체철을 생산하기까지 30년의 세월이 필요했다.

현대 공업의 기본인 야금 생산 공정은 까다롭다. 일반적으로 철은 자연 상태에서는 산화철(Fe_2O_3)의 형태로 존재한다. 산화철을 순수 철로 만들기 위해서는 고열뿐 아니라 산화된 부분을 환원시킬 수 있는 화학작용이 필요하다. 그래서 철광석과 역청탄을 가공한 코크스를 함께 용광로에 넣는다. 무연탄은 순수 탄소로만 구성되어 있지만 역청탄은 탄소와 함께 4~6%의 수소를 함유하고 있어 화학작용이 가능하다. 이것이 코크스 제철법이다. 1709년 영국에서 등장해 산업혁명의 원동력이 되었으며 아직도 세계적으로 사용하고 있다.

문제는 고급 역청탄은 한반도에서 나지 않을 뿐만 아니라 전 세계 석탄 매장량의 15%밖에 되지 않아 세계적으로도 고갈되는 자원이라는 점이다. 당시 중국, 소련 등 코크스 생산국이 자국 중심의 사회주의 경제 질서를 세우기 위해 코크스를 무기로 경제압력을 넣는 경우가 많았다. 사회주의권이 무너지고 1990년대에 접어들자 북에 대한 코크스 공급을 막으려는 미국의 압력은 노골적이었다. 공업의 쌀이라고 일컫는 철 생산을 자기 힘으로 해결하는 것은 돈 문제가 아니라 나라의 자주권을 지키는 문제였다. 김 주석은 생전에 이렇게 말했다.

"나는 끝까지 '주체철'을 내밀 생각이오. 원가가 더 든다구 해도 대국들의 손탁에 노는 것보다는 나아. …… 그런데 '주체철'이 잘 안 되거든. 나는 지난날 당에 속을 주지 않고 뒤에서 딴 장난을 하는 나쁜 놈들 때문에 머리가 희었는데 지금은 고열탄 때문에 가슴에 재가 않는단 말이오."

성강의 봉화

성진제강은 일제가 1936년 완공한 일본 고주파중공업회사 성진공장에서 시작되었다. 함경도의 무진장한 철과 석탄, 값싼 노동력으로 군수용품을 생산하는 죽음의 노역장이었다.

원철로는 뚜껑이 없는 소 구유같이 생겼는데, 철광석과 소석회를 넣고 위에 전극을 가로 눕힌 다음 3,300볼트의 고압전기를 통과시켜 쇳물을 녹였다. 무연탄가루와 가스 연기가 가득하여 앞이 보이지도 않는 원철로에 노동자들이 손으로 정광과 무연탄을 집어넣었다. 절연시설은 전혀 갖추어지지 않은 채 여기저기 늘어져 엉킨 고압선에 감전되어 사망자가 발생하지 않는 날이 없었다. 1939년 8월에는 한꺼번에 38명이 감전사고로 죽는 참사가 빚어지기도 했다.

1947년 9월 26일 김일성 주석이 공장을 찾았다. 쇳가루와 돌가루, 탄가루가 장마철 떼구름처럼 뽀얗게 떠도는 현장을 바라보니 기가 막혔던 것 같다. 작업장을 지켜보던 김일성 주석은 이 로를 폭파하고 새로 만들자고 말한다. 아무리 철 생산이 급해도, 해방된 인민의 나라에서 인민의 목숨을 대가로 공장을 운영해서는 안 된다는 것이 김 주석의 생각이었다.

성진공장은 이렇게 새 출발을 했다. 북이 한창 어려웠던 1990년대, 철강 생산도 위기에 빠져들었다. 1998년 3월 김정일 위원장이 자강도에서 '강계정신'을 불러일으키고 성강을 찾아왔다. 그리고 역청탄을 수입해서 철강을 생산하는 것에만 급급하면 조선의 공업은 결코 정상화될 수 없다면서 "주체사상을 신봉하는 사람이라면 주체철을 해야 한다"라고 했던 김일성 주석의 유훈을 회고한다. 아울러 외세의 대북 제재에 상관없는 "주체철이어야 조선을 살릴 수 있다"라며 '성강의 봉화'를 피우자고 말했다.

당시는 주체철 20%도 간신히 유지하는 상황이었다. 주체철로만 철을 생산하는 것은 불가능해 보였다. 그러나 김 위원장의 호소에 성강 노동자들은 반드시 주체철을 만들겠다고 결심했다. 아마 그 길이 얼마나 험난한지 미처 알지 못했을 것 같다.

자연 철광석에는 일반 암석 광물들도 섞여 있다. 그중 석영은 용광로 안에서 고열을 받아 액체로 전환되는데, 액체 석영이 쇳물과 함께 뒤섞이면 철강의 질이 떨어진다. 이를 막기 위해 철광석을 환원할 때 석회석을 함께 넣는다. 석회석은 고온에서 산화칼슘과 이산화탄소로 분해된 석영과 반응하여 슬래그slag가 된다. 슬래그는 철보다 비중이 낮아 물과 기름처럼 쉽게 분리되어 쇳물 위에 일정한 층을 형성한다. 슬래그 층의 두께를 적정하게 보장하지 않으면 생산의 정상화는 힘들다. 슬래그 층이 얇으면 용광로 안의 온도가 내려가면서 쇳물이 잘 익지 않아 선철의 질이 떨어지게 되고 반대로 슬래그 층이 두꺼워지면 임계 높이를 벗어난 슬래그 용액이 눈 깜박할 사이에 밖으로 넘치면서 용광로가 파괴되는 사고로 이어진다. 용해 과정에 조금이라도 이상이 생기면 사고를 막기 위해 용광로 가동을 멈추었다가 수십 시간이 지나 다시 불을 지피는데, 여기에 들어가는 석탄의 양이 적지 않다.

슬래그 처리 과정에서 수백 번의 실패와 용광로의 폭발이 일어났고, 이때 사라져버린 무연탄과 쇳물과 함께 비난이 쏟아졌다. 전문가들과 경제관료들은 나라의 자원을 낭비하면서 100% 주체철 생산

시도는 무모하다며 성강 노동자들과 일꾼들을 질책하고 나섰다. 그러나 성강 노동자들은 '주체철만이 나라의 살길'이라며 '매를 맞아도 김정일 장군님께 맞겠다는 각오'로 주체철 생산 실험을 계속한다. 이때 김 위원장이 '성강의 파도'라는 조선화 그림을 보내주었다. 바위에 부딪혀 계속 부서져도 다시 일어서는 거센 파도의 기상을 일깨워주는 그림이다. 성강 노동자들을 이해하지 못하는 전문가 그룹을 질책하기보다는 실천으로 전문가들을 깨우치자는 지도자의 따뜻한 믿음과 배려였다.

성강의 봉화가 지펴진 지 5년째 되는 2003년 3월 11일자 로동신문의 '쇳물이 끓는다'라는 정론 기사를 보면 그동안 성강에서 타오른 변화의 움직임이 무엇이었는지 알 수 있다. 그때는 성강이 강철 중약 70%를 주체철로 생산할 무렵이었다. 5년 동안 성강에는 거대한 변화의 바람이 불었다. 컴컴하고 흙먼지가 날리던 강철 직장이 말끔하게 때를 벗었고, 전기로의 유압화가 실현되어 14개의 전동기가 하던 일을 1개의 전동기가 해결하게 되었다. 식당에는 수산물과 신선한 채소, 고기류 등 부식물이 넘쳤다. 5년 전 한 끼 풀죽을 위해 산촌을 찾아 헤매던 여인들을 생각하면 격세지감을 느끼지 않을 수 없었다.

성강이 일어서야 조선이 산다는 믿음을 준 김정일 위원장은 5년 동안 지속적으로 활력을 넣어주었다. 파철 수송 기차가 멎자 역에서 공장까지 운송하는 디젤기관차를 보내 성강에 기적소리가 높이 울리도록 해주었다. 성강 노동자들이 전문가들에게 뭇매를 맞을 때, 조선화 '성강의 파도'를 보내 노동자들에게 힘을 주었다. 그리고 '드디어 70% 달성'이라는 보고를 받고는 감격했다. 그때 성강의 혁신자

성강의 파도(1999)

들을 평양에 불러 쟁반국수도 먹이고 통닭도 먹이고 짜장면도 먹이라고 했다고 하니 최고 경지의 기쁨을 그렇게밖에 표현할 줄 모르는 북의 순박함이 묻어난다.

　5년 동안 많은 영웅과 박사가 나왔다는 사실에서도 성강의 봉화가 사람들을 어떻게 성장시켰는가를 알 수 있다. 자기 집 밥솥에 넣을 한 끼 쌀 걱정으로 한숨 쉬던 사람들이 조국의 쇳물 가마에 대해 생각하고 사회주의의 운명과 강성대국의 전망에 대해 사색하게 되었다. 기관차가 멈췄을 때 수백 명의 사람이 한 몸 그대로 기관차가 되어 역에서부터 파철을 실은 열차를 밀며 현장까지 움직여 오는 모습을 상상해 보라. 사고로 파철 더미에 깔리던 순간, 마지막 힘을 모아 손바닥에 '관철'이라는 글자를 남기고 숨진 사람! 불의의 사고 속에서 다른 노동자를 구하고 숨지면서 주체철을 꼭 성공시켜 달라는 부탁을 남겼다는 이야기들….

2009년 12월 성강은 마침내 100% 주체철을 사용한 쇳물을 뽑아냈다. 산소를 활용하여 강철 생산에서 선진 수준을 돌파했다. 한번 끓기 시작한 쇳물을 식히지 않고 마지막까지 이어 나가는 강철공업의 새로운 단계가 열린 것이다. 김정일 국방위원장은 "주체철의 승리는 3차 핵시험보다 더 위대한 승리"라고 평가하며 기뻐했다.

❶ 자연 상태의
  철광석
❷ 산화구단광
❸❹ 성강의 용광로

100년 만에 되찾은 북관대첩비

김책시 림명리에는 일본으로 빼앗긴 뒤 100년 만에 제자리로 돌아온 북관대첩비가 있다. 북관대첩비는 임진왜란 중 함경북도 북평사 정문부 장군이 의병을 모아 왜군을 격퇴한 공을 기려 숙종 때 길주군 림명면(현 김책시 림명리)에 세운 높이 187cm, 너비 66cm의 전공비다. 비문에는 임진왜란 당시 함경도 의병들의 활동과 공로가 1,500여 글자로 기록되어 있다. 그런데 러일전쟁 때 일본군 소장이 일본으로 가져가 야스쿠니신사에 두었다. 일제강점기 때 일본에서 유학하던 조소앙이 야스쿠니신사에서 이 비를 발견하고 『대한흥학보』에 분개하는 글을 실었지만, 가져올 방도가 없었다.

1978년 재일 한국인 학자 최서면이 우연히 조소앙의 글을 보고 야스쿠니신사의 뒤뜰을 뒤진 끝에 북관대첩비를 찾아냈다. 그는 박정희 정부에 이 사실을 알렸다. 정부는 일본에 북관대첩비 반환을 요청했으나 이루어지지 않았다.

개성에서 북으로 북관대첩비를 보내는 장면

북관대첩비

한편 1960년부터 반환운동을 벌여오던 일본 승려 가키누마 센신은 2000년, 한국의 초산스님과 함께 '북관대첩비 민족운동중앙회'를 창설했다. 그리고 2003년에 한국 외교통상부는 야스쿠니신사로부터 '남북간 협의되고 일본 정부가 요청하면 비를 반환할 수 있다'라는 입장을 확인했다. 2005년 3월 베이징에서 '한일불교복지협의회'와 북의 '조선불교도연맹'이 만나 북관대첩비를 원래의 자리로 반환하기로 합의했다. 4월 23일에는 아시아-아프리카 정상회의에서 이해찬 국무총리가 김영남 상임위원장에게 북관대첩비 반환을 위한 남북 협의를 제의했다. 이어 6월 20일 한일 정상회담에서 북관대첩비 반환을 합의했다. 6월 23일 서울에서 열린 제15차 남북 장관급 회담에서 세부 합의가 완료되었고, 10월 20일 북관대첩비는 마침내 한국으로 돌아왔다.

다음해 3월 1일 개성을 거쳐 북으로 송환된 북관대첩비는 3월 23일 김책시 림명리에 자리를 잡고 북의 '국보 제193호'로 지정되었다. 북관대첩비 반환은 남북과 일본 교포, 평화를 지향하는 승려들까지 단합하여 일본이 약탈한 무수한 문화재 중 하나를 돌려받은 민족적 쾌거였다.

길주군

길주군은 고려 예종(1107년) 때 윤관이 여진족을 몰아내고 쌓은 9성 중 하나로, 세조 13년(1467년) 이시애가 반란을 일으킨 곳이다. 길주군의 북서부지역은 만탑산(2205m) 등 높은 산들이 솟아 있어 여타 지역보다 높고 험하다. 길주군은 화대군과 함께 북의 전략무기들과 관련하여 우리에게 익숙해진 지명이다. 아마 그곳의 지리나 지형적 특성과 연관이 있을 것 같다. 길주군 풍계리에 있던 핵실험장은 2018

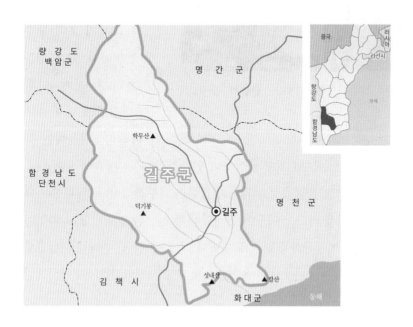

❶ 길주향교   ❸❹ 향교골 규화목

년 5월 2일 외국 기자들이 보는 앞에서 갱도 폭파 방식으로 폐기됐다.

길주읍에는 조선시대의 동헌이 남아 있다. 1655년에 세워졌는데 화재로 훼손되었다가 1882년에 복원했다. 지금 북에 남은 몇 안 되는 조선시대의 관청 건물이다. 길주읍에서 약 1.5km 떨어진 곳에 있는 길주 향교는 임진왜란 때 불탄 것을 17세기 초에 중수한 건물이다. 숭문 명륜당과 동재, 서재, 안삼문, 대성전 등의 모습이 단아하다. 이곳에는 북의 천연기념물 306호인 규화목이 있다. 규화목은 땅속에 묻힌 나무에 지하수 광물질이 스며들어 만들어진 나무화석이다. 광물질이 나무의 물관을 타고 스며들어 원래의 나무 성분은 없어지고 그 자리를 채우게 된다. 규화목을 통해 이곳이 약 1,800만 년 전에는 해발고도가 높은 평지로 나무들이 울창했으며 후에 석탄이 되었음을 알 수 있다.

화대군

화대군이라는 이름의 유래는 '국화꽃이 만발한 산'(국화대)이라는 설이 유력하다. 화대군 북쪽은 해발 1,000m에 가까운 높은 산지로 화대군 면적 전체의 83%가 산이다. 화대군에는 한반도에서 가장 높은 무수단 해안 절벽이 있다. 절벽 위에서 바라보면 거세게 부딪치는 파도의 모양이 마치 춤추는 것 같다고 해서 무수단舞水端이라고 한다. 평균 해발이 78m나 되는데, 북쪽으로 가면 500m까지 높아진다. 신생대에 있었던 화산폭발 당시 용암이 동남쪽으로 흘러 형성되었다고 한다. 환상적인 절경을 이루는 무수단 구역은 칠보산 해칠보에

무수단 해안절벽

속해 있다. 북에서 가장 긴 바닷가 절벽으로 1980년 천연기념물 제
312호로 지정되었다. 1998년 8월 31일 무수단리에서 발사된 '광명성
1호'가 지구로부터 최단 218.82km, 최장 6,978.2km의 타원궤도를
165분 6초 주기로 돌고 있다. 북은 '김일성 장군의 노래'를 모스 부호
27MHz로 전송했다고 발표했다. 또 2009년 4월 5일 인공위성 '광명
성 2호'가 발사되어 궤도진입에 성공했다.

2000년, 화대군 석성리에서는 세계에서 처음으로 화산 용암 속에
완전히 묻혀 있는 인류화석을 발굴했다. 이 유적은 화대군 소재지로
부터 남쪽으로 약 20km, 김책시와 길주군 소재지로부터도 각각 약
20km 정도 떨어진 삼각 지점, 해발 172m의 큰 봉우리 동남쪽 경사
면의 채석장이다. 이 화석은 발굴된 고장의 이름을 따서 '화대사람'

이라고 명명했다. 유골은 머리, 골반, 넓적다리, 팔뼈 등 다섯 개의 뼈로 이루어져 있다. 한 명의 여성과 한 명의 미성년 그리고 어린 아기 등 세 사람이다. 어머니가 두 자식을 데리고 흐르는 용암 속에 파묻히는 재난을 당했던 것으로 추측해볼 수 있겠다.

화산이 처음 분출할 때 용암의 온도는 대개 1,400도에 달한다. 그것이 점차 식어 400~500도 정도가 되어도 흐른다. 이런 고열의 용암 속에서 어떻게 사람의 유골이 보존될 수 있었을까? 이에 관한 북의 설명은 뼈에서 30~50%를 차지하는 무기염류가 녹는 점이 높은 인산칼슘과 탄산칼슘으로 이루어졌기 때문이라고 한다. 뼈 성분의 85%에 달하는 인산칼슘은 융해점이 1,670도에 이르고, 10%를 차지하는 탄산칼슘은 융해점이 825도나 된다. 유골이 고열에 녹지 않고 온전히 보존된 것으로 보아 탄산칼슘의 융해점보다 낮은 온도의 용암 속에 묻혔으며 매몰되는 순간에 용암은 천천히 움직이고 있었던 것으로 보인다.

북의 학자들은 석성리 일대에서 다섯 군데의 화산분출구를 찾아냈다. 층서학적 및 광물 암석학적 연구와 새로 찾은 고식물 화석 및 표본 분석자료에 기초하여 당시 화산 분출이 지질학적으로 제4기 약 70만 년 전~10만 년 전에 있었다는 것을 밝혀냈다. 그리고 화대사람과 관계되는 용암을 시료로 하여 연대측정을 해본 결과, 열형광법으로는 32±4.5만 년 전, 고기자기법으로는 29±7.5만 년 전으로 추정했다. 따라서 화대사람의 유골은 30만 년 전 고인 단계 인류화석이라고 할 수 있다.

북의 주장에 따르면 지금까지 고인 단계의 사람들은 20만 년 전부터 4만 년 전까지 지구상에 존재했다. 중국에서는 고인 단계 인류 화석이 적지 않게 발굴되었지만, 화석의 절대연대는 대체로 10만 년 전 안팎이었다고 한다. 예전에 북경원인이 인류 최초의 고인이라고 배운 것 같은데, 다시 자료를 찾아보니 북경원인에 대한 자료는 워낙 천차만별이고 정론이 따로 있는 것 같지 않다.

　고인 단계의 인류화석이 많이 발굴된 유럽에서는 종전까지 가장 이른 시기의 고인이라고 하던 슈타인하임(독일)이나 스완스콤브(영국), 폰테쉐바드(프랑스)의 경우에도 그 연대는 24만 년 전~20만 년 전을 넘지 못하고 있다. 현재 고인 단계의 인류화석 가운데서 가장 이른 시기의 것은 스페인의 이타푸에르카 유골이며 연대는 30만 년 전이다. 즉 고인 단계의 인류화석이 30만 년 전에 이르는 것은 간혹 있어도 그것보다 더 이른 시기의 것은 아직 없다고 할 수 있다. 그러므로 화대사람은 세계적으로 가장 이른 시기에 속하는 고인 단계의 인류화석의 하나로 보인다. 화대사람의 발굴은 한반도가 고인 단계 인류화석의 첫 발상지, 발원지의 하나였다는 것을 실증해준다. 특히 화대사람은 화산 용암 속에서 인류화석이 발견된 첫 번째 사례라고 한다. 이외에 북에서 발견된 인류화석으로는 1972년 평남 덕천 승리산 동굴의 덕천사람, 1977년 평양 력포구역의 력포사람이 있다.

명천군 칠보산

칠보산을 안고 있는 명천군은 칠보산의 명물 송이버섯 이야기로 가 득하다. 송이버섯 이야기는 칠보산에서 다룰 것이므로 여기에서는 일단 '명태'에 관한 이야기를 듣고 가야 한다.

명천군에는 태씨 마을이 있다. 50여 가구 중 30가구가 태씨 가문 이라는데, 북에도 집성촌이 있다는 사실이 반갑다. 태씨는 전라북도 남원에서 온 사람들의 후손이다. 이들 가운데 한 사람이 처음 보는 생선을 잡아서 팔기 시작했는데, 명천의 태씨가 잡았다고 해서 명태 라 불렀다고 전해진다. 명태라는 이름의 유래는 조선 후기 이유원이 지은 『임하필기』에도 나온다. 인조 때 함경도 관찰사가 명천군 주민 에게 밥상에 오른 물고기의 이름을 물었는데 모른다고 하자 '명태'라 부르라 했다는 이야기다.

칠보산은 화산의 단층 활동으로 생겨난 산이다. 옆으로 김책에 서 어랑까지 110km에 이르는 길주-명천지구대가 지난다. 길주-명 천지구대는 거의 남북 방향으로 뻗어 있어 평라선 철길과 자동차길 이 통하는 주요 교통로이기도 하다. 칠보산의 최고봉인 천불봉은 해 발 659m로 높지 않지만, 주변에는 해발 1,000m 이상의 산이 많다. 뜨거운 용암이 식을 때 생긴 무수한 틈결들이 오랜 세월 풍화 침식되

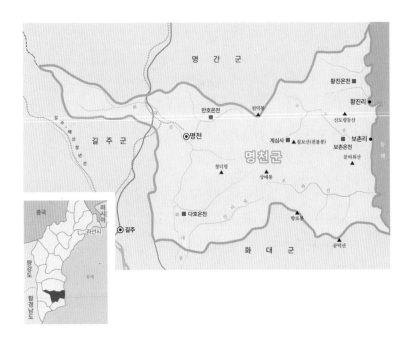

면서 여러 모양의 단층과 협곡, 절벽 같은 기암괴석들을 이루었다. 웅장하면서도 독특한 경치로 '함북 금강'이라고 불리며 우리 민족의 6대 명산 중 하나로 평가된다. 외국인들은 그랜드캐년 계곡 같다고 말하기도 하는데, 그 평가는 소박하고 감칠맛 나는 칠보산의 독특한 정취와 맞지 않는다.

'칠보'란 불교의 일곱 가지 보물인 금, 은, 진주, 산호, 거저(바다조개), 하노(석영), 파리(수정)를 말한다. 우리 민족은 아름답고 진귀한 것을 가리킬 때 칠보단장, 칠보반지처럼 칠보라는 명칭을 즐겨 쓴다. 기암과 명소마다 민족의 슬기와 재능, 지향과 염원, 해학이 듬뿍 담긴 전설들이 재미있다.

칠보산 관광은 1997~1999년까지 도로 등 기반시설을 건설한 후 2000년부터 시작되었다. 칠보산 보천리의 작은 바닷가 마을 20가구를 민박촌으로 만들어 현지 주민들과 함께 생활할 수 있도록 했다. 이전에는 중국 도문에서 칠보산까지 하루가 걸렸지만 지금은 회령 관광을 하고 야간열차로 이동한 후 외금강호텔에서 아침식사를 하고 칠보산에 오른다. 평양에서는 러시아행 4인용 침대열차를 타고 22시간 동안 720km를 달려야 한다. 너무 멀어서 비행기를 타는 것이 수월하다. 비행시간은 한 시간 정도이며 청진 어랑비행장에서 외칠보까지 승용차로 두 시간 정도를 가야 한다.

칠보산 국제관광은 회령, 청진을 포함해서 보통 3박 4일이나 4박 5일 일정이다. 경성온천에서 온천욕도 할 수 있다. 도문에서 칠보산 관광열차를 타고 명천역에서 내려 자동차로 황곡리 산길을 따라 올라가면 호랑이도 사흘 밤을 자고서야 넘었다는 아흔아홉 굽이 칠보

명천군 바닷가의 모습

산의 관문 박달령을 만나게 된다. 박달령에는 변색되지 않게 120kg의 보석으로 만들었다는 칠보산 관광안내도가 있다. 박달령을 지나 승선대에 오르면 내칠보가 한눈에 들어온다. 볏짚을 쌓아놓은 듯한 노적봉, 사자가 앉아 있는 듯한 만사봉을 비롯해 나한봉, 종각봉, 철불봉 등 다섯 개의 봉우리로 이루어진 오봉산이 펼쳐진다. 또 석공이 일생을 두고 다듬은 듯한 기와집바위며 보름달처럼 생긴 만월대, 우산봉, 무희대, 배바위, 조아봉 등 기묘한 봉우리와 바위들을 볼 수 있다.

외칠보는 내칠보에서 해칠보로 가는 16km 길을 따라 펼쳐진다. 높이 솟은 웅장하고 기묘한 산들이 많아 독특한 풍치를 나타낸다. 외칠보 가전동에서 보촌천에 있는 가전다리를 건너면 학과 같은 자태를 지닌 학무대와 수천 마리의 새들이 날아드는 모양의 만물상을 볼 수 있다. 해칠보의 풍경 역시 절경이다. 바닷가의 깎아지른 듯한 벼랑과 바위, 물결에 패인 굴, 작은 배가 다닐 수 있는 달문, 돌섬 등이 황진리에서 무수단까지 이어진다. 바다 가운데 솟은 기둥바위와 병풍처럼 둘러친 무수단 절벽, 무지개바위, 강선문 등이 유명하다.

칠보산

❶ 내칠보   ❷ 외칠보   ❸ 해칠보의 파도(무지개바위)

❶ 칠보산 매바위 ❷ 외칠보호텔 ❸해칠보 무수단 구역

개심사와 송이버섯 이야기

칠보산에는 일곱 개의 사찰과 스무 개의 암자가 있었지만 6.25 전쟁
중에 폭격으로 모두 없어지고 개심사만 남았다. 개심사는 진리를 깨
닫고 마음을 맑게 가지라는 뜻으로 붙인 이름이다. 내칠보의 중심에
있는 개심사는 826년 발해 때 세워진 후 여러 차례 개축했는데, 지
금의 모습은 1784년에 다시 지어진 것이다. 개심사가 발해 때의 사
찰임은 주변에서 발해 기와 조각이 나온 것을 보고 짐작할 수 있다.
1948년 대웅전 용마루에서 '발해 선왕 9년 병오 3월 15일 …… 칠보
산 개심사 창건 추대원화상 목수 팽석'이라는 문구가 들어 있는 나무
함이 발견되면서 더 확실해졌다.

　뒤뜰에는 천연기념물 322호인 수령 600년의 약밤나무가 있고, 칠
보산 조릿대라 부르는 참나무밭이 있다. 개심사 만세루에는 1764년
에 만든 180㎏짜리 청동 종이 있으며 대웅전에는 다섯 개의 불상과
일곱 개의 탱화가 있다. 개심사 전각들은 전반적으로 균형미가 좋고
주위 환경과 잘 어울려서 고찰의 정취를 물씬 느끼게 한다.

　칠보산의 송이버섯 이야기를 여기서 하는 것이 좋을 것 같다. 송

❶ 개심사 전경
❷ 송이버섯구이

이는 소나무 송松에 버섯 이栮를 써서 '소나무 버섯'이라는 뜻이다. 일반적으로 '송이'란 말이 눈송이나 꽃송이와 같은 덩어리를 말하는 뜻도 가지고 있으므로 그것과 구분하기 위해 송이버섯이라고 부른다.

칠보산 송이버섯은 북 전역에서 생산되는 송이버섯 중에서 맛과 향이 으뜸이다. 명천군 마을사람들의 이야기를 들으니 6월 20일부터 7월 말까지 생산되는 '올송이'와 8월 15일 이후 피는 '늦송이'가 있다고 한다. 송이를 캐보지 않은 사람은 하루 내내 찾아도 송이를 발견하지 못하지만 능숙한 사람은 하루 1kg 정도를 너끈히 캔다고 한다. 그 말을 들으니 2018년 남북정상회담을 축하하면서 북에서 남쪽으로 보내준 2톤의 송이버섯을 캐기 위해 얼마나 많은 분의 노고를 거쳤는지 상상이 되었다.

개심사 스님들은 송이를 네 쪽으로 갈라 양념을 넣고 진흙으로

싼 다음 위에 나무를 덮어서 요리하는 송이진흙구이가 일품이라고 자랑한다. 일반적으로 칠보산에서는 송이갓불구이를 더 많이 먹는다. 송이를 바위에 올려놓고 불에 구운 다음 갓에 고인 물부터 따라 마시면 향과 영양이 기가 막히다. 송이가 남성들한테 특히 좋다고 해서 이와 관련된 이야기가 많은데, 개심사에 가서 해설사에게 들어야만 제맛이 난다(?)니 궁금한 사람은 개심사로 직접 가보기 바란다.

칠보산 황진온천

명천읍에서 박달령을 넘어 52km 정도 가면 동해 기슭에 자리잡은 황진 온천마을이 있다. 황진온천의 발견연대는 정확히 알 수 없으나 약 500년 전부터 관련 기록이 나온다.

기암괴석의 이름과 그에 얽힌 전설들을 하나씩 들으면서 정취를 바라보는 것이 칠보산을 제대로 즐기는 묘미가 아닌가 싶다. 직접 가볼 수는 없지만 외칠보 만물상 구역에 얽힌 전설을 한 가지 전하는 것으로 아쉬움을 달랜다.

낙선대에서 동쪽으로 1km 가서 새길령마루에 올라서면 황진에서 가전동으로 통하는 지름길이 나온다. 여기에 비석이 하나 서 있다. 이 지름길을 처음 개척한 황진마을 정 노인의 공적을 기리기 위하여 마을 사람들이 세운 '정공상인 개신로 기적비'다. 비의 뒷면 오른쪽에는 '절벽과 수림이 들어찬 이곳에 예로부터 지름길이 없어 불편하더니 이제 사람도 말도 다니기 편리하니 첫 삽을 뜬 정상인의 공

로 후세에도 길이 잊지 않으리'라고 새겨져 있다. 1881년 3월이라고
쓰여 있어 비석을 설치한 때를 알 수 있다.

　　정상인 노인은 조반을 들기 바쁘게 산으로 갈 채비를 서둘렀다.
암소에게 새 풀도 먹일 겸 나무를 마련하기 위해서였다. 정 노인은
칠선골로 들어가 암소가 풀을 뜯도록 고삐를 풀어주고 숲속에 들어
가 땔감을 자르기 시작했다. 얼마 후 나뭇짐을 끌고 내려왔는데 암
소가 보이지 않았다. 노인이 소 발자국을 따라 걷다 보니 만물상계
곡 골짜기 보촌천이 흐르는 가전마을이 나타났다. 거기서 자기 집
암소가 어느 농가에 매어놓은 수소와 쌍붙이(쌍붙임)를 하고 있었다.
'엉?! 수컷 생각이 간절했던 모양이지. 그 험한 등판을 넘어 예까지
오다니!' 노인은 일(?)을 끝낸 암소를 앞세우고 오던 길로 되돌아섰
다. 그때 정 노인은 문득 이런 생각이 떠올랐다.
　　'가전마을과 황진을 오고 가려면 바닷가로 난 보촌을 거쳐서 에
돌아 난 길만 알았지 지름길을 찾아볼 생각은 하지 못했단 말이야!

황진 온천마을

야외 온천

그런데 저 소는 거의 50리(20km)를 줄여 다닐 수 있는 지름길을 알고 있다. 암소가 낸 발자국을 따라 길을 낸다면 박달령을 넘어 황진으로 오는 사람이나 황진에서 야간장을 보러 가는 사람들이 얼마나 편리할까!'

정 노인은 농번기라 혼자 조용히 이 일을 해야겠다고 결심했다. 그리고 다음 날부터 삽과 곡괭이, 삼태기 등을 지게에 걸머지고 산삼을 캔다면서 아침 일찍 집을 나섰다. 그런데 저녁이면 밥술을 놓기 바쁘게 곯아떨어지는 노인을 본 아들이 이상하게 생각하고 손자에게 할아버지를 뒤따르게 했다. 할아버지를 몰래 따라가던 손자는 칠선골 안으로부터 월락봉 등마루로 오솔길이 닦아져 있는 것을 보고, 할아버지가 혼자 괭이로 길을 닦는 것을 알게 되었다. 손자에게 이야기를 들은 아들은 마을의 좌상 노인을 찾아가 이 일을 알렸다. '그런 좋은 일을 늙은 몸으로 혼자 하려고 하다니!' 좌상 노인은 정 노인을 연방 칭찬하면서 마을 사람들로 하여금 모내기를 서둘러 마치고 황진-가전 사이의 길 닦는 공사에 나서게 했다. 얼마 후에는 가전 사람들도 공사에 나섰다.

두 마을 사람들이 앞뒤로 고갯길을 닦아 올라가게 되자 공사는 금방 끝났다. 두 마을 사람들은 선구자 역할을 한 정 노인을 칭찬하면서 이 고개를 신도령, 고갯길을 새령길로 부르기로 했다. 그때부터 큰 산줄기를 사이에 두고 먼 고장처럼 지내던 황진과 가전 사람들은 이웃 동네처럼 서로 사돈을 맺으며 가까이 오가게 되었다. 마을 사람들은 이 길을 새로 개척한 정 노인의 공적을 기리기 위해 비석을 세웠다.

정 노인도 훌륭하지만, 비석까지 새긴 마을 사람들이 대단하다고 느껴지면서 기념비를 새긴 마음을 새로운 각도에서 바라보게 되었다. 북은 최고지도자가 자기 마을에 와서 애써준 것을 감사하는 마음으로 기념비를 만들고, 혁명사적관까지 만든다. 우리는 북 지도자가 다녀갔다는 기념비를 보면 옛날 고을 수령이 마을을 떠나면서 자기의 공적을 기리는 비석을 강제로 만들게 했던 것이 떠올라 이맛살을 찌푸린다. 하지만 북 사람들에게 기념비는 지도자에 대한 고마움뿐만 아니라 지도자와 단결하여 운명을 개척해가는 자신들의 마음까지 새기는 의미인 것 같다. 마치 그 마을 사람들처럼 말이다.

칠보산 민박촌

칠보산에는 주민들의 가정집에서 숙식하며 생활을 직접 체험할 수 있는 민박촌이 있다. 해칠보 보촌리마을에 한옥식 건물 14채와 유럽식 건물 6채로 이루어졌는데 수용 능력은 100명 정도다. 각 민박은

칠보산 보촌리마을 민박촌

집주인용 공간과 손님용 공간, 집주인과 손님이 함께 식사할 수 있는 응접실로 되어 있다. 손님들은 독자적인 욕실이 있는 2층에 투숙한다. 손님이 원하면 민박집 주부가 뜨거운 물이 담긴 플라스틱 통을 들고 계단을 올라온다.

민박촌의 중심에는 큰 건물이 한 채 있는데 이곳에서 식사하거나 간단한 쇼핑을 할 수 있다. 유리처럼 맑은 동해안, 여기저기 낮은 산들로 둘러싸인 그림 같은 마을이 눈부시게 아름답다. 고풍스러운 집들을 정성스레 가꾼 밭들이 둘러싸고 있다. 밭에는 콩이나 고추, 상추 등 온갖 채소가 자란다. 해안에는 어선들이 있고, 잠수복 차림의 남자들이 해산물을 딴다. 1인당 30원(인민폐)을 내면 어선을 타고 20분 정도 해안선을 둘러볼 수도 있다. 바닷가에서는 해수욕도 가능하다. 마을 주민들과 함께 찹쌀떡을 메치거나 국수를 내려먹는 행사도 열린다. 마을 사람들과 배구 경기를 할 수도 있고, 씨름을 해볼 수도 있다. 저녁이면 장작불 앞에 둘러앉아 조개구이를 즐길 수도 있다. 새벽에 볼 수 있는 동해안 해돋이는 더없는 장관이다.

믿거나 말거나, 김삿갓과 칠보산

칠보산에 온 김삿갓이 개심사에 들렀다. 천하의 경치가 한눈에 다 보인다는 상선대에 올랐다. 칠보산을 돌아보니 인간 세상이 아닌 선경의 백옥경에 올라선 듯했다. 그날 저녁 김삿갓은 펑퍼짐한 너럭바위 위에 두루마리를 펴놓고, 잔돌로 네 귀를 누른 다음 먹을 갈고 붓대를 쥐었다. 지금껏 붓을 잡고 멈추어 본 적이 없는 그였으나 어떻게 된 일인지 붓끝이 달리지 않았다. '시의 귀신'이라 불리는 김삿갓이지만, 아무리 말마디를 골라보아도 칠보산의 아름다움을 노래할 적당한 시구가 떠오르지 않았다. 삿갓은 끝내 붓을 놓고 '칠보산의 아름다움을 다 보지도 않고 서둘러 붓을 들었던 것이 경망스럽다'라고 자책했다.

이튿날 외칠보까지 돌아보았지만, 이번에도 붓을 들지 못했다. 그때 세도 양반의 산놀이 행차에 노역으로 동원되어 나왔다가 허기진 채 벼랑에서 떨어진 한 농부가 '칠보산인지 뭔지 우째 이 고장에 솟았는지!'라고 탄식하며 숨지는 것을 목격했다. 충격을 받은 김삿갓은 잘사는 양반놈들에겐 즐거움을 주지만 어려운 백성들에겐 고통만 더하는 칠보산인 줄도 모르고 자연의 절묘함만 보고 노래하려던 자신을 꾸짖었다. 그리고 하늘이 준 아름다움 때문에 목숨까지 잃는 이 고장 백성들 앞에서 다시는 음풍농월을 읊지 않으리라 다짐했다.

천하명산을 가보지 않은 데가 없고 간 곳마다 시를 남기지 않은 적이 없는 방랑시인 김삿갓이 결국 칠보산에 대해서는 단 한 편의 시도 남기지 못했다. 이 이야기의 진실 여부를 떠나 칠보산을 자랑하려는 북녘 인민들의 속심이 들여다보이는 듯하다.

명간군

명간군은 본래 화성군이었다가 2005년 초에 이름이 바뀌었다. 풍부한 갈탄을 바탕으로 석탄화학공업이 발달했다. 명간화학공장은 갈탄 저온건류 공정으로 포르말린, 염화비닐 등 화학제품과 수지 일용품을 생산한다. 갈탄 저온건류 공정이란 공기 접촉을 끊은 채 갈탄을 저온 가열하여 페놀과 크레졸 등 화학제품을 생산하는 방법이다. 페놀은 합성수지·합성섬유·염료·살충제·방부제·소독제 등의 원료이며 크레졸은 화장품·자외선차단제·샴푸·세정제·치약 등의 원료다. 명간화학공장은 북에서 갈탄을 원료로 한 화학공업에 주목하고 있는 만큼 앞으로 점차 더 주목받을 곳이다. 2021년 5월 11일자 『오늘의 조선』 기사를 보면 함경북도 지역 1,000여 명의 청년들이 김책제

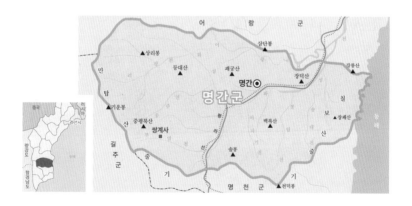

쌍계사
대웅전과 애월루

철련합기업소, 부령합금철공장, 명간화학공장으로 진출하여 청춘의 이상을 꽃피울 것을 결심했다고 나온다. 명간군은 주로 해바라기와 들깨, 수유나무, 기름밤나무 같은 기름작물을 재배하는데, 향꿀풀에서 추출한 성분으로 해충구제농약을 만들었으며 나노살균제의 질도 개선했다.

명간군 부암리에 있는 쌍계사는 조선 초기의 사찰이다. 『동국여지승람』이나 『북관지』에도 기록이 나온다. 대웅전 서까래에서 1395년에 사찰을 지었다는 글귀가 나왔다. 지금의 사찰은 1684년 개보수한 것으로 막돌로 쌓은 높직한 축대 위에 대웅전을 세웠다. 정면 3칸, 측면 2칸이며 구조 장식에서 내부 기둥의 마지막 받침대를 높이 짜올려 빗반자를 거의 수평 상태에 이르게 한 것, 대들보와 중보 사이의 가운데에 장식 화반을 고인 것이 특징이다.

칠보산을 지나 명간으로 가는 국도를 따라가면 벌판 한가운데 서 있는 명간선바위를 볼 수 있다. 명간선바위는 명간천 계곡의 바닥면에서 90m 정도 위쪽에 탑 모양을 한 현무암 봉우리인데 명천-길주 지구대가 형성될 무렵의 흔적이다. 명간군 근동리에는 신생대 제3기의 지층인 명간제3기 조개화석층이 있다.

어랑군

어랑비행장은 주로 평양에서 칠보산 관광객이 타고 오는 전세기가 내리는 곳이다. 평라선(평양-라진) 철도가 지나고, 도로는 청진·김책 방면으로 연결된다. 어대진항을 통해 청진·화대 등 화물수송이 이루어진다. 어랑군은 서쪽 경계로 함경산맥이 지나가고 있어 해발 2,000m가 넘는 투구봉, 궤상봉, 관모봉, 괘상봉, 설령산, 만탑산 들이 솟아 있다. 하천은 어랑천과 주남천, 주북천이 동해안으로 흐르고, 하천 연안에는 어랑평야가 펼쳐져 있다. 주북천 중류에는 화룡

저수지가 있고, 어랑천 하류 유역에는 장연호·무계호 등 자연호수가 있다.

어랑군은 도내 수산기지의 하나로 어대진수산사업소와 다섯 개의 수산협동조합이 있다. 주요 수산물은 명태·임연수어·가자미·낙지이며 특히 낙지가 유명하다. 천해양식도 발전하여 해마다 수백 톤의 다시마와 미역을 생산하고 있다. 자연호수를 이용하여 담수양어도 한다.

산과 들과 평야가 적절하게 어우러진 지역으로 최근 산림녹화, 지역 실정에 맞는 농기계 생산, 양식업의 혁신 등 여러 활동이 북 언론에 보도되었다. 어랑천 상류에 팔향언제를 쌓고 그 위에 언제식 3호와 4호 발전소 및 물길식 1호, 2호, 5호 발전소를 건설하고 있다. 팔향언제가 2019년 12월 완공되었고 2020년 7월 4호 발전소가 완공됨으로써 5개 발전소 모두 완공을 앞두게 되었다. 이것이 어랑천발전소다. 1981년 김일성 주석 때 시작한 공사가 30년이 넘게 걸린 것은 발전소의 중심인 팔향언제 공사가 그만큼 어려웠음을 반증한다.

어랑군바다양식소

어랑군 해안의 모습

팔향언제

경성군

경성군은 청진시의 서남쪽 바닷가에 붙은 군으로 도자기와 온천휴양지로 유명하다. 주을온천은 상온포리에 있는데 지금은 온포온천으로 이름이 바뀌었다. 라돈온천으로 물의 온도가 57도나 되는 온포온천 관광지구에는 25개의 온천구가 있다. 하온포 노동자구에는 경성온천이 있다. 경성온천은 아름드리 소나무와 꽃 피는 떨기나무가 조화를 이룬 정원 속에 있다. 약 300m 간격으로 샘터가 나뉘고 남동

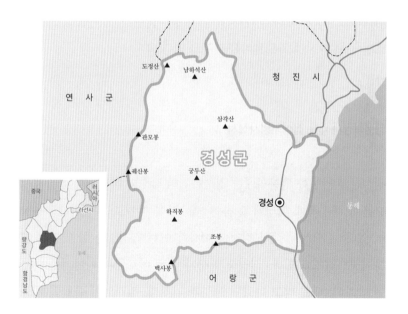

경성관광호텔과 경성온천을 외국인에게 홍보하는 리플릿 일부

쪽 지점과 북서쪽 지점에 각각 여러 개의 샘구멍이 있다. 이 중 북서쪽 샘구멍이 있는 땅이 강기슭의 모래로 된, 유명한 모래온천이다. 관절병 외에도 소화기 계통과 혈관 계통, 신경통, 부인병 등에 효과가 높다. 최근 45개의 객실과 식당, 오락실 등을 갖춘 경성관광여관을 짓고 온천시설도 새로 건립했다. 이곳에는 광천 치료로 유명한 김정숙요양소가 있다. 미온치료실, 온탕치료실, 견인치료실, 모래치료실 등 종합적인 치료설비를 갖추고 있다.

염분혁명사적지, 집삼혁명사적지

경성군의 남동쪽 염분리에는 경성온천의 담수와 바닷물이 합류해서 수온이 해수욕에 적당하고 하얀 백사장이 이채로운 용현해수욕장이 있다. 김일성 주석과 김정숙 여사가 어린 김정일과 함께 왔던 염분혁명사적지도 있다. 김정숙 여사가 마을 어로공과 이야기를 나누던 담화터, 배를 타고 나갔던 돌섬과 낚시터, 김정일이 올랐던 계승

❶ 염분혁명사적지　❷ 집삼혁명사적지 담화터　❸ 염분리 마을 바닷가

봉 등이다. 2011년부터 염분진호텔을 짓고 있다. 2018년 김정은 위원장은 6년이나 걸렸는데도 내부를 완성하지 못한 것을 질책하면서, 아예 이곳을 해안공원으로 만들고 제대로 된 숙소와 문화시설을 건설하라고 했다고 한다. 완공된 모습이 궁금하다.

　염분 해안가에서 청진 쪽으로 올라가면 온대진리가 나온다. 여기에 김정숙 모자가 1947년 9월 두 번이나 왔던 집삼혁명사적지가 있다. 김정숙 여사가 마을 어민들과 이야기를 나누었다는 담화터와 우물터, 사격술을 보여주었다는 사격터도 있다.

경성혁명사적지

집삼혁명사적지, 염분혁명사적지 외에도 경성군에는 김정숙 여사와 아들 김정일이 묵었던 숙소를 박물관으로 개조한 경성혁명사적지가 있다. 김정숙 여사가 과제를 처리하는 동안 김정일이 이곳 닭장에서 닭을 관찰하며 20여 분을 보냈다는 설명이 인상적이다. 심심했을까? 관찰력이 남다르게 뛰어났을까? 그런 것은 알 수 없지만, 1947년 당시 이 작은 어촌에 한 나라의 최고지도자 가족이 왔다는 게 마을의 이변이었던지 마을 사람들은 그 가족의 일거수일투족을 관심 있게 지켜보았던 것 같다.

경성혁명사적지

경성도자기

북에서 예술성, 사상성이 강
한 도자기는 만수대창작사
에서 주로 만들고, 일용 사
기는 대부분 지방 공장에서
만들어진다. 경성도자기공
장과 평양선교도자기공장이
대표적이다. 생기령광산의
고령토로 만드는 경성자기
는 세련된 기법과 독특한 소

경성 생기령 고령토광산과 공장

성법으로 유명하다. 경성도자기공장은 1932년 9월 '북선내화연화공
장'이란 이름으로 발족했는데, 당시는 수공업적으로 사발을 만드는
수준이었다. 대륙침략이 본격화되면서 이 공장을 내화벽돌 생산공장
으로 운영하던 일제는 패망 후 공장을 파괴하고 도망갔다. 1947년 생
기령제도소의 노동자들은 함께 공장을 복구하여 접시, 사발, 컵, 주
전자, 꽃병을 비롯한 수백 개의 도자기 제품과 장식용 공예품, 예술
도예품을 만들었다.

중평남새온실농장과 양묘장

경성군 중평리에는 200정보(60만 평)의 부지에 현대적인 시설을 갖춘
중평남새온실(채소온실)과 양묘장이 있다. 2018년 7월 김정은 위원장

중평남새온실 농장과 온실

　　은 원래 이곳에 있던 차광수비행군관학교 실습비행
장을 철수시키고 함경북도 인민들에게 사시사철 채소를 공급하는
대규모 온실을 짓게 했다. 그리고 딱 1년이 지난 뒤 이곳은 동해기슭
의 광활한 초현대식 온실촌으로 변화했다.

　　중평남새온실농장은 1,000㎡의 반궁륭식 2중 비닐온실 300동 등
총 320동의 수경온실과 토양온실로 구성되었다. 반궁륭식 2중 비닐
온실은 한겨울에도 난방 연료가 들지 않는다. 2중으로 된 비닐과 비
닐 사이에 보온이불을 넣었기 때문이다. 초현대식 설비에 우리 시골
의 정취를 합쳐놓은 것 같은 그 모습이 궁금하다. 무선통신장비를
이용하여 정보통신망을 구축하고 디지털 온실 시뮬레이션 시스템을
도입하여 온도와 탄산가스, 습도, 관수, 조명을 자동으로 제어 관리
한다. 특히 액상영양분이 배합식에 따라 자동 공급되기 때문에 비료

를 많이 절약하면서 과학적인 채소 농사가 가능하다. 수경온실이 아닌 곳에서는 농사에 필요한 거름을 마련하는 돼지목장까지 만들어 고리형 순환생산체계가 만들어졌다.

우리나라에서 두 번째 높은 산, 관모봉

청진시 쪽으로 넘어가기 전에 경성군의 가장 서쪽에 있는, 우리나라에서 두 번째 높은 산 관모봉에 대해 짚고 넘어가자. 관모봉은 백두산보다 210m가 낮은 주봉(2,541m)과 북관모봉, 동관모봉, 남관모봉, 서관모봉, 중관모봉 등 2,000m 넘는 산들이 펼쳐진다. 북녘에 2,000m가 넘는 산이 50여 개가 넘는다는데 이곳에 집중되어 있는 것 같다. 백두산 다음이 한라산인 줄 아는 사람이 많은데, 한라산은 59번째로 높은 산이다. 관모봉은 6월에야 눈이 녹고, 8월이 넘으면 다시

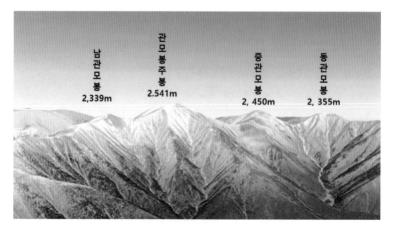

관모봉

눈으로 덮여 마치 하얀 관을 쓴 것 같다는 뜻에서 붙여진 이름이다. 우리나라에서는 유일하게 빙하침식곡을 볼 수 있다.

주봉 관모봉은 동쪽이 급사면이고 서쪽은 밋밋한 완경사로 이루어져 있으며 산록은 원시림으로 둘러싸인 일종의 토산이다. 베이스의 해발고도가 백두산보다 낮아서 오히려 백두산보다 더 웅장하게 느껴진다. 관모봉 정상의 연평균 기온은 1.2도로 매우 낮고 한여름철에도 10도를 넘지 못한다. 관모봉은 북 천연기념물 제330호인 관모봉큰곰의 서식지다. 한국에서는 불곰이라고 부르는 곰이다. 관모봉 일대 불곰이 서식하는 구역은 전반적으로 표고 1,500m를 넘는 높은 지대다. 함경산맥의 지붕을 이루는 관모봉과 도정산(渡正山, 2,199m), 투구봉(2,335m) 일대다. 불곰은 세계에서 가장 큰 곰이라고 하는데, 수분이 많은 야생식물의 뿌리나 어린 싹, 산딸기, 머루와 보리, 밀, 옥수수, 꿀, 곤충의 번데기, 개미 따위를 먹는다. 멧돼지 새끼를 잡아먹기도 한다.

관모봉을 오르려면 경성군의 온포온천(옛 주을온천)에서 문내를 거쳐 도정산에서 남쪽으로 관모봉을 종주하고 보로천으로 하산하거나 또는 괘상봉까지 주능선을 완주하는 코스가 가능하다. 만년설과 빙하가 없는 우리나라 산악 등반은 본격적인 알피니즘과는 거리가 있지만, 관모봉의 겨울 등산은 앞으로 우리나라 적설 등반의 총아가 되지 않을까?

김정호는 대동여지도에 이 산을 장백산으로 표기했다. 본격적인 관모봉 겨울 등산의 시작은 일제강점기 일본인들이었다. 1931년 3월 이 지역에서 일하던 가모라는 사람이 등정을 시도했으나 도중에 하산하고 말았다. 1933년에는 네 명이 시도했으나 궤산동에 오르는 것에 그쳤으며, 1934년 눈보라 속에서 경성제대 산악부원 세 명이 관모봉 정상에 섰다는 기록이 있다.

청진시

청진시는 함경북도 도청이 자리잡고 있는 인구 67만 명의 항만 공업도시로 북에서 네 번째 큰 도시다. 함경산맥이 뻗어 있으며 수성천 유역에는 수성평야가 발달했다. 청진항이 있는 국제무역도시답게 러시아와 중국 영사관, 외국인 선원 구락부와 외국인 숙소 등 국제항구도시로서의 면모가 풍긴다. 그럼에도 이제까지 청진시의 모습은 북의 경제적 어려움 탓인지 낡고 음산한 감이 있었다. 다행히 2020년에 들어와 북방 항구도시로서의 면모를 갖추려는 움직임이 활발하다. 포항 중심부에 현대적 미감에 맞는 고층 살림집들을 새로 짓고 청진극장, 청진관, 경성단고깃집을 비롯한 공공건물들을 항구도시의 특색이 살아나게 건설해 나가고 있다. 포항운동장의 외관 리모델링도 한창 진행 중이라 이 책이 나올 무렵이면 새롭게 변모되어 있을 것 같다.

청진시에는 평라선(평양-라선을 잇는 철도선. 옛 함경선)과 함북선(함경북도 청진시 반죽역을 기점으로 회령, 종성, 온성을 지나 라선특별시의 라진역을 연결하면서 한반도의 최북단을 휘감는 철도 노선)이 지난다. 청진청년역을 비롯해 수남역, 송평역, 반죽역 등의 기차역이 있다. 시내에는 무궤도전차와 궤도전차가 운행된다. 청진 국제관광은 주로 칠보산 관광과 연계하여 이루어지며 경성군의 온천욕을 즐길 수 있다.

　자동차로 평양에서 청진을 가려면 강원도를 경유해야 하므로 열차나 전세비행기를 타고 어랑비행장을 이용하는 것이 좋다. 호텔로는 송평구역 김책제철련합기업소 인근에 있는 청진외국인선원구락부와 숙소(객실 33개), 청진외국인호텔, 1985년에 지어진 청진역 부근의 청진호텔(객실 28개), 항구 근처의 천마산호텔(객실 22개) 정도가 있다. 경성군에 있는 경성호텔 등도 이용할 수 있다.

　청진항은 경성만과 해발 182m의 고말반도가 있어 항구 여건이 좋다. 고말반도는 청진항의 자연 방파제 역할을 한다. 반도를 중심으로 청진만 북동쪽 시가지를 끼고 있는 동쪽 외항은 예전부터 무역항으로 사용되던 곳이다. 수성천 하구 서쪽에 있는 서항은 김책제철소 인근에 있다. 주변 수역은 수심 12m로 하역능력 800만 톤에 이르며 2만 톤급 배가 접안할 수 있다. 무산광산의 철광석·석탄·마그네사이트 등을 수출하며, 중국이 임대권을 얻어 대일무역항으로 이용하기도 한다. 2020년 9월 19일자『로동신문』에 수해 피해 복구용 시멘트를 싣고 흥남항을 떠난 화물선이 청진항에 도착했다는 기사가 있다. 청진항에 대한 우리 언론의 보도는 중국의 임대권 여부에 집중되어 있는데, 북이 청진항을 통해 자체 물류 수송을 하고 있다는 기사가 반갑다.

1945년 8월 13일, 소련군이 청진에 상륙했다. 라진항의 경우 조선인민혁명군의 사전 교란작전으로 무혈입성한 데 비해 이곳 청진에서는 4일간 치열한 전투가 벌어져 사상자들이 수십 명 발생했다. 일본군이 무조건 항복 이후에도 계속 전투를 진행했다는 걸 입증해주는 사례다. 소련군의 참전을 기념하는 소련군기념비가 동해 항구 인근에 있다. 이 비는 해방, 추모, 전승의 의미를 담고 있다. 청진은 북에서 가장 큰 제철소인 김책제철련합기업소를 필두로 청진제강소, 제2금속건설련합기업소 등이 있어 북방의 대야금기지라고 부른다. 금속공업 외에도 청진조선소, 청진화학섬유공장, 라남탄광기계연합기업소, 청진철도공장, 청진버스공장, 청진조선소 등 국가적인 기업들이 많다.

❶청진시내 전경

❷ 청진시 상류 수성천

❸ 청진외국인선원구락부

❶ 청진에 있는 러시아영사관　❷ 해방전투 당시 순직한 소련군 용사 추모비
❸ 청진항　❹ 청진항 서항(포항지구)　❺ 청진항 동항(외항 신암구역)
❻ 함경북도 전자도서관　❼ 함경북도 혁명사적관

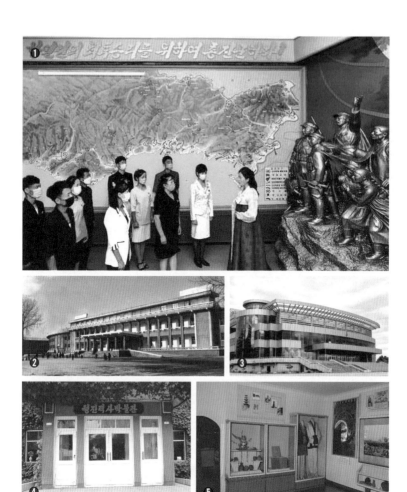

❶ 혁명사적관 내부 전시실

❷ 청진 포항운동장 ❸ 청진극장

❹❺ 청진력사박물관과 제4전시실

경성읍성

청진시 승암로동자구에 있는 경성읍성은 고려 때인 1107년 북방방위를 위해 쌓은 토성이다. 그 후 조선시대인 1437년 다시 고쳐 쌓았고, 지금의 모습으로 축성한 것은 1612~1622년 사이였다. 임진왜란 시기에 왜적과 싸움에서 큰 역할을 했기 때문에 북은 선조들의 반침략 투쟁 정신이 깃든 고적이라며 중시한다. 일제강점기에 기본 골격이 훼손되었고 6.25 당시 미군 폭격으로 심히 파괴되었다. 1950년대에 일부 구간의 성벽과 남문을 옛 모습대로 복원했다.

원래 경성읍성은 둘레 2,200m에 높이 7.2m로 성벽 위에 일곱 개의 포루가 있었다. 성의 바깥 둘레에 해자를 파 놓았고 동서남북 4면 모두 성문이 있었다. 성벽 위에는 510개의 성가퀴를 두고, 성가퀴마다 먼 곳을 쏘는 활구멍 두 개와 가까운 곳을 쏘는 구멍을 한 개씩 설

경성읍성 남벽

치했다. 성벽 네 모서리는 각각 11m씩 튀어 나가게 쌓고 위에 포루를 세웠다. 성 안에는 식량창고와 1,000여 정의 총과 무기를 보관할 수 있는 무기고, 12개의 못과 54개의 우물이 있었다.

정북사

승암로동자구 승암산 남쪽 기슭의 정북사는 12세기 초 여진족의 침입으로부터 고려의 국경을 지키는데 공로를 세운 윤관을 추모하는 사당이다. 윤관은 여진족을 정벌하고 촌락 135개를 평정했으며, 납치된 백성들을 찾아왔다. 세종 때(1437년) 김종서의 발기로 세워 로당이라 부르다가 1845년 정북사로 고쳤다. 1868년에 파괴되었는데 1901년 그 자리에 다시 세웠다. 정북사는 사각 담장 안에 있으며 정면에는 정북루가 서 있다. 마당 가운데에는 강당인 양현당이 있고 그 뒤에 본전이 있다. 본전 내부에는 윤관의 초상과 위패가 있다.

정북사 전경

경성향교

승암산 동쪽 기슭의 경성향교는 조선 세종 때 창건된 경성군의 첫 교육기관이다. 6.25 때 파괴되어 외문과 대성전, 서문만 남아 있다. 외문은 2층의 겹처마 합각집이다. 아래층에는 널문을 설치했으며 위층에는 마루를 깔고 기둥 밖으로 난간을 둘러 강당으로 이용할 수 있게 만들었다. 대성전은 화강석으로 축조된 약 1m 높이의 축대 위에 세워진 정면 5칸(11.5m), 측면 3칸(6.3m)의 겹처마 합각집이다. 여느 향교들과 달리 칸수가 많고 합각지붕을 이은 것이 특징이다.

청암혁명사적지

청진시에는 김정숙 여사와 관련된 청암혁명사적지가 있다. 1945년 11월 28일 김정숙 여사는 청진 해방동숙소에서 혁명동지들을 만나 김일성 주석의 혁명노선을 가르쳐주면서 힘껏 일해보자고 고무했다. 그리고 『새길신문』 기자들에게 김 주석의 새 조국 건설 노선과

방침을 해설했다. 사적지에는 김정숙 여사가 있던 해방동숙소, 일꾼들과 담화한 집, 사진관 등이 원모습 그대로 보존되어 있다.

일제강점기 위안부 시설

청진시 청암구역 방진동에는 한반도에서 최초로 확인된 위안부 건물이 있다. 일제강점기 방진은 약 150가구가 사는 한적한 마을이었다. 가까이에 큰 거리가 없었기 때문에 약 1km 떨어진 해군기지 '라진 방면 특별근거지대'를 위한 시설이었다고 추정된다. 민간인이 운영했지만 실제로는 해군이 관리하는 군인·군속 전용 위안소였다. 은

청진 위안부 건물 은월루

월루라 불리던 위안소는 해방 뒤 방진진료소로 사용됐지만, 외관은 당시 그대로 보존되어 있다. 위안소 맞은편에는 군의관이 여성들의 성병 검사를 하던 건물이 있었는데 지금은 흔적만 남았다.

청진시 나남지구에도 일본 육군의 위안소지구가 있다. 지금 나남은 청진시에 속한 구역이지만 당시는 일본 육군이 새롭게 건설한 도시로 일본 제19사단 시설이 나남의 대부분을 차지하고 있었다. 나남 교외의 나지막한 산과 철도 고가로 둘러싸인 장소에 유곽이 조성되었다. 수십 채의 유곽에 일본인·조선인을 합쳐 약 120~200명의 여성이 있었다. 그중 조선인은 60여 명이었다는 기록이 있다.

김책제철련합기업소

김책제철련합기업소는 북 선철 생산량의 3분의 2 이상, 압연 강재 생산량의 거의 절반을 생산하는 북 최대의 제철소다. 2009년에 성진 제강련합기업소에서 용융환원공법으로 100% 주체철 첫 생산에 성공했고, 2015년 황해제철련합기업소에서 산소열법 용광로가 완공되면서 주체철이 쏟아져 나왔다. 김책제철련합기업소는 2010년 갈탄을 원료로 하는 용광로를 만들어 쇳물을 뽑아냈으며, 2018년에는 산소열법 용광로를 비롯한 주체화 대상공사가 완공돼 100% 주체철 생산체계가 완비되었다. 이에 관한 『조선중앙통신사』 2018년 9월 25일자 상보를 소개한다.

자력갱생의 혁명정신, 과학기술의 위력이 안아온 주체적 금속공업 발전의 튼튼한 토대

대규모 철의 기지에 우리 식의 산소열법용광로가 보란 듯이 치솟아 오르고 생산공정의 현대화 실현에서 중요한 의의를 가지는 대상공사들이 성과적으로 결속됨으로써 세기를 이어 내려오던 코크스제철법에 종지부가 찍히고 금속공업의 자립적 토대가 더욱 튼튼히 다져지게 되었다.

…… 당의 전투적 호소를 결사 관철해 나갈 일념 안고 김철로동계급은 2017년 3월 19일 주체화 대상 건설 착공의 첫 삽을 박았다. 우리나라에서 제일 큰 산소열법용광로를 새로 일떠 세우고 대형산소분리기, 류동층가스발생로 건설과 철강재의 질을 결정적으로 끌어올리기 위한 대상건설은 그 규모와 공사량에 있어서 방대했다. …… 건설자들은 기중기차에 회전대차 로라를 보강하는 방법으로 산소열법용광로의 핵심 부분인 수십 톤이나 되는 폐열보이라드람을 42m 높이에까지 성공적으로 들어 올렸으며 탑식기중기를 22시간 만에 통째로 수백 미터나 이동시켜 난문제로

제기되던 제진 설비의 설치를 일정계획대로 내미는 혁신을 창조
했다.

…… 2017년 9월 5일 코크스에 대한 의존심을 뿌리채 불살라버
리며 1호 용광로를 혼적도 없이 폭파해버린 것은 오직 주체의 붉
은 쇠물로 사회주의 강국 건설의 활로를 열어나갈 김철로동계급
의 드팀 없는 신념과 의지의 선언이었다. …… 2018년 1월 16일
새벽 1시, 우리 당에 드리는 자랑찬 선물로 김철의 첫 주체쇠물
이 용암처럼 쏟아져 나왔으며 2월 17일에는 주체강철이 생산되
었다. 영웅적인 김일성-김정일 로동계급의 결사관철의 투쟁 정
신은 석탄가스에 의한 압연강재 생산체계를 확립하기 위한 류동
층 가스발생로 건설장에서도 맥동쳤다.

…… 새로운 조립방법이 도입되어 가스발생장 강철 구조물 조립
과 각종 관부설, 수십 대의 설비, 장치물 조립이 최단기간에 결속
되었다. …… 지난 8월 28일 류동층가스발생로의 총 시운전에 이
어 주체쇠물에 의한 첫 강관이 생산됨으로써 우리의 연료, 원료
에 의한 철강재 생산의 주체화가 완벽하게 실현되었다. …… 온
세상이 보란 듯이 주체철이 쏟아져 나오는 경이적인 사변은 우
리의 힘과 기술, 자원으로 사회주의 강국의 만년대계를 펼쳐가는
우리 당 주체화로선의 과학성과 진리성의 뚜렷한 증시로서 한평
생 주체철을 위하여 온갖 심혈과 로고를 바쳐오신 위대한 수령님
들께 드리는 영웅적인 김일성-김정일 로동계급과 인민의 최대의
경의이다.

김책제철련합기업소 주체화 대상 건설의 완공은 위대한 당의 두

김책제철련합기업소의
고온공기연소식 가열로

리에 굳게 뭉쳐 자력자강의 위력, 과학기술의 위력으로 사회주의
승리봉을 향하여 폭풍쳐 나가는 우리 인민의 앞길을 그 어떤 힘
으로도 가로막을 수 없다는 것을 다시금 똑똑히 보여주었다.

- 주체 107년(2018년) 9월 25일

북에서는 주체철 생산체계가 완비됨으로써 금속공업에서 코크
스를 쓰는 제철시대는 완전히 끝나고 주체철시대가 도래했다고 말
한다. 북은 2021년 초 조선로동당 8차대회를 열고 경제발전 5개년계
획을 확정 발표했다. 여기에서 금속공업을 5개년계획 실행의 운명이
걸린 '오늘의 1211고지'로 묘사한다. 북 강원도 금강군의 북측 비무
장지대에 있는 1211고지는 동부전선의 요충지로, 1951년 9~10월 치
열한 전투 끝에 북측이 점령했다. 북은 철강재의 생산수준이 곧 5개
년계획 수행률이라고 말한다. 금속공업에서 성과가 있어야 화학·전
력·석탄·기계공업 등의 기간산업에 활력이 넘치고 농업·경공업·수산
업도 활성화된다는 것이다. 북의 새로운 경제도약을 위해 금속공업
의 발전이 그만큼 중요하다는 의미다. 그래서 주체철 생산체계를 더

욱 고도화하기 위한 매우 대담한 계획을 추진해 나가고 있다. 부유예열식 산소열법 용광로 건설을 추진하고 있으며, 철강재 생산능력을 획기적으로 확대하는 계획을 수립하고 추진해 나가고 있다.

라남의 봉화

라남탄광기계련합기업소는 채탄기, 권양기, 컨베이어 등 광산 채취기계 및 일반 산업기계를 생산하는 대표적인 공장이다. 종업원은 4,000여 명. 북 언론에 관심이 있는 분이라면 라남의 봉화 이야기를 들어보았을 것이다. 2000년 북을 떠들썩하게 했던 '라남의 봉화'란 무엇일까?

북이 1990년대 중반에 경제난을 극복한 방식은 하나의 모범을 만들고 이를 전국에 확산하는 것이었다. 이러한 모범을 만드는 데 있어서 김정일 위원장의 현지지도가 결정적 역할을 했다. 김정일 위원장은 고비 때마다 주요 공장과 지역을 찾아가 노동자와 인민들을 만나 그들에게 직접 호소하고, 그들과 함께 기적을 창조해 냈다. 그리고 이 기적들을 전국적으로 일반화해 나갔다.

1998년 1월, 김 위원장은 경제난이 가장 혹독했던 자강도를 찾아가 '강계정신'을 창조했고, 1998년 3월에는 성진제강을 찾아가 주체철을 만들어 철강 생산을 정상화하자며 '성강의 봉화'를 지펴 올렸다. 김 위원장이 북 전역에 '다시 한번 천리마 대고조의 선봉에 설 것'을 촉구하자 1999년 1월 공동사설은 '제2의 천리마대진군을 다그쳐 나가야 한다'라고 호응했다. 2000년 10월 10일 조선로동당 창건 55주년 행사에서 김 위원장은 1990년대 중반의 경제난을 극복했다고 선언했다. 2001년 신년 공동사설에서 '고난의 행군에서 승리한 기세로 새 세기의 진격로를 열어나가자!'라는 구호가 제시되자 전국적으로 경제건설 도약을 위한 분위기가 무르익었다.

김정일 위원장은 2001년 1월 10~18일까지 중국을 방문하여 상하이의 푸동지구와 상하이증권거래소, 미국의 제너럴모터스 자동차 공장, 농업개발구역을 돌아보며 중국의 발전상을 높이 평가했다. 이것이 북 언론에 널리 보도되었다. 김 위원장이 중국 방문을 마치고 단동-신의주 철교를 건넌 즉시 신의주 시내 경공업 공장을 둘러보며 경제발전을 독려하자 경제부흥의 투지가 나라 전체를 울렸다. 그런데 이것만으로 과연 대중적 혁신운동의 불길을 더 높이 도약시킬 수 있을까?

김정일 위원장은 라남탄광기계련합기업소를 생각했다. 라남탄광기계련합기업소에는 그럴 만한 사연이 있었다. 1990년대 초 김일성 주석은 최신식 대형설비를 라남탄광기계련합기업소를 비롯한 10개 기업에 보내주며 서로 경쟁하고 연구하여 대형설비를 독자적으로 개발하라고 독려했다. 그런데 다른 기업에서는 외국의 설계를 그대로 모방 제작했으나, 라남탄광련합기업소에서는 자체 실정에 맞는 독자 설계를 통한 기계 제작을 시도했다. 물론 초현대식 기계를 독자적으로 개발하는 것은 만만치 않았다. 외국 설계를 그대로 모방하려 했던 다른 기업소마저 모두 제작을 포기했을 정도니, 얼마나 어려웠을지 능히 짐작하고도 남는다. 그런데 라남탄광기계련합기업소는 독자 설계를 통한 제작을 하려 했으니 얼마나 어려웠겠는가? 계속된 실패의 연속이었다.

평양 조선혁명박물관에
전시되어 있는 라남의
봉화 관련 전시물

세계 일류급 나라 몇몇이 독점하고 있는 설비 제작 기술은 철저
히 비밀에 부쳐져 어떤 문헌에서도 그 내용을 찾아볼 수 없었다. 전
문가들이 이 기술을 배우려 중국을 방문했으나 핵심기술을 전수해
주겠다는 애초의 약속은 지켜지지 않았다. 하지만 라남탄광기계련
합소 노동자들은 92번째 실패를 딛고 1997년 93번째 시험 제작에 마
침내 성공했다. 그리고 2000년 10월 10일 당 창건 55주년 행사에 김
일성 주석이 준 과업을 달성했다는 보고를 올렸다. 10년 만의 결실
이었다.

김정일 위원장이 추구했던 경제재건은 북 경제상황이 좋았던
1970~80년대로 돌아가자는 것이 아니었다. 사회주의 네트워크가 존
재하지 않는 시대에 홀로 자본주의와 경쟁해도 손색없는 최첨단 공
업을 기반으로 경제를 건설해야 한다는 것이었다. 이전보다 몇십 배
어려운 과제였다. 당장 나라를 개방하고 관광객을 유치해서 그 달러
로 급한 불을 끄자는 의견도 있었지만, 김 위원장은 허리띠를 더욱

졸라매고 대형 댐 건설 등 기간산업을 구축하는 것이 급선무라고 생각했다. 온전히 자력갱생으로 나아가야 북의 살길도 열리고, 경제회복도 가능하다고 생각하는 김 위원장에게 라남탄광련합기업소 노동계급이 이루어낸 성과는 새로운 진군의 모범사례로 삼기에 아주 적절했다.

김 위원장은 2001년 7월 27일~8월 18일까지 무려 23박 24일에 걸친 러시아 방문을 마치고 귀국하는 길에 곧바로 라남탄광기계련합기업소를 방문했다. 그리고 "동무들이 고난의 행군 시기 이런 기계를 만들어내자니 얼마나 수고가 많았겠는가!"라며 기뻐했다. 석달 뒤인 2001년 11월 이곳을 다시 방문한 김정일 국방위원장은 최신식 대형설비들을 살펴보며 라남의 승리를 전국에 알렸다. 그리고 라남탄광기계련합기업소 노동계급이 이루어낸 성과를 모범으로 삼아 자체의 힘으로 최신과학기술에 기초한 현대적 공업구조를 확립해 나가자고 호소했다. 이것이 '라남의 봉화'다. 즉 라남의 봉화란 현대과학기술에 기초한 자력갱생의 정신 그리고 필승의 신념과 강력한 의지의 분출이며, 이 분출된 힘으로 최신과학기술에 기초한 경제강국 건설의 길에 돌진해 나가자는 21세기 대중운동이었다.

라남의 노동계급은 2001년 11월 궐기모임을 열고 전국 노동계급과 농업근로자들에게 보내는 호소문을 발표했다. 북 전역의 근로자들은 라남노동계급의 호소에 적극적으로 호응해 나섰다.

청진광산금속대학

청진은 교육도시로도 유명하다. 오중흡청진제1사범대학, 청진광산
금속대학, 청진의학대학, 청진교원대학, 청진해양대학, 청진보건대
학, 청진경공업대학, 청진철도대학 등 10여 개의 대학이 있다. 평양
에 있다고 모두 일류대학이 아니며, 지방에도 전국적으로 유명한 일
류대학이 있다. 1959년 설립된 청진광산금속대학은 지질, 광업, 석탄
공업, 금속공업 부문의 기술인재를 양성하는 이 분야 최고 대학이다.
김책제철련합기업소, 무산광산련합기업소를 비롯한 국가적인 중요
생산단위에서 제기되는 과학기술적 문제들을 해결하는 데 큰 역할을
했다.

부거리 발해유적지

청진의 발해유적은 청암구역 부거천 주변, 부거리 일대에 집중 분포
되어 있다. 남쪽으로는 청진시, 북쪽으로는 라진에 이르며 동쪽으로
는 동해가 펼쳐진다. 동해안 일대에서 북부 내륙지대인 회령과 중
국 동북지방으로 들어가려면 부거리를 통해야 할 정도로 교통 요충
지다. 이런 지리적 특징 때문인지 이 일대에 부거석성[평지성]과 부
거토성[산성]이 있다. 서남쪽에 200여 기에 이르는 토성고분군이자
리하고, 다시 서남쪽으로 합전고분군과 다래골고분군이 있다. 부
거리 일대에서 확인된 무덤은 1,000여 기다. 유적 분포 범위는 남북
20km, 동서 15km에 이른다.

부거리 전경

　유적지만 남은 부거석성은 석축으로 조성된 평지성으로 청진에서 회령으로 가는 길목을 차단하는 방어성의 역할을 했을 것으로 추정된다. 현재 서문만 확인되며 배수구 시설의 존재를 확인할 수 있다. 석성 남쪽에는 산성인 부거토성이 있다. 남북 길이 93m, 동서 너비 60m의 소규모 성이지만 벌판에 우뚝 솟아 주변의 망을 보기에 적절하다. 부거리 소재지에서 남쪽으로 4km 떨어진 독동산성은 흔적만 남아 있다.

　이 일대 성곽은 평지성과 산성, 주변 봉수대 등 방어체계의 완벽함을 보여준다. 부거리 발해유적은 영안 상경성이나 화룡 서고성, 훈춘 팔련성 등 발해 성곽 유적들과 같은 형태다. 무덤에서 출토된 토기 유물도 타질이나 제작법, 기물의 형태 등에서 발해의 독특한 문화를 확인할 수 있다.

❶ 다래골 9호 묘실 무덤 내부
❷ 연대봉봉수대 전경

봉수대 유적도 주목된다. 부거석성의 동쪽 연대봉 정상에 있는 연대봉봉수대에서는 차단홈과 기단으로 된 화독 시설을 확인할 수 있다. 독동봉수대는 흙 봉분 위에 기단을 쌓고 그 위에 계단식으로 석축을 했다. 중심에는 직경 1m의 불가마가 있다. 이 일대에 11개의 봉수대의 흔적이 남아 있다.

부거리에서 가장 많은 유적은 고분이다. 다래골고분군은 총 50여 기가 지면에서 1.5~2m 높이의 봉분으로 덮여 있다. 연차골고분군은 부거리 서남쪽에 있으며 제1지구에 16기, 제2지구에서 10여 기가 확인되었다. 합전고분군은 51기의 무덤이 확인되었는데, 횡혈식 석실 봉토분과 수혈식 석관묘다. 옥생동고분군은 부거리 동쪽 골짜기에 총 15기가 확인되었다. 토성고분군은 부거토성 서남쪽 언덕에 있는 총 200여 기의 무덤이다. 독동고분군은 가장 남쪽에 있으며 독동성 서쪽에 산재해 100여 기의 무덤이 있다.

북에서는 최근까지 이 지역을 발해 5경 중 하나인 동경으로 봤다. 하지만 훈춘의 팔련성이 규모면에서 발해 동경성인 듯하다는 중국학계의 견해가 대두되었고, 팔련성 유적 유물 조사 자료가 쌓여감에 따라 북 학계에서도 이 견해를 수긍하는 분위기가 감지되고 있다. 발해의 5경인지 아닌지는 더욱 면밀한 검토가 필요하겠지만, 북에 있는 발해의 중요 유적지로서 가치는 여전히 높다. 한반도 내 발해의 유적·유물이 희소하고 중국에 있는 발해 유적은 비공개 원칙을 고수하고 있는 상황에서 북에 남은 발해 유적은 발해 역사를 해명하고, 발해를 민족사로 확고하게 자리매김하는 데 있어 매우 귀중한 자료다.

온성군

온성군은 함경북도 끝자락, 한반도의 가장 북단에 있는 지역이다. 평양에서 온성까지 직선거리만 대략 560km 정도니 얼마나 먼 곳인지 짐작이 간다. 온성읍에서 두만강을 따라 조금 서쪽으로 가면 나오는 남양로동자구는 1933년부터 중국 길림성 도문시와 이어주는 철도와 남양교두가 개설됨으로써 북중을 잇는 교통 중심지가 되었다. 최근 완공된 도문대교(북에서는 남양대교) 외에도 온성군 삼봉과 용

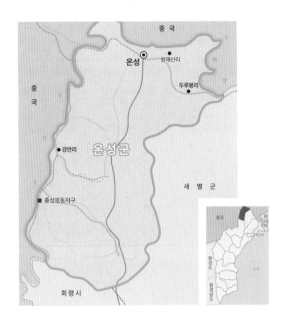

❶ 2020년 8월 완공된 신남양대교
❷ 신남양대교 왼쪽의 구남양대교

정의 개산툰진을 연결하는 또 하나의 다리가 있다. 온성군은 북 최대의 갈탄 산지다. 온성지구탄광련합기업소는 온산로동자구, 풍인로동자구, 상화로동자구, 창평로동자구의 탄광까지를 포괄한다. 풍인탄광과 주원탄광 및 상화탄광은 각각 연간 약 50만 톤, 온성탄광은 연간 약 10만 톤의 갈탄을 생산한다.

수항루

온성은 고조선과 고구려, 발해의 땅으로 여진족이 함께 살던 지역이다. 여진족은 고대부터 함경북도와 만주 이곳저곳에 흩어져 야인생활을 하면서 우리의 정치권력이 약해지면 북방을 어지럽혔다. 고려 공민왕 때 북진 정책을 펴서 이곳을 수복했으나 조선 태종 때 다시 점령당해 있던 것을 세종 때(1443년) 김종서가 완전히 평정했다. 김종서는 종성, 온성, 회령, 경원, 경흥, 부령 등에 6진을 설치하고 남쪽 백성을 이주시켜 살게 하면서 두만강변을 따라 행성을 축조하고 온성군을 신설했다.

온성이라는 지명은 '성을 축조하여 외적을 막으면서 평온한 땅이 되었다'라는 뜻이다. 두만강변에 펼쳐진 온성벌의 평온한 모습을 보면 지역의 분위기와 잘 어울린다. 온성군 종성로동자구에는 3층 누각인 수항루가 있다. 1443년 종성읍성을 지을 때 함께 세운 것인데 애초의 이름은 뇌천각이었다. 선조 41년(1608년) 넓은 평야에 진을 치고 있던 여진족이 정탐꾼을 보냈는데, 종성에서 활쏘기 연습을 하던

수항루

군사가 하늘 높이 날아오른 꿩 한 마리를 활로 떨어뜨리는 것을 보게 되었다. 조선군의 충천한 기세를 보고받은 여진족은 싸울 엄두를 못 내고 퇴각하기 시작했고, 조선군은 이를 추격하여 항복을 받았다. 그때의 승전을 기리기 위해 이름을 수항루라고 고쳐 부르게 되었다.

동광진 구석기 유적

온성군에는 한반도 최초로 발견된 구석기 유적지가 있다. 우리가 알고 있는 지명은 종성군 동광진유적이지만 지금은 지명이 바뀌어 온성군 강안리유적이라고 부른다. 이 구석기 유적지를 처음 발견한 것은 1935년이었다. 일제가 철도공사를 위해 흙을 파헤치는 과정에서 구석기시대인 갱신세 후기의 짐승뼈 화석과 타제석기가 나왔다. 두만강으로부터 약 1km 정도 떨어져 있는 이 유적은 강물이 흘러내려 쌓인 충적층보다 10m 정도 높은 강언덕에 있다. 이 언덕은 갱신세 후기의 마지막 빙하기에 형성된 것으로 보인다. 유적 아랫부분에 쌓인 자갈과 모래층으로 미뤄 당시 강물의 높이가 지금보다 상당히 높았다는 것을 알 수 있다. 흘러내린 강물로 하여 흙이 덧쌓인 층 위에 약 7~8m의 황토층이 쌓여 있었다.

황토층 아랫부분(제1황토층)에서 동굴하이에나, 털코끼리, 털코뿔소, 들소, 사슴, 옛소, 양, 말 등의 뼈 화석과 뼈 부스러기, 사슴뿔 그리고 석기가 나왔다. 이곳에서 화석이 나온 짐승은 모두 추운 지방에서 살던 종류들이다. 털코끼리나 털코뿔소는 말할 것도 없고 동굴하이에나와 옛소 모두 빙하기의 추운 기후를 좋아하는 짐승들이다. 따라서 강안리유적은 마지막 빙하기에 형성되었다는 것을 알 수 있다.

또 짐승 뼈와 두 점의 석기가 발굴되었다. 이 석기들은 사람이 떼어낸 흔적이 뚜렷이 남은 작은 격지였으며, 날 부분은 덧손질하지 않은 타제석기였다. 비록 두 점의 격지에 지나지 않지만, 만약 당시 발굴조사가 정밀하게 이루어졌더라면 좀 더 많은 석기를 찾아낼 수 있었을 것이다. 그러나 일제의 관변 학자들은 이 유적을 세밀히 조사해보지도 않은 채 덮어놓고 유물이 드러난 상태가 변변치 않다는 구실을 붙여 구석기시대의 것이 아니라고 주장했다. 털코끼리, 털코뿔소, 동굴하이에나, 옛소 등 마지막 빙하기에 해당하는 짐승뼈들이 구석기시대의 것이 아니라는 주장이었다.

그들이 억지 주장을 펴는 것은 일본 열도보다 이른 시기에 한반도에 구석기 사람이 살았다는 것을 인정할 수 없었기 때문이다. 일본의 구석기유적은 1949년에야 처음 발견되었으니 동광진유적 발견 이후 15년이 지나서였다. 또 조선인들의 선조가 신석기 이후 북방에서 내려왔으므로 처음부터 한반도의 주인이 아니라는 그들이 유포한 이데올로기와도 연관이 있다. 비록 일본인이 외지에서 들어왔다고는 하지만 조선인들과 마찬가지 아니냐는 논거다.

　크게 이런 두 가지 이유로 당시 일제의 관변 학자들은 강안리유적이 구석기 유적이라는 점을 애써 부정하고 신석기 유적이라고 강변했던 것으로 보인다. 그 뒤 한반도에서는 수십만 년 전의 구석기 유적이 많이 발굴되었다. 북의 상원 검은모루동굴유적은 100만 년 전의 유적이다. 남쪽에도 단양 금굴유적, 연천 전곡리유적 등 의미 있는 구석기 유적지들이 많다. 그 결과 이제는 '구석기시대에는 한반도에 사람이 살고 있지 않았으며, 신석기시대에 비로소 시베리아에 살던 고아시아인들이 한반도에 내려와 살기 시작했다'라는 한국인의 외래기원론은 설 자리가 없어졌다.

두루봉혁명사적지와 왕재산혁명사적지

김일성 주석에게 만주는 조선독립의 기치를 들고 일제와 싸우면서 항일무장투쟁을 시작하고 발전시킨 중요한 거점이었다. 그러나 만주 해방이 목표가 아니라 조선 독립이 목적인 그에게 있어 조선 땅에 무장투쟁의 거점을 마련하는 것은 미룰 수 없는 문제였다. 무장투쟁의 거점을 마련하기 위해 가장 먼저 해야 할 일은 무장투쟁을 불러일으킬 조직역량을 마련하는 것이었고, 그것이 바로 당 조직의 건설이었다. 김일성 주석은 1930년 7월 만주에서 첫 조선인 당조직인 '건설동지사'를 건설하고, 그 직후인 9월 29일 조선 땅인 온성군에 들어왔다. 그는 온성군 두루봉리 철길 부설 공사장에서 노동자들과 함께 일하면서 일제와 견결히 싸우자고 호소했고, 9월 30일에는 노동청년회와 반제청년동맹사업을 지도하면서 조직적 과업을 주기도 했다. 곧이어 10월 1일 온성군 두루봉에서 온성지구 혁명조직 핵심성원들로 국내의 첫 당 조직을 결성하는 회의를 소집했다. 김 주석은 회고록『세기와 더불어』에서 온성지구에 당 조직이 나온 것은 국내 당 건설의 기초를 축성하는 돌파구가 되었으며 국내 인민들의 반일투쟁을 떠밀어주는 중요한 전환점이 되었다고 회고했다. 두루봉혁명사적지에는 김일성 주석이 노동자들과 함께 일하던 차굴공사장 자리와 당 조직 결성 장소, 두루봉회의 장소와 혁명사적비, 월명의숙, 숙식했던 집과 혁명사적 표식비들, 혁명적 구호문헌들이 있다.

북이 그토록 자랑하는 온성군의 왕재산유적지는 어떤 의미가 있을까?

온성읍에서 북동쪽으로 4km가량 떨어진 곳에 다섯 개의 산봉우리가 있는데 그중 제일 높은 봉우리(239m)가 왕재산이다. 김일성 주석은 온성군 두루봉에서 국내 첫 당 조직을 건설하고 2년 6개월이 지난 1933년 3월 11일 반일인민유격대의 한 부대를 이끌고 다시 두만강을 건너 온성지구에 들어왔다. 이날 왕재산마루에서 온성지구

두루봉회의 장면(그림)

혁명가들을 만난 김 주석은
국내 형편과 혁명조직들의
활동을 구체적으로 파악한
다음 온성지구 지하혁명조
직 책임자 및 정치공작 회의
를 열었는데 이를 '왕재산회
의'라고 부른다. 이날 '무장
투쟁을 국내에로 확대발전
시키기 위하여'라는 김 주석
의 연설 이후 반일인민유격
대는 무장투쟁을 국내로 확
대하기 위한 투쟁을 더욱 적
극적으로 벌였다. 김일성 주
석도 수차에 걸쳐 국내에 들
어와 회의와 정치강습을 진
행했다.

❶ 왕재산혁명사적지
❷ 탁상골회의 모습(그림)

　1975년 김정일 위원장의 지도로 왕재산혁명사적지가 건설되었
는데, 이를 대노천박물관이라고 부른다. 왕재산혁명사적지에는 건
평 8,500㎡의 3층 건물에 16개 진열실을 갖춘 왕재산혁명박물관을
비롯해 왕재산대기념비와 왕재산회의장소가 있다. 왕재산혁명사적
지에서 능선을 따라 2km 정도 가면 타막골혁명사적지(1933년 3월 11일
두만강을 건넜던 도강 장소)와 봉골비밀연락장소 등의 혁명사적지가 나오
는데, 그곳에는 옛 성벽의 일부가 남아 있다.

회령시

함경북도의 김책시, 청진시, 회령시 3개 도시 중 마지막으로 보아야
할 곳은 회령시다. 회령시는 함경북도의 서북쪽 두만강을 사이에 두
고 중국 길림성 용정시 삼합진과 마주보는 국경도시다. 회령백살구
산지로 특히 유명하며, 사탕무가 특산물로 생산된다. 산지가 많은
지역이라 자연 초지에서 젖소, 양, 염소, 토끼, 돼지, 닭 등을 많이 사
육한다. 지하자원도 풍부하다. 학포탄광, 궁심탄광, 회령탄광, 오봉

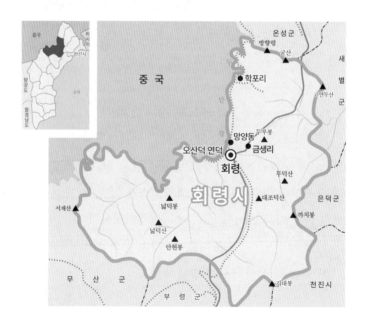

탄광, 화성탄광, 용북청년탄광, 상화청년탄광 등에서 석탄이 채굴되고, 중도석회석광산에서는 고품질의 석회석이 나온다. 공업은 회령탄광기계공장을 비롯해 회령갱목사업소, 회령곡산공장, 회령제약공장이 있다. 백살구 가공공장을 비롯한 여러 가지 식료품 공장과 직물·일용품·건재·내화벽돌·유리병·화학·가구 공장 등 중소규모의 지방산업공장들이 있다. 회령제지공장에서 생산되는 크라프트지(크라프트 펄프로 제조되는 종이)와 회령도자기공장에서 생산되는 오지그릇이 널리 알려져 있다.

칠보산 관광이 시작된 뒤 삼합에서 출발한 관광객들은 회령관문을 건너 회령 관광을 할 수 있게 되었다. 회령 시내에서 동남쪽으로 3km 떨어진 회령려관(4층, 객실 34개)과 오산관광호텔(객실 21개)에서 숙박할 수 있으며 식당으로는 회령관과 민족식당이 가볼 만하다.

회령시와 오산덕 언덕

❶ 오산덕 언덕 부근 시내
❷ 회령시 금생리
　금생농장 축산작업반
❸ 회령국숫집
❹ 회령식료품가공공장

❶ 회령학생소년궁전
❷❸ 회령광장에서
롤러스케이트를 타는 아이들

회령백살구

회령은 백살구로 유명하다. 회령 오산덕 언덕은 3월이면 백살구꽃이 하얗게 덮여 장관을 이룬다. 회령살구를 백살구라고 부르기에 '열매가 흰색인가?' 하며 궁금했는데, 꽃이 피고 100일 만에 열매가 달려서 '100살구'라고 부른다고 한다. 다소 황당한 작명법이었다. 회령이 아닌 다른 지역 살구도 100일 만에 열매가 달리는 건 마찬가지일 텐데…. 어쨌든 회령백살구는 꽤 유명하다. 다른 살구들보다 과실이 크고 신맛이 적으며 단맛이 강해서 한번 백살구를 먹어본 사람들은 그 맛을 잊지 못한다고 한다. 백살구는 회령같이 추운 지방에서는 잘 자라지만 따뜻한 곳으로 내려오면 실과가 맺히지 않는다. 북은 회령시 창효리의 20여 그루 회령백살구나무를 천연기념물로 지정했다.

남에서는 고향의 봄을 상징하는 꽃나무로 복사꽃, 살구꽃을 손에 꼽는다. 우리가 즐겨 부르는 '고향의 봄'도 '나의 살던 고향은 꽃피는 산골. 복숭아꽃, 살구꽃, 아기 진달래…'라는 가사가 아련한 느낌으로 다가온다. 살구는 대추, 복숭아, 자두, 밤과 함께 5과라 불리며 우리 민족이 전통적으로 먹어온 대표적인 과일의 하나였다. 다른 과일들은 여전히 제 계절을 어기지 않고 우리 먹거리의 중요한 자리를 지키고 있지만, 살구만은 언제부터인지 찾아보기 힘들게 됐다. 백살구를 지키려는 회령 사람들의 사랑에서 각자 자신의 고향을 떠올릴 만하다.

회령3미와 회령오지

회령에는 백살구 외에도 자랑거리가 두 가지 더 있다. 회령의 세 가지 자랑을 '회령3미'라고 한다. 백살구꽃의 아름다움을 행미杏美, 아름답고 생활력과 의리가 강하고, 성품이 대쪽 같다는 회령 여자들의 아름다움을 녀미女美 그리고 회령의 고령토를 주원료로 하여 만드는 청회색 계통의 시원하면서도 독특한 회령 오지의 아름다움을 토미土美라고 부른다.

회령오지는 어떤 그릇일까? 오지는 붉은찰흙으로 형태를 만들고 800도에서 구워 굳힌 다음 오지물을 입혀 다시 1,200도로 구워낸 도기의 한 형태다. 보통 오지의 색깔은 누런 밤색, 붉은 밤색, 푸른 밤색, 검은 밤색이 기본이지만 회령오지는 검은 바탕에 푸르면서도 흰빛이 도는 해서색의 칠물을 입혀 투명하지 않으면서도 은근하고 신비한 아름다움이 느껴진다. 또 회령오지는 부피에 비해 가볍다. 옛 기록에 두 아름 정도의 큰 독을 중국 용정까지 지게로 지고 갔다는 것을 보면 두께가 얇고 든든하며 아주 가벼웠다는 것을 알 수 있다.

회령오지로 만든 쌀독이나 김장독은 몇십 년이 지나도 저절로 터지는 일이 없었고 유약이 잘 벗겨지지도 않았다. 회령오지에 음식을 담으면 잘 상하지 않고 토질병에도 잘 걸리지 않는다고 한다. 옛날 두만강 건너 중국 쪽에서 무서운 토질병이 퍼져 수많은 사람이 고생했는데, 강 하나를 사이에 둔 회령지역 사람들은 토질병에 걸리지 않는 것을 보고 중국인들이 회령백토와 오지그릇들을 많이 사 갔다고 한다. 함경북도 일대만이 아니라 나라의 여러 지역에서 자식들의 결혼 지참품으로 회령오지를 빼놓지 않았다고 한다.

회령오지

이번에는 역시 '회령3미'의 하나로 꼽히는 '녀미'에 대해 알아보자. 녀미란 용모미, 숙덕미, 지성미를 갖춘 회령 여인의 아름다움을 의미한다. 그러니까 '회령 여인들은 용모가 뛰어나고 마음이 선량하며 의리가 깊고 근면할 뿐 아니라 생활력이 강하고 성품이 대쪽 같다'는 의미가 된다. '회령3미'라는 말이 언제부터 시작되었는지 잘 모르겠으나, 지금 회령 사람들은 회령녀미를 말할 때 숭고하고 고결한 여성미를 최고의 높이에서 체현한 사람으로 김정숙을 꼽는다. 김정숙 여사에 관한 이야기는 회령의 중심 주제이므로 그쪽에서 본격적으로 다루어야 한다.

김정숙 여사의 고향 회령

회령은 김정숙 여사가 태어나서 유년시절을 보낸 곳이다. 우리는 김정숙 여사가 김 주석의 첫 번째 부인이자 김정일의 어머니이기 때문에 '백두의 3대 장군'으로 추앙받는다고 알고 있지만, 실제 북의 항일무장투쟁에서 김정숙 여사의 역할은 지대했다.

김정숙 여사는 1917년 12월 24일 회령 오산덕 기슭에 있는 빈농 가정에서 태어나 다섯 살이던 1922년 중국으로 이주했다. 1932년 5월부터 동생 김기송과 함께 연길현 8도구의 부암동 상촌유격구에서 아동단 사업을 했다. 유격구의 모든 어른은 일본군 침탈에 대비하여 유격구를 방어하는 것만으로 바빠 아이들을 보살필 겨를이 없었다. 아동단 사업이란 아이들 스스로 학교도 만들고, 어른들에게 힘을 주는 문예 공연 연습도 하면서 자주적으로 생활하도록 지도하는 것이었다. 1934년 봄에는 아동단을 이끌고 왕청유격구로 공연을 다녀오기도 했다. 아동단이 메던 배낭 속에는 비상식량인 미숫가루와 소금, 내의와 봇나무 껍질에 싼 딱성냥, 공책과 연필이 들어 있고 곤봉 두 개가 매달려 있었다. 언제 들이닥칠지 모르는 일본군의 침탈에 대비하기 위해서였다.

1934년 김정숙 여사는 삼도만에 있던 연길현 공청위원회 비서처에서 일했다. 비서처란 공청위원회에서 제기된 일들의 온갖 실무를 맡아보는 사무국이다. 그때는 민생단 사건으로 많은 조선인이 억울하게 일제의 간첩으로 몰려 처형당하던 어려운 시절이었다. 당시 만주 공산당의 당원은 거의 조선인이었지만 중국에 있는 중국공산당이므로 간부들은 대개 중국인이었다. 민족적 편견에 빠져 있었던 일부 중국 공산주의자들은 조선인이 조선 독립을 외치는 것을 일제의 사주를 받은 행동이라고 제멋대로 단정했다. 그리고 조선 독립을 염원하며 투쟁에 뛰어든 순수한 혁명가들을 반민생단투쟁(일제의 주구를 색출하는 투쟁)이라는 명분으로 일제의 간첩으로 몰아 징벌하고 죽였다. 1933년부터 1935년까지 진행된 극단적 반민생단투쟁으로 조선 혁명가 1,000여 명이 억울하게 처형되었다.

김정숙은 공청 비서처에서 일하면서 억울하게 감옥에 갇힌 조선인들에게 밥을 가져다주기도 하고, 누명을 쓰고 처형 위기에 빠진 동지들을 구하기도 했다. 그때는 민생단으로 몰린 사람들을 옹호하거나 도와주기만 해도 민생단으로 몰리던 상황이었다. 그런데도 자기 목숨은 아랑곳하지 않고 억울하게 누명 쓴 동지들을 구하려 헌신적으로 노력하는 모습에서 김정숙 여사의 당찬 성격을 알 수 있다.

김일성 주석이 1935년 2월 다홍왜회의에서 민생단 놀음을 중지시키고 삼도만에 왔을 때 비서처에서 일하는 김정숙을 처음 보았다고 한다. 그 직후 삼도만에 일제 토벌대가 일제히 들이닥쳐 유격구 사람들은 급히 피난길에 올랐다. 이때 김정숙이 끓이고 있던 죽 가마를 머리에 이고 피난했다는 일화는 유명하다.

1935년 3월 안도현 처창즈 유격구로 온 김정숙은 9월에 조선인민혁명군에 입대했다. 김정숙의 사격술도 널리 알려져 있다. 1936년 8월의 무송현성 전투에서 중국인 항일부대의 실수로 김일성 사령관이 위기에 몰릴 뻔했는데, 아침밥을 짓던 김정숙과 여대원들이 이를 알아채고 총을 쏘며 유리한 고지를 점령함으로써 전투를 승리로 이끌었다. 김일성 주석은 『세기와 더불어』에서 김정숙이 신비의 경지에 이른 사격술과 뜨거운 헌신으로 몇 번이나 자신을 구했다고 밝혔다. 이외에도 1940년 겨울 110여일간의 고난의 행군길에서 김정숙이 김 주석의 젖은 옷을 입고 행군하며 옷을 말려주었던 이야기, 모두 굶주림에 시달리며 행군하고 있을 때 평소 모아두었던 잣을 일일이 까서 사람들의 호주머니에 넣어주었던 이야기, 군인들의 해진 군복을 밤새 기워주었던 이야기, 고된 행군 속에서 온갖 비상식량과 자투리 옷감, 털실 등으로 한시도 가벼울 사이가 없었던 김정숙의 배낭에 관한 이야기들이 김 주석의 회고록에 나온다.

김정숙이 조선인민혁명군이면서 지하 정치활동을 한 것은 1937년부터였다. 김정숙은 그해 3월부터 조국광복회 조직망을 국내로 확대하기 위해 중국 무송현 장백구, 하강구 일대에 혁명 조직을 건설하고 국내에 많은 활동거점과 비밀 연락장소를 꾸려놓았다. 연이어 함경남도 신파에 들어가서 조국광복회 지회를 결성했으며 김일성 주석이 직접 들어

❶ 김정숙 여사 고향집
❷ 김정숙 여사의 고향집 부엌

와 사람들을 만날 수 있는 토대를 닦았다. 이 무렵 김정숙은 풍산, 단천, 리원, 북청, 랑림, 부전, 허천 일대를 쉴 새 없이 다니며 정치 활동을 했다.

1937년 김정숙은 엄옥순이라는 가명으로 도천리에서 활동하다 불순분자 혐의로 감금됐다. 김정숙과 함께 일하던 조선인민혁명군 공작원들이 그녀를 탈출시키려 했지만, 김정숙은 자신이 탈출할 경우 도천리 마을사람들이 의심을 받게 되고 지하 조직망이 위험에 처할 것이 걱정되어 탈출을 거절했다. 그러자 도천리 마을사람 500명이 경찰서에 김정숙에 대한 양민보증서를 써주어 석방되었다. 당시

❶ 흰눈 내린 고향집　❷ 김정숙 여사가 다섯 살 때 중국으로 이사가던 망양나루터
❸ 망양나루터의 기념비와 모자이크화

도천리 마을은 총 200가구 정도였으니, 마을사람 거의 전부가 양민보증서에 서명한 셈이다. 양민보증서는 지금의 탄원서와 비슷한데, 당시에는 빨갱이 혐의를 받는 사람을 옹호하는 일이라 엄청난 용기가 필요했다. 김정숙이 마을사람들의 사랑과 신뢰를 얼마나 받았는지 짐작해볼 수 있다.

　혜산사건으로 장백에 있던 지하조직들이 무너진 직후인 1939년 이후부터 해방 직전까지 김정숙은 연사군에 아홉 번 이상 내려와 조국 해방 준비에 박차를 가했다. 김정일을 낳고 몇 달도 되지 않은 때, 주변의 만류에도 불구하고 백두산을 거쳐 이곳까지 공작사업을 하러 다닌 데서 그녀의 혁명적 충실성을 느낄 수 있다.

김정숙은 1949년에 사망했다. 27년의 짧은 생이었지만 그녀는 김일성 주석의 부인이자 김정일 위원장의 어머니이기 전에 혁명가로서 불꽃 같은 삶을 살았다. 보통 사회주의 혁명사에 나타나는 여성 혁명가들의 모습과 김정숙 여사가 주는 느낌은 다르다. 사람에게 헌신하며 인민의 사랑과 신뢰를 받는 조직운동가로서의 모습이 뇌리에 남는다.

❶ 회령혁명박물관
❷❸ 김정숙 여사의
조선인민군 시절
활동을 그린 그림들

회령 학포리봉수

회령 학포리봉수는 학포역의 뒤쪽 북봉의 산마루에 있다. 봉수 둘레에는 봉수대 성곽이 쌓여 있는데, 그 평면은 타원형이다. 돌로 쌓은 성벽 안에는 다섯 개의 화독과 병실(군인들이 거처하는 곳)이 붙어있다. 화독은 보통 직봉에서 다섯 개, 간봉에서 세 개, 보조봉수에 한 개를 설치했다. 봉수의 화독은 돌로 원추형으로 쌓았다. 화독의 밑부분에는 아궁이가 있고, 위에는 불길이나 연기가 나가는 구멍이 나 있다. 또 봉수에는 돌로 쌓은 망대가 있다. 15~16세기에 만들어진 봉수는 보존 상태가 좋아 조선 봉수의 기본 생김새를 고증하는 귀중한 자료다.

이 봉수는 두만강 연안 방어를 강화하기 위해 이 일대에 행성을 쌓고 성보를 설치하며 주민들을 이주시키는 등 국가적인 대책을 세웠던 당시 만들어졌다. 조선 시기 전국의 국경 또는 해안의 상황을 서울 중앙정부에 전달하기 위해 수립된 다섯 개의 직봉 봉수체계 가운데 하나다. 북쪽으로는 하을포의 봉수, 남쪽으로는 죽포의 봉수와 통한다.

학령 학포리봉수

연사군

연사군은 원래 무산군에 속했다가 1952년 연사군으로 개편되었다. 도정산, 고성산 대련골상, 검덕산 등이 솟아 있고 백무고원이 연결되며 해발 2,000m가 넘는 높은 산들이 많다. 삼포리의 해발 1,800~2,000m 고산지대에 북 천연기념물 제329호 '천상수 아흔아홉굽이'가 있다. '천상수'는 하늘처럼 높은 곳에 있는 하천이라는 뜻이며 '아흔아홉굽이'는 57개의 S자형 계곡이 끝없이 이어진다는 뜻에서 붙여진 이름이다. 하천의 직선거리는 16km, 너비는 2~4m, 깊이는 2~10m 정도다. 계절에 따라 수량의 변화가 많다. 연사군에는 석

연사읍의 전경

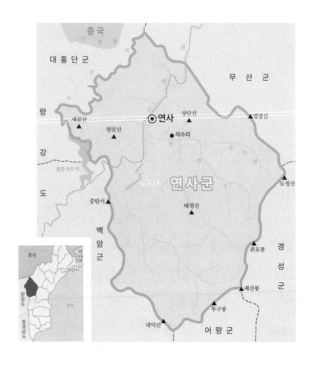

수리의 연면수, 신양로동자구의 구운수, 고막수 등 1,500m급 이상의 높은 산을 흐르는 아름다운 하천이 많다.

　연사군의 주력산업은 임업으로 북 통나무의 최대 생산지다. 신양임산사업소와 연사임산사업소는 북 통나무 생산량의 20.7%를 차지한다. 연수리에는 이탄 밭이 있는데, 매장량이 수천 톤에 이른다고 한다. 우리는 이탄의 경제적 가치에 대해서 별다른 관심이 없지만, 북에서는 조개탄 또는 가루형 보일러의 연료로 쓰이고 가스 생산에도 이용된다. 아일랜드에서는 매년 수백만 톤이 소비되며 러시아, 스웨덴, 독일, 덴마크 역시 상당량의 이탄을 생산 사용하고 있다. 영국과 스코틀랜드에서도 널리 사용된다. 북에서는 이탄을 니탄이라고 부르는데, 흙보산자료(유기질 비료)를 만드는 원료로 많이 이용한다. 신양로동자구에는 몰리브덴과 텅스텐, 망간, 마그네슘 등 4종의 광물이 매장되어 있어 남북관계가 좋아지면 주목받을 지역 중 하나다.

도로망은 백암과 무산을 연결하는 백무선이 있는데, 열차는 이 지역에 흔한 갈탄과 통나무를 원료로 움직인다. 또 경성군에서 연사군과 대홍단을 잇는 중부도로, 삼지연군과 연결된 828도로 등이 있는데, 굴곡이 심하고 다리도 많다. 평양까지는 철길로 717.3km, 도소재지 청진까지는 151.2km, 무산까지는 54.9km다. 연사군에서 주목해야 할 것은 관광 잠재력이다. 김일성 주석의 항일무장투쟁 관련 유적지가 많아 북 주민들이 꼭 가보고 싶어하는 지역이다.

감압 곡류하천 천상수 아흔아홉굽이

북의 현대사에서 연사군이 차지하는 의미

이제 연사군의 항일무장투쟁 사적지로 가보자. 연사군에는 일제를 물리치고 해방을 이루는데 중요한 역할을 한 혁명사적지가 무척 많다. 항일무장투쟁 시기였던 1939년부터 1945년 해방 직전까지 김일성 주석이 연사군을 7회 이상 방문했고, 김정숙 대원을 아홉 번이나 보내 사업을 했다는 것으로 미루어 보면 연사군의 중요성을 짐작할 수 있다. 연사군에는 그때의 자취들이 16곳의 혁명사적지와 137개의 유적으로 남아 있어 항일무장투쟁의 역사를 학습하려는 사람들의 답사기행이 끊이지 않는다.

연사군 혁명사적지와 관련된 역사를 이해하려면 1937년 무렵의 정세부터 언급하는 것이 필요하겠다. 1937년은 중일전쟁을 시작한 일제가 전선 후방인 만주지역을 평정하기 위해 조선인과 조선인 마을에 대한 집중적인 학살과 탄압을 전면화할 때였다. 당시 조선인민

연사군 혁명전적지, 혁명사적지 분포도

조선인민혁명군과 동북항일연군

우리는 김일성부대의 항일무장투쟁 역사를 허위 날조로 처리해왔다. 그 진실성 여부는 통일 후 남북의 현대사가 다시 정립할 때에야 제대로 규명될 수 있을지 모른다. 그러나 북 항일무장투쟁사는 독립운동사에서 다루어질 영역이므로 지금은 동의할 수 없다고 하더라도 북의 주장이 무엇인지는 귀 기울여 보아야 한다.

김일성 주석이 항일 빨치산 출신이라는 점은 인정하지만 중국공산당 휘하 '동북항일연군'의 중대장 정도였을 뿐이고, 1940년대부터는 소련으로 넘어가 소련의 힘으로 정권을 잡았다고 주장하는 사람들이 있다. 반면에 북의 주장은 이러하다. 김일성부대는 '조선인민혁명군'이라는 독자적인 정치군사조직이었고, 만주에서의 영향력도 중국공산당 부대보다 훨씬 컸다. 당시 만주 인구의 대부분이 일제의 악랄한 식민수탈 정책으로 고향을 잃고 쫓겨난 조선인들이었으며 일제에 대한 분노와 저항의식도 중국인들보다 강했기 때문이다. 만주국이 있었지만, 중국이 전체적으로 일제의 통치를 받는 것도 아니었다. 그렇지만 중국 땅인 만주에서 항일무장투쟁을 하면서 중국공산당 부대와 함께 싸우는 것이 당연한 일이었으므로 조선인민혁명군은 동북항일연군을 구성했다.

동북항일연군은 기층 토대가 거의 조선인들이었지만 간부는 중국공산당 만주총국 출신들이 많았다. 김일성부대가 독자성을 유지하지 않은 때는 없었다. 만주에서는 동북항일연군의 깃발을 들었고, 조선에서는 조선인민혁명군이라는 이름으로 활동했다. 1940년대 연해주에서의 활동도 마찬가지다.

한국에서 북의 자료들이 금기시되다 보니, 그나마 볼 수 있는 만주 항일무장투쟁 관련 자료는 중국 관점에서 서술된 책들뿐이다. 그러나 설령 조선족이라 할지라도 지금의 국적은 중국이며, 김일성 빨치산 부대의 독자성에 대해서는 별로 관심이 없어 북의 입장에서 서술된 자료들이 거의 없다.

혁명군에 골치 아픈 문제가 발생했다. 국제공산당인 코민테른에서 결정된 '열하원정' 문제였다. 열하원정이란 한마디로 요약하면 '만주 동북지방의 항일무장부대들이 요서와 열하 방면으로 진출하여 중국 노농홍군 부대들과 함께 중국 관내로 쳐들어가 일본군을 제압한다'라는 것이었다. 코민테른의 의도는 열하원정을 통해 관내 혁명(중국 본토에서 모택동의 지도 아래 전개되었던 공산주의 운동)과 관외 혁명(중국 동북지방에서 전개되고 있었던 항일무장투쟁)이 통일적인 연관 속에서 전개되는 새로운 국면을 열어 놓으려는 것이었다.

코민테른은 동북항일연군도 1936년 봄 그리고 중일전쟁이 발발한 1937년 여름과 1938년 봄에 열하원정에 참가하라는 지시를 내렸다. 동북항일연군 소속의 중국인들은 이 결정을 지지했지만 조선인민혁명군으로서는 난처할 수밖에 없었다. 1935년과 1936년, 많은 조선 빨치산을 죽음으로 몰아넣고 조중 항일운동을 분열시킨 민생단 사건의 후유증을 극복하고, 조선 독립을 위한 독자적인 활동을 코민테른과 중국공산당으로부터 공식적으로 인정받은 직후였다.

조선인민혁명군은 백두산과 서간도 일대에 진출하여 당 창건 준비와 통일전선운동을 적극적으로 추진하는 한편, 1937년 보천보전투 등 무장투쟁을 국내로 확대하는 등 기세를 올리며 본격적인 조선혁명의 주체를 강화하기 위해 할 일이 산더미 같았다. 중국 8로군에게 '열하'는 만리장성만 넘어서면 지척인 곳이지만 만주의 동북항일연군에게는 수천 리 떨어진 먼 곳일 뿐 아니라 유격부대가 통과할 수 있는 코스가 아니었다. 유격대가 산악지대를 떠나 벌판으로 진출하는 것은 고기가 물을 떠나 뭍에 오르는 것과 같이 위험천만한 모험

40년대 함경북도
비밀근거지 지도

온성군

경원군

러시아

중 국

룡계지구비밀근거지

회령시

경흥군

만봉비밀근거지

라선시

무산군

부령군

국산봉비밀근거지

청진시에서
연사지구 가는 길

연사군

청진시

창평비밀근거지

경성군

랑강도

어랑군

어랑지구비밀근거지

동해

명간군

길주군

명천군

화대군

함경남도

김책시

이다. 동만과 남만, 북만의 산악지대는 항일 빨치산들이 오래전부터 개척해온 고장이어서 대중적 지지가 뿌리 깊었고 지리도 구석구석 잘 알고 있어 일본군과 유격전을 벌이기에 매우 유리했다. 그런데 넓은 평원지대를 지나 열하로 간다면 대포나 탱크와 같은 중무기로 무장한 일본 정규군과 전면전이 불가피하고 결국 몰살당할 것이 뻔했다. 그런데도 동북항일연군의 중국인 간부들은 열하원정으로 중국의 노농홍군부대와 연합하면 일본군을 제압할 수 있다는 기대가 몹시 커서 김일성부대에게 함께 가자고 강권했다.

김일성 주석은 함께 활동하던 그들의 마음과 국제 코민테른의 방침을 외면할 수도 없고 그렇다고 열하원정에 참가할 수도 없었다. 김 주석은 고심 끝에 직접 열하원정에 참가하지 않고 류하, 통화 일대에서 평야지대에 집결하는 적을 유인 기습하는 기동작전을 적극적으로 펼쳐 일제의 배후타격 작전을 강화했다. 일본군의 화력이 중국인 부대에 집중되는 것을 막아 그들을 보호하는 전술이었다.

김일성부대가 서만주에서 일본군 배후타격 작전을 강화하는 동안 본격적인 위기가 조선인민혁명군에게 닥쳐왔다. 일제는 조선인 반일 투쟁의 뿌리를 뽑기 위해 백두산 일대의 혁명조직과 혁명 군중에 대한 전면적인 토벌을 감행하고 지하혁명조직을 파괴하기 위한 대대적인 검거선풍을 일으켰다. 이것이 '혜산사건'이다. 이 사건으로 조선인민혁명군의 비밀 지하조직 조국광복회가 거의 파괴되었다.

1937년 9월부터 1938년 9월까지 일제는 조국광복회 성원 188명을 기소했다. 그들은 국내 항일 혁명조직에서 한몫을 단단히 하던 조직운동가들이었다. 특히 박달. 권영벽. 이제순처럼 김일성 주석의 오른팔 역할을 하던 간부도 많았다. 당시 국내 조직사업을 책임지던 박달의 구속은 지하혁명조직을 다시 복구하는데 큰 장애가 될 수밖에 없었다. 김일성 주석은 회고록에서 조선인민혁명군의 주력부대가 일본군 배후타격 전투를 위해 장백에서 멀리 떠난 상황만 아니었다면 백두산 지역에서 자행된 조국광복회 파괴에 대해 즉각적인 대책을 세울 수 있었을 것이라며, 동지와 혁명조직을 잃은 아픔을 토로했다.

열하원정은 김 주석의 예상처럼 별다른 성과를 남기지 못하고 오히려 중국 빨치산 대오에 큰 피해를 남긴 채 끝을 맺었다. 상황은 너무 엄중했다. 일제는 조선인민혁명군이 전멸하고 김일성도 죽었다며 연일 삐라를 뿌리는 한편 조선인 마을을 철통같이 봉쇄하여 조선인민혁명군의 식량 보급을 원천적으로 차단했다.

김 주석 부대와 연계한 지하조직 성원들은 일제의 검거선풍으로 잡혀갔거나 소식을 알 수 없었다. 빨치산 내부에도 '지금은 운동의 퇴조기이니 은둔할 때'라고 떠드는 활동가가 나올 정도로 절박한 상황이었다. 북은 이 시기를 항일무장투쟁 십수 년의 역사에서 가장 힘든 해였다고 기록하고 있다.

김일성 주석은 이 난관을 극복하기 위해 1938년 11월 25일부터 중국 길림성 몽강현(지금의 정우현) 남패자에서 조선인민혁명군 군정 간부 회의를 개최했다. 이를 '남패자회의'라고 한다. 이 회의에서는 난국을 타개하고 혁명을 계속 전진시키기 위해 시급히 백두산을 중심으로 한 국경 일대로 진출할 것을 결정했다. 하지만 때는 한겨울이었고 상황이 워낙 열악해서 당장 국내로 들어가 대규모 전투를 벌일 수 없었다. 그렇다고 남패자에서 겨울이 끝날 때까지 기다린 다음 출발한다면 국내 진출은 더욱 늦어질 수밖에 없었다. 일단 압록강 근처의 장백으로 돌아가 혜산사건 이후 파괴된 조직의 흔적이라도 찾아 수습하고 그곳에서 국내 진출을 모색하기 위해 장백까지 행군을 결정했다.

그런데 출발하자마자 김일성부대는 큰 시련의 길에 들어섰다. 행군에 필요한 식량을 구할 수 없어 일제가 운영하는 목재소를 치다 보니 첫 출발부터 일제와 전투를 치르지 않으면 안 되었다. 첫 출발부터 추격이 시작되어 장백으로 오는 행군길 내내 일본군은 김일성부대를 따라왔다. 당시 동북항일연군 가운데 중국인 부대인 1군은 열하원정에서 치명적인 타격을 받았고, 남은 역량은 조선인민혁명군뿐이었다. 일제는 차제에 이들을 전멸시켜야 한다고 야단법석을 떨며 김일성부대를 추격했다. 그들의 집요한 추격에 김일성부대는 쉬지도, 먹지도, 자지도 못하며 행군을 서둘러야 했다. 하루 20회 이상 전투를 해야 하는 날도 있었다. 밥을 해 먹으려고 하면 일본군이 덮쳐 젖은 쌀을 배낭 속에 도로 집어넣은 게 한두 번이 아니었다. 혹한의 추위와 배고픔을 견디며 생명을 내건 긴장 속에 평소 대엿새면 도착할 장백까지 행군이 110여 일이나 걸릴 정도였다. 이것이 항일무장투쟁의 역사 속에서 널리 알려진 '고난의 행군'이다.

장백에 도착한 조선인민혁명군은 어려운 행군을 돌파한 기세를 몰아 1939년 5월 국내 무산지구(지금의 량강도 삼지연시 무포)로 진출하여 큰 전투를 벌였다. 1937년의 보천보전투에 이어 두 번째로 대부대 국내 진공 작전을 벌인 것이다. 보천보전투 때는 국내에서 큰 전투가 없었으며, 단 하루 동안만 국내에 머물러 있었다. 반면에 무산지구 진공전투 때는 일주일 이상 국내에 머물렀다. 대홍단전투에서는 일본군 300여 명을 사살하는 큰 승리를 거두었다. 이 전투를 통해 김일성부대가 궤멸되었다는 일제의 허위 선전의 허구성을 폭로했다. 김일성부대는 더 큰 부대로 성장했으며, 일제에 승승장구하고 있다는 점을 국내 민중들에게 널리 선전 홍보하는 계기가 되었다.

이러한 흐름 속에서 무산지구 진공작전 다음 달인 1939년 6월 중순 연사군 심하리(당시 무산군 삼장면 삼하동) 국사봉에서 회의가 열렸다. 이 '국사봉회의'에서 침체를 극복하고 해방을 이룩할 중요한 대책들이 마련되었다. 김일성 주석은 이곳에서 "두만강 연안, 무산 연사지구를 비롯한 북부조선 일대를 혁명투쟁의 믿음직한 기지로 만들자"라고 호소했다. 혜산사건으로 큰 타격을 받은 국내 혁명조직들을 이곳에서부터 다시 복구해 나가는 한편 해방을 이루기 위한 조직적, 전투적 태세를 갖추자는 말이었다.

김일성 주석은 왜 하필 연사군을 택했을까? 연사군은 백두산과 함경산맥, 부전령산맥이 겹쳐 있어 조선인민혁명군의 소부대와 정치공작원들이 국내 각지와 백두산 일대를 오가면서 정치 군사 활동을 전개하기에 유리한 곳이었다. 백두산에서 국내 각지로 연결될 수 있는 길목이기도 하고, 은폐하기도 쉬워 모임을 하기에도 적당한 천혜의 조건을 갖추고 있었다. 또 1930년대 중반이면 울창한 삼림과 두만강 지류인 서두수강을 중심으로 일제의 군수용품 조달을 위한 벌목장이 번성하여 전국적으로 노동자들이 모여들고 있었다. 1941년에는 일제가 군수물자 생산에 필요한 전력수요를 충당하기 위해 장자강과 서두수에 발전소 건설을 시작했고, 1942년에 이르러 본격적인 단계에 들어섰다. 그때 거의 마무리된 함경남도 허천강발전소 건설장에서 1,000여 명의 인부들이 연사군으로 왔고 전국 각지에서 막벌이꾼들이 밀려들었다.

일제는 이 공사에 조선 북부만이 아니라 전라도, 경상도, 충청도 등 여러 지방에서 노동자들을 끌고 왔다. 징용에 징집되었던 사람들까지 이 공사장으로 몰아넣었다. 그런 사정으로 연사군에는 5,000여 명의 노동자들이 모여들어 한가하던 마을이 노동자 밀집 지역으로 북적이게 되었다. 자연 지리적 조건과 환경 그리고 당시 노동자, 농민의 밀집과 일본 군수용품 생산을 파탄시킬 유리한 조건으로 인해 연사군은 1940년대 조선인민혁명군이 국내로 세력을 확대하는 데 큰 역할을 하게 되었으며 일제를 몰아낼 전민항쟁을 준비하는 시발점이 되었다.

김 주석은 이런 조건을 검토하고 연사군을 거점으로 조국 해방의 불꽃을 당길 것을 결심했다. 국사봉회의에서 그는 연사군 서두수와 연면수 유역의 벌목장, 서두수 수전공사장의 노동자들과 농민들 속에서 조국광복회 조직을 비롯한 혁명조직 확대를 제시했다. 또 일제

두만강과 서두수의 합수머리. 대흥단에 있다

가 침략전쟁을 확대하고 군수공업을 급속히 확장하기 위해 진행하는 서두수 수전공사를 지연 파탄시키며 일제의 산림자원 약탈과 백무선 철길 부설공사를 반대하는 투쟁을 강력히 전개해야 한다고 역설했다. 그를 위해 '생산유격대'를 강화하자고 제안했다. 생산유격대란 '노동자·농민의 반군사조직'으로 '일제를 몰아낼 전민항쟁'을 준비하는 기본 단위였다. 1942년이 지나면 서두수 수전공사가 마무리되면서 여기에 모였던 노동자들이 전국 각지로 흩어지게 되는데, 그것은 혁명조직과 생산유격대를 전국으로 확대할 수 있는 절호의 계기가 되기도 했다.

국내 조직 책임자였던 박달이 혜산사건으로 체포된 이후 김정숙은 연사지구에 당 위원회와 조국광복회 조직을 만드는 것을 시작으로 사실상 국내 조직사업 책임을 맡았던 것으로 보인다. 연사군의 혁명전적지에서 김일성 수령과 함께 김정숙을 일컫는 구호 나무가 유난히 많은 것은 이때 연사군 혁명조직의 총책임자가 김정숙이었던 것과 연관이 있다. 김일성 수령과 김정숙 여사가 결혼한 것도 이 무렵이다. 두 사람은 1940년 소련과 회의를 위해 연해주로 가는 길에서 동지들의 축복을 받으며 결혼식을 올렸다. 그 뒤 김일성 주석은 연해주와 백두산 지역, 연사·무산지구를 드나들며 활동했다. 김정숙 여사는 1942년 김정일을 낳고도 여러 번 연사군에 내려왔다. 그는 김 주석과 함께 해방되기 직전인 1945년 6월까지 이곳에 와서 일제와 최후결전의 전민항쟁을 점검했다.

연사지구 16곳의 혁명사적지와 137개의 유적은 연사읍, 삼하리, 삼포리, 로평리, 남작리와 량강도 대홍단군 삼장리 일대로 넓게 퍼져 있다. 국사봉, 중류소, 삼하덕숙영지, 사지동, 삼하령숙영지, 사지령, 로평덕숙영지, 도하동, 남작골 상촌, 우적골 회의 장소 등에 당시의 흔적을 잘 복구해 놓았다.

여기서 상단산 임시 비밀근거지에 대해서만 잠깐 언급하자. 1945년 5월 독일이 패망하자 소련은 일제와 전면전을 준비했다. 그에 따라 조선인민혁명군의 행보도 바빠졌다. 1945년 6월 상순 김일성 주석은 중국 간백산밀영에서 조선인민혁명군 군

❶ 국사봉 혁명전적지를
   답사하는 학생들
❷ 국사봉회의 장소

국사봉회의 모습(그림)

정간부회의를 통해 조선 해방을 위한 최후공격작전 방향과 임무를 하달했다. 그리고 상단산 임시 비밀근거지로 와서 '전국 생산돌격대, 노동자돌격대 지휘성원회의'를 소집했다. 김일성 주석의 최후공격작전의 기본전략은 조선인민혁명군의 적극적인 공격작전과 인민무장대들의 배후타격전, 전 인민적 봉기로 일제를 완전히 격멸 소탕하고 조국 해방을 이룩하는 것이었다. 상단산 임시 비밀근거지에는 전민항쟁 준비를 위해 1년 전부터 돌격대 지휘 성원들이 한두 달씩 단기 집중훈련을 진행하고 있었다. 1945년 6월에는 3기째의 훈련이 진행되고 있었다. 김일성 주석은 "조국 해방을 위한 최후 결전시기에 들어섰다"라면서 반 군사조직들은 조선인민혁명군의 총공격에 호응하여 해당 지역에서 일제의 통치기관, 군수생산 및 수송시설들을 습격하여 파괴하고 헌병, 경찰, 친일분자들을 제거하는 등 전민항쟁에서 선봉적 역할을 수행하며 혁명조직과 혁명군중, 혁명의 전취물을 보위하라는 지침을 주었다.

회의 참가자들은 드디어 일제를 몰아내고 해방을 자기 손으로 준비한다는 사실에 몹시 감동했다. 그들은 그때 자기들의 격동된 심정을 담아 나무들에 글발을 써 넣었다. 상단산에 새겨진 구호나무의 글발들은 반세기의 기나긴 세월의 풍파 속에서도 지워지지 않고 역사적 사실을 후세에 전하고 있다.

❶ 연한소골밀영
  김일성 사령관이
  회의했던 귀틀집
❷ 안굽혁명전적지
  밀영 입구
❸ 안굽혁명전적지
  밀영 귀틀집
❹ 방아골밀영 귀틀집

4장.
라선특별시

라선특별시는 중국의 훈춘, 러시아의 핫산과 국경을 맞대고 있는 교통과 물류의 요충지일 뿐 아니라 겨울에도 얼지 않는 라진항이 있는 경제무역도시다. 위치상으로만 보아도 동북아시아의 경제 허브로서 가치가 엄청나다. 더구나 막대한 지하자원 매장지와 중화학공업단지가 배후에 있어 매력을 더한다.

중국은 동북지역의 물류 수송을 위해 두만강 하구로 직접 연결하는 방안을 검토했으나 두만강 하구는 강폭이 좁고 수심도 얕아 항만 시설을 건설하기 어렵다. 반면 라진항은 입구의 대초도와 소초도 두 개의 섬이 천연 방파제 역할을 하고 부두 전면의 최대 수심이 12m로 5만 톤급 선박이 접안할 수 있다. 라진항이 본격적으로 가동되면 흑룡강과 길림성의 잠재 물동량 절반 이상을 라진항이 흡수하게 된다. 또 라진항을 통해 미국의 서해안으로 연결될 경우, 대련항을 경유하는 경로보다 2,600km나 단축할 수 있다.

라진항을 이용한 물류 수송이 중요한 것은 러시아도 마찬가지다. 2016년 2월 북이 4차 핵실험을 감행한 뒤 유엔 대북제재 결의 과정에서 러시아가 라진-핫산 물류 프로젝트를 이유로 라진항을 제재 대상에서 제외한 것만 봐도 라진항에 대한 관심을 짐작할 수 있다. 북은 라선지역의 국제물류도시 효용성을 인식하고 1989년부터 경제교

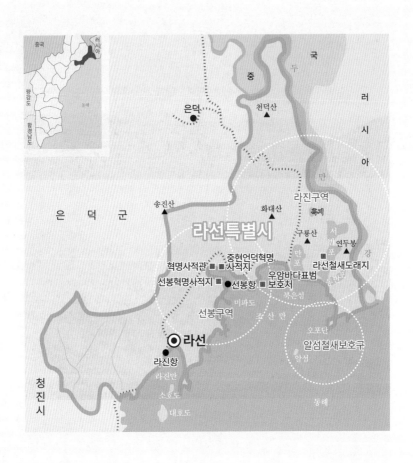

류도시로 선정했다. 미국의 대북제재가 철통같은 상황에서 북의 국제경제교류는 쉽지 않다. 북이 라선지역을 국제경제교류도시로 발전시키려고 노력해 온 역사부터 살펴보도록 하자.

라선특별시 전경

라선특별시를 둘러싼 국제경제교류의 역사와 현황

1984년, 합영법 제정

북은 1980년대에 접어들면서 자본주의 나라 기업의 투자를 받기 위한 본격적인 노력을 시작했다. 1984년 9월 합영법 제정으로 공업, 건설, 운수, 과학기술, 관광업을 비롯한 다양한 분야에서 북과 외국인 투자자가 공동으로 출자하고 운영하는 기업 설립이 가능해졌다. 합영법은 외국 투자자가 북과 공동으로 투자하고 공동으로 운영할 수 있어서 합작법보다 적극적인 투자를 끌어낼 수 있다. 하지만 합영법 제정에도 불구하고 북에 대한 외국 기업의 투자는 잘 이루어지지 않았다. 외형적인 이유는 자본주의 기업과 사회주의 북의 경제구조 차이 때문이다.

북에서도 제일 큰 투자자에게 경영권이 있지만 경영자 마음대로 경영하기는 힘들다. 사회주의 계획경제에서는 자재를 시장에서 자유롭게 구매할 수 없으며 원자재나 중간제품을 생산하는 다른 기업들, 내각의 공업성이나 지방정부와 협의와 조율이 필수다. 제품 판매의 경우도 마찬가지다. 기업끼리 시장에서 경쟁하기보다는 국가 차원에서 미리 수급처를 배정한다. 게다가 1985년에 만들어진 합영법 시행세칙은 종업원 고용에 대한 외국기업의 임면권을 제한했다. 자재 조달부터 종업원 해고까지 마음대로 할 수 없다는 점은 북에 대한 투자를 망설이게 만든다.

하지만 외국기업의 투자가 잘 이루어지지 않은 실제적인 이유는 북에 대한 국제적 제재와 그로 인한 투자조건의 불안정성이다. 라선시가 국제무역도시로 발전하기 위해서는 인프라가 조성되어야 한다. 사회기반시설을 포함한 대대적인 투자는 거대 기업이나 국가 차원의 움직임이 필요한데, 미국의 반대로 불가능한 일이었다. 1988년 초 북이 테러지원국으로 지정된 것은 이러한 상황을 잘 보여준다. 은행거래도 불가능하고 생산품을 수출할 수도 없는 조건에서 어떤 기업이 대북 투자를 하겠는가? 1980년대 후반 사회주의권의 경제전망은 어두웠다. 북은 조건이 아무리 엄혹해도 자본주의 세계와의 공존을 모색해 나갔다.

라선경제무역지대의 시작

라선지역을 국제적인 경제무역지대로 만들려는 노력은 김일성 주석 때부터 시작되었다. 1989년 2월 김일성 주석은 선봉에 자유경제무역지대를 만든다는 구상을 제시하고 총계획도를 작성했다. 소련과 중국이 만나는 두만강변 라선시에 자유경제무역지대를 창설하여 자본주의권과 국제협력을 추진하며 '두만강지역 개발을 위한 다국간 국제협력 구상'에 참여하려는 것이었다.

1991년 7월 유엔개발계획과 하와이 동서센터가 공동개최한 '동북아시아 경제발전에 관한 국제회의'에서 중국은 두만강 하류 삼각지대 개발을 제의했다. 이어서 그해 10월 평양에서 열린 UNDP 제2차 '동북아시아 지역개발 조정자 회의'에 중국, 러시아, 몽골, 북, 남이 참여했다. 이 회의가 끝난 뒤 UNDP는 '두만강 개발계획'을 발표했다. 두만강 하류지역에 중국, 북, 러시아가 토지를 제공하여 다국간 통합경제특구를 만든다는 내용이었다. 다국간 통합경제특구는 주변 관계국들이 기구를 구성해 개발하는데, 20년간 총 300억 달러를 투자하여 10여 개의 근대적 부두와 100만 명이 거주할 수 있는 신도시를 건설하는 등 인프라 정비와 인재를 육성하는 것이 목표였다.

문제는 투자였다. 2000년대 초반까지 중국은 연해 중심의 개발에 집중하고 있어 동북에 신경 쓸 여력이 없었다. 러시아도 사회주의를 자본주의로 전환한 이후 경제적 혼란을 수습하던 시절이었다. 이런 조건에서 만들어진 UNDP의 두만강 개발계획은 사실상 일본의 자금투자를 염두에 둔 것이었다. 냉전이 와해되어 새로운 국제질서가 만들어지는 시점이었고 일본도 관심을 보일 만한 상황이었다.

이 계획이 발표되자 일본의 기업과 도쿄은행 관계자들로 구성된 시찰단이 청진 및 라선 지대를 시찰했다. 일본 기업들이 초기 단계에서부터 큰 관심을 가졌던 것은 당시 진행되던 북일 국교정상화 논의와 연관이 있다. 북과 일본 정부 차원의 관계 개선 모색은 1989년부터 시작되어 1992년까지 이어졌다. 일본은 북일수교가 이루어지면 식민지 배상금(경제협력자금)이라는 명목으로 라선지역에 진출하기 위해 북의 테러지원국 지정과 대북제재를 해소시켰다. 1989년 1월에는 일본 사회당의 정기총회에 참석하는 조선노동당 대표단(단장 김 양건)을 일본에 최초로 입국시켰다. 1989년 3월 일본 수상 다케시타 는 국회 발언을 통해 '북을 포함한 한반도에 대해 과거 식민지 지배 에 대한 반성과 사과'의 뜻이 담긴 신견해를 밝힘으로써 북한과 협상 개시를 위한 돌파구를 만들려고 했다. 북일 관계는 세 차례에 걸친 예비회담과 여덟 차례에 걸친 정부 간 공식협상(1991년 1월 3일~1992년 11월 5일)으로 발전했다.

그러나 두만강 개발계획은 순조롭게 진행되지 않았다. 관련국의 이해관계가 달라 개발사업의 원동력을 마련하기 어렵다는 것이 표 면적인 이유였다. 일본은 관련국 정부 간 협의체를 만드는 과정에서 참여를 거절했다. 북도 UNDP가 바라는 국제적인 공동개발, 공동관 리 방식이 아니라 각국의 독자개발에 기초한 점진적 협력방식을 원 했다. 라선지대의 인프라가 열악한 조건에서 자연재해가 겹쳤고, 핵 전쟁을 불사하는 미국의 초강경 대북압박 전략이 계속되자 UNDP 주도의 두만강 개발계획은 결국 가동되지 못했다.

사회주의 북을 둘러싼 국제환경은 냉엄했지만 북의 노력은 절실 했다. 1991년 12월 28일 북은 '라진선봉자유경제무역지대'를 선포하 고 라진항, 선봉항, 청진항을 자유무역항으로 지정했다. 때를 맞춰 중국은 훈춘, 만주리, 수분하, 흑하를 개방도시로 선포하고 훈춘시 를   1급 개방도시로 승격시키는 조치를 발표했다. 1995년 라진-부산 간 정기 컨테이너 항로가 한국 기업과 중국 연변의 합영기업 동룡해 운(㈜)에 의해 개설되어 중국 선적의 컨테이너 화물선이 월 2회 운항을 시작했다. (2004년부터 북 선적도 이 항로를 이용하기 시작했다. 2008년 라진-부산 항로는 한국의 추싱호가 4회, 북의 비파호가 3~4회 정도였다. 이 무렵 인천-남포 항로를 포함, 남북 컨테이너 수송량은 1만 6,890대로 꾸준한 증가세를 보였으나 2010년 한국의 5.24 조치로 중단되었다.)

북은 1996년 9월, 26개국 500여 명의 기업인을 라선에 초청하여 '라진-선봉지대 투자 및 기업토론회'를 개최하고 수억 달러의 투자계약을 했다고 발표했으나 실제 개발자금은 투자되지 못했다. 1997~98년 아시아 통화위기가 발생하자 북은 외자 유치에 대한 경각심을 갖게 되었고, 1998년 4월에 '라진선봉자유경제무역지대'의 명칭을 '자유'가 삭제된 '라진선봉경제무역지대'로 바꾸었다.

라선을 국제무역지대, 국제관광지로 발전시키려는 북의 노력은 계속되었다. 2000년 10월에는 중국계 홍콩 엠페러 그룹이 투자하는 카지노 호텔을 개장했다. 2001년 8월에는 태국의 록슬리 퍼시픽 사가 통신회사를 설립하여 라선국제통신센터를 완공했고, 중국 연변의 천우기업은 라진시장, 시멘트공장, 통신센터 건물 등을 건설했다. 또 중국계의 택시업, 창고도매업, 금융업, 식당, 가방, 구두, 식료품 가공 등 중소규모 투자가 이루어졌다. 2000년대에 김정일 위원장은 중국과 러시아를 거듭 방문하며 여러 시도를 했다.

라선을 둘러싼 북러 경제협력을 위한 노력

중국에 비해 러시아와 경제협력 이야기는 간단하다. 북러경제협력은 한국이 러시아의 지분에 참여하는 형태로 시도되었다가 미국의 반대로 좌절되는 양상으로 진행되었다. 2001년 8월 4일 김정일 국방위원장은 러시아를 방문하여 푸틴 대통령과 라진-핫산 철도의 현대화와 라진항 3호 부두 개발을 추진했으나 순탄하지 않았다. 라진-핫산 철도 현대화 계획은 2008년 10월 조러 수교 60주년을 앞두고 다시 논의되기 시작했으나 2008년 말의 국제금융위기로 지지부진하다가 2010년이 되어서야 착공되어 2013년 개통했다.

한국은 2007년 노무현 정부 때 라진-핫산 프로젝트(라선 콘트라스) 러시아 지분(70%)에 참여하는 방식으로 현대상선과 포스코, 코레일의 참여를 추진했다. 2014년 7월, 3호 부두가 러시아 석탄의 환적항으로 러시아(한국 투자 포함)에 의해 정비되어 준공식이 열렸다. 3호 부두는 한 번에 최대 60만 톤의 석탄을 야적할 수 있고, 연간 화물 처리능력은 100만 톤에서 400만 톤으로 증가했다. 2015년에는 러시아 석탄이 라진항에서 한국으로 시험 운송되기도 했으나 2016년 박근혜정부의 불참 선언으로 한국이 라선에 접근할 수 있는 길은 막혔다. 2017년에는 3호 부두의 석탄 수송량이 250만 톤을 넘었다. 러시아의 라진항 3호 부두를 통한 중계화물 수송은 유엔안보리의 대북 경제제재 항목에서는 제외되었지만 여전히 미국 제재의 대상으로 남아 지금까지 한국은 이에 참여할 수 없다.

북중의 경제협력 진행

이번에는 북중 경제협력으로 돌아가서 살펴보자. 2005년 중국 후진타오 주석은 두만강개발계획을 광역두만강개발계획으로 격상해 라진 선봉과 중국 동북 3성, 러시아 연해주 일부를 아우르는 지역을 개발 대상에 포함시켰다. 북은 2009년 GTI에서 탈퇴했지만, 라선의 경제무역지대를 포기한 것이 아니라 다자간이 아닌 양자 협력에 집중한 것이라고 볼 수 있다. 다자간 협의의 경제개발은 별다른 성과를 거두지 못했다. 당시 북의 2차 핵실험으로 인해 국제사회의 경제제재가 한층 더 심해졌고 GTI에 남아 있어도 별다른 성과를 기대할 수 없다고 판단했기 때문이다.

중국은 2009년 8월 '창지투 개발 개방 선도구의 중국 두만강지역 개발계획'을 발표했고 북은 긍정적인 반응을 보였다. 2012년 4월 중국의 훈춘이 '중국 두만강지역 국제합작 시범구'로 지정되어 90㎢ 공간에 국제산업합작구, 변경무역합작구, 중-북 훈춘경제합작구와 중-러 훈춘경제합작구 등의 기능구가 건설되기 시작했다. 2015년, 북중러 3국은 두만강 삼각주 국제관광 합작구 추진에 합의했다. 북의 라선시와 중국의 방천, 러시아 핫산의 세 지역에 각각 330만㎡씩 모두 990만㎡ 규모의 국제경제특구를 만드는 것이다. 중국은 '1구 3국 공동개발 공동관리 모델'을 탐구하면서 여행객에 대해 72시간 비자 면제를 추진하고 있다.

중국의 창치투 계획과는 별도로 라선시를 국제경제교류도시로 발전시키려는 북의 독자적인 노력은 꾸준히 진척되었다. 2008년 7월부터 라진항 1호 부두는 중국 대련의 창리경제무역유한공사가 중국산 석탄을 상해로 운송하는 중계부두로 2018년까지 10년간 임대하여 사용했다. 창리공사는 1호 부두와 2호 부두를 이용, 동북지방의 곡물과 목재를 남방으로 수송하기도 했다. (2019년 이후 라진항을 이용한 중국 화물 수송은 중단되었다. 중국이 라진항 대신 러시아의 자루비노항을 이용했기 때문이다.) 북은 라선시를 2010년 1월 특별시로 승격하고 국가개발은행과 대풍국제투자그룹을 설립했다. 또 중국과 '북중 라선경제무역지구(2011-2020) 계획에 관한 협의'와 '라선경제무역지구와 황금평-위화도 경제지구 공동개발 및 공동관리에 관한 협정', '중국 선박의 두만강 왕복 항행에 관한 협정'을 체결했다.

2011년 1월 중국 훈춘에서 육로로 수송된 석탄 약 2만 톤이 라진항 1호 부두를 출항하여 14일 상하이에 도착했다. 중국의 훈춘과 라진항을 잇는 도로 물류를 활성화하기 위해 중국은 2012년 북측 원정리 세관에서 라진항에 이르는 도로를 포장했다. 2012년 6월 중국인들은 자가용으로 라선 관광을 시작했으며, 동시에 라선에서 배를 타고 금강산으로 가는 국제관광이 시작됐다.

북의 백호무역회사는 중국의 유한공사와 합영으로 2012년 도매물류센터인 라선국제상업무역센터를 세우고 2013년부터 중국에서 들여오는 각종 물자를 라선시뿐 아니라 북의 각지에 배송하는 공급망 관리체계를 구축했다.

2012년 10월 25일 라선경제무역지대 관리위원회 사무청사 착공식이 진행됐다. 김정은 시대인 2013년에 '조중공동개발, 공동관리 라선경제무역지대 관리위원회'를 설치하였고, 중국 길림성 정부는 담당 관리위원을 라선에 파견했다. 그러나 2014년 장성택 당 행정부장이 '석탄을 비롯한 귀중한 지하자원을 망탕 팔아먹도록 하여 심복들이 거간꾼들에게 속아 많은 빚을 지고, 그 빚을 갚는다며 라선경제무역지대의 토지를 50년 기한으로 외국에 팔아먹는 매국 행위가 드러나'(북의 표현) 처형됨에 따라 중국과의 협력을 통한 공동개발관리는 다시 어려움에 빠졌다.

2016년에 북은 기존 원정다리 옆에 권하다리(신두만강대교)를 개통했다. 권하다리의 정식 명칭은 '중조변경권하구안대교'中朝邊境圈河口岸大橋로 북중 사이에 위치한 권하통상구의 대교라는 뜻이다. 권하다리는 중국 훈춘시 취안허 세관과 두만강 건너편의 라선시 원정리를 연결한다. 2017년에 원정세관을 신축했고 2018년 7월에는 원정세관 구역에 중국인을 대상으로 하는 국경시장을 개장했다. 그러나 유엔안보리의 경제제재로 조선산 수산물, 의류품에 대한 수입이 금지되면서 본격적인 무역은 이루어지지 못했다. 다만 중국 세관 규정상 1인당 8,000위안까지는 면세이기 때문에 중국 관광객이 무비자로 들어와 물품을 구입하여 돌아가는 정도는 가능하다. 기존 원정리대교는 관광객 전용 대교로 사용된다.

라선특별시의 미래

라진항 연계사업은 2016년에 발효된 유엔안보리 대북제재 결의 2270호의 예외 조항이다. 러시아가 신동방정책과 극동 항만 자유항

❶ 신두만대교(2016년 완공)와 오른쪽 아래의 원정다리
❷ 조중러의 국경이 맞닿은 지점인 두만강을 가로지르는 우정의다리

정책을 추진하며 대북제재에서 라진항 사업을 예외조항에 넣었기 때문이다. 2017년 유엔제재 2375호가 발표되면서 대북 석유 수출은 연간 400만 배럴로 제한되었고, 대북 정유 제품 수출도 55% 줄어든 200만 배럴로 제한되었다. 이때부터 유엔 대표들은 단동과 장백, 도문을 비롯하여 북중 국경의 세관에 직접 나와 개인의 물품까지 모두 검열하며 중국을 압박하고 있다. 그렇지만 라진항을 통과해 중국 남방지역으로 수출하는 것은 대북제재를 받지 않는다. 이것이 라진항과 북방경제가 지속적으로 진행되고 있는 제도적 배경이다.

코로나 사태가 발생하기 이전 북중러는 3국 관광협력과 함께 훈춘-핫산-두만강역에 이르는 다국 철도 일관수송 협력을 진행하고 있었다. 2020년 6월 26일 17시 34분, 중국의 훈춘 국제철도역을 출발하여 18시 34분에 러시아 국경 캄쇼바야역에 도착한 열차는 핫산역을 거쳐 6월 29일 북의 두만강역에 도착했다. 훈춘-러시아 시베리아 철도를 통한 철도 일관수송과 연결되어 시베리아-중국 훈춘-라진항-중국 남방지역을 잇는 물류망을 형성하려는 시도였다. 앞에서 살펴본 것처럼 유엔안보리 등의 대북제재는 라선특별시를 거점으로 한 북의 국제경제교류를 차단해왔다. 그동안 라선시에 투자한 사람은 중국이나 일본에서 돈을 번 동포들이 대부분이었다. 이들은 작은 무역업과 식당, 여관을 겸하며 라선시가 국제무역도시로 부상할 날을 기다리고 있다.

중국도 이전까지 미국과 정면 대결을 피하기 위해 북과 경제교류를 자제해 왔지만 점점 노골화하는 미국의 포위전에 사회주의 동맹 강화로 나서고 있어 라선시의 전망은 그리 나쁜 편이 아니다. 최근 코로나로 큰 타격을 받고 있지만, 앞으로 라선의 변모가 기대된다.

❶ 선봉항　❷ 라선과 금강산을 운행하는 배 출항식　❸ 라진역

❶ 2015년에 지어진 라선시장   ❷ 동북아시아 전화통신회사
❸ 라진중앙은행   ❹ 라선 황금의삼각주은행

국제관광도시 라선

인구 17만 명이 살아가는 800만㎢의 라선특별시는 북의 다른 곳에 서는 볼 수 없는 특이한 풍경이 많다. 중국인들은 비자 없이 방문증 만 가지고 올 수 있는데, 개인 승용차를 몰고 오는 사람도 많아서 시 내 어디서나 중국 차임을 알 수 있는 푸른색 번호판이 많다. 러시아 관광객들은 블라디보스톡에서 배로 들어오거나, 한 달에 7회 정도 라선과 러시아 사이를 왕복하는 기차를 탄다. 이 열차는 평양과 모 스크바를 연결하는 기차는 아니다. 운행이 너무 드물어서 승차가 어 렵다. 평양에서 라선까지 802km로 약 24시간이 소요된다.

평양에서 보는 외국 관광객들은 대개 비행기로 어랑공항까지 와 서 자동차를 타고 청진을 거치는 해안도로로 온다. 어랑공항에서 라 선까지 거리는 약 150km 정도다. 후창에 있는 세관검문소가 국경 역할을 한다. 라선시 입구에는 조선어, 중국어, 영어로 표기된 안내 판이 붙어 있어서 이곳이 국제관광도시임을 실감할 수 있다. 국제관 광지대인 만큼 숙박시설이 많다. 비파도 앞에 있는 홍콩자본 투자의 엠퍼러카지노호텔, 라진호텔은 수준급 호텔이다. 교포가 들어와 자 기 사업을 하면서 운영하는 숙박업소와 식당도 꽤 있다.

관광객이 유로화를 북의 화폐로 바꿀 수 있는 '황금의삼각주은행'

비파도 앞의
엠퍼러오락호텔

도 있다. 북의 다른 도시와 달리 가이드와 동행하면 북적거리는 시장도 마음대로 가볼 수 있는 유일한 지역이다. 2015년에 새로 건설된 시장은 커다란 주차장이 있으며, 2층 건물 안에는 여성 상인의 판매대들이 즐비하다. 가격표가 중국 위안화로 붙어 있는데, 상품가격은 국가가 정한 상한선이 있긴 하지만 자유롭게 흥정하여 결정된다. 고객들을 향해 온갖 상품을 큰 소리로 선전하고 거래하는 풍경이 우리 동대문시장과 다르지 않다. 북의 국영상점에서는 볼 수 없는 진귀한 풍경이다. 상품은 '없는 것 빼고는 다 있다'는 표현이 생각날 정도로 다양하고 저렴하다.

라선시의 관광자원은 다양한 편이다. 6.25 전쟁 때도 전투가 비껴간 곳이라 도시가 폭격으로 망가지지 않은 덕에 역사유적의 원형이 잘 보존된 편이다. 또 람사르습지로 등록한 알섬바다새보호구역이나 우암물개보호구역, 우암산단 벚나무군락 등은 자연 친화적이고 소박하며 매력 있는 관광명소다.

❶ 라진체육인호텔　❷ 라진남산호텔

❸ 라진호텔　❹ 라진시 선봉구 만복유치원

❺ 라선학생소년궁전　❻ 라선시 만복동

❶ 라선인민병원
❷ 라선청학샘물공장
❸ 라선양묘장
❹ 라선맥주공장
❺라선토끼목장

라선철새보호구

면적이 32㎢에 달하는 라선철새보호구에는 굴포지역 호수인 만포와 동번포, 서번포 그리고 라선시에서 8km 떨어진 알섬이 있다. 봄과 가을이면 5만 마리 이상의 철새들이 이곳에 날아와 서식한다. 또 두만강 하류로 내려가면 바닷새들이 번식하는 작은 섬을 지닌 동해의 풍부한 해양 환경과 연결되어 우암물개보호구와 알섬바다새보호구와 이어진다. 북은 2018년 람사르협약에 가입하면서 평안남도 청천강, 대령강 하류구의 문덕철새보호구와 이곳 라선철새보호구를 람사르습지에 등록했다. 이곳에서는 매년 228종 4만여 마리의 물새들이 관찰된다. 그중 30종 이상이 국제 위기종이다.

동아시아 지역의 약 2%에 달하는 1만 2,200마리의 알숭오리와 6,500마리의 청둥오리, 4,650마리의 검은댕기흰죽지오리, 세계 3%

에 해당하는 3,100마리의 붉은꼭두오리가 관찰되었다. 흑고니 전체의 7%에 달하는 100여 마리의 흑고니와 290여 마리의 바다가마우지 등 물새류도 관찰되었다. 이외에도 세계적 취약종으로 알려진 바다꿩 1,990여 마리와 위기종인 알락꼬리마도요 200여 마리가 이곳에서 서식하고 있다. 이 자료는 2019년과 2020년 1월 아시아물새조사AWC 계획의 국내 습지 서식 물새 자원 조사 결과에 따른 보고서 내용이다. AWC는 1987년부터 아시아의 각 지역 습지와 서식하는 물새의 동향을 확인하는 국제적인 모니터링 프로그램이다.

비파도와 우암물개보호구, 천연기념물 물범

선봉 앞바다에는 비파도라고 부르는 작은 섬이 있다. 육지와 다리로 연결된 비파도는 울창한 수림과 바닷가의 기암절벽 등으로 절승을 이루는 관광지다. 비파도에서 유람선을 타고 섬 주변을 돌아보다 보면 바로 북쪽 갈음단 돌출구에 있는 우암물개보호구가 나온다. 이곳에서는 물개뿐만 아니라 물범도 볼 수 있다. 물개와 물범은 비슷하게 생겼지만 다른 동물이다. 얼핏 구분이 어려운데, 물개는 물범과 달리 귓바퀴가 있으며 앞다리로 몸을 세울 수 있다. 물개는 주로 겨울에만 이곳에 와서 생활한다.

비파도에서는 바다 위에 솟은 커다란 바위 위에서 배를 드러낸 채 한가로이 누워 있거나 바닷물 위에 떠서 사람들을 쳐다보는 물범들도 볼 수 있다. 비파물범은 몸길이가 1.5~2m이고 몸무게는 120~150kg이며 대가리의 앞면은 좁고 귓바퀴가 없다. 등 부위는 재색이면서 불규칙적인 검은색 반점들이 많다. 배 부위는 누런색이면서 검은색 반점이 드문드문 있다. 비파물범은 봄부터 가을까지 이곳에서 물고기와 문어, 낙지 등을 잡아먹으며 산다. 바위에서 놀던 물범이 물속으로 미끄러져 내려 유유히 헤엄치는 풍경은 주변 갈매기와 바위에 부딪히는 흰 파도와 어울려 환상적인 경관을 이룬다. 물범은 세계적인 보호동물로, 북은 최근 비파물범을 천연기념물로 새로 등록했다.

굴포해수욕장, 갈음단해수욕장

굴포해수욕장은 라선시 선봉구역 굴포동에 있다. 해수욕장의 길이
는 약 400m, 너비는 약 80m이며 수용능력은 3,000여 명 정도다. 동
해바다의 맑은 물이 출렁이고 소나무숲이 장관을 이루는 굴포해수
욕장은 백사장 모래의 질이 좋을 뿐 아니라 수심이 얕아 해수욕장으
로서의 입지가 좋다. 또 주변에 공장이 없어 환경이 깨끗하고 물순
환이 빨라 수질이 무척 좋다. 이 해수욕장에서는 보트놀이도 가능하
다. 성게, 해삼, 밥조개 등 해산물구이가 유명하다.

갈음단해수욕장은 라선시 웅상동에 있는데 4km에 달하는 백사
장에 출렁이는 흰 파도가 아름답다. 50석의 숙소와 실내 물놀이장이
있다. 야외식당에서 신선한 생선과 해물을 먹을 수 있다.

굴포리유적

굴포리유적은 선봉항에서 동북쪽으로 16km 떨어진 굴포리의 서포항마을 동부산 기슭에 있다. 1947년에 발견되어 1960년부터 64년까지 다섯 차례에 걸쳐 발굴되었는데, 구석기시대부터 청동기시대까지 10만여 년 간의 문화층들이 차례차례 드러났다. 제1기층은 10만여 년 전인 구석기시대 중기의 비교적 이른 시기에 해당한다. 주로 차돌로 만들었는데 찍개와 베거나 째는 데 쓴 격지들이 많다. 굴포문화 제2기층은 4만~3만 년 전의 구석기시대 후기 문화층이다. 제1기층의 것보다 제작수법이 훨씬 발전하여 정교하다. 신석기문화층에서는 21개의 집자리가 나왔다.

서포항 유적에서 나온 집자리터

승전대비와 승전대

두만강역에서 서번포호수를 끼고 두만강 하구 쪽으로 가면 언덕배기 산이 나오는데, 이 언덕이 조산造山이다. 이 언덕에 이순신 장군의 승전을 기린 승전대비와 승전대 건물이 있다. 승전대비가 남쪽에도 알려지면서 가장 가보고 싶은 북의 역사유적지 중 하나가 되었다. 남쪽에서 이순신 장군은 임진왜란 당시 조국을 구한 최고의 성웅으로 알려져 있는데, 북에도 이순신 장군 기념비가 있다니 반갑다. 한편으로는 남쪽 바다에서 활약한 이순신 장군의 기념비가 왜 이렇게 북쪽 최끝단에 설치되어 있는지 의아하기도 할 것 같다.

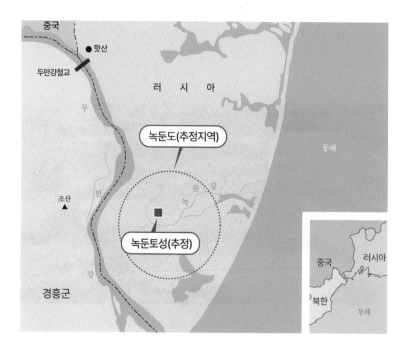

승전대에서 바라본 국경

그러면 왜 이곳에 이순신 장군의 기념비가 있을까? 이 사정을 알려면 이순신 장군이 아직 젊었던 임진왜란 이전으로 돌아가야 한다. 1583년 10월, 서른여덟 살의 이순신은 함경북도 경원에서 남쪽으로 16km쯤 떨어진 변방인 건원보의 권관으로 부임했다. 임진왜란이 1592년에 일어났으니, 9년 전의 일이었다. 이 지역은 여진족이 백성을 해치고 재물을 약탈하는 일이 수시로 일어났는데, 이순신은 우두머리인 울지내를 유인하는 계책으로 여진족을 토벌했다. 조정에서는 이순신에게 큰 상을 내리려고 했으나 당시 함경도 병마절도사였던 김우서가 이순신의 독단적인 작전이었다는 장계를 올려 포상이 취소되고 만다. 그 직후 이순신은 3년간의 부친상을 치르고 함경도 경흥의 조산보 만호로 전근되었다. 여진족에게 효과적으로 대응할 수 있는 인물로 이순신만 한 장수가 없었기 때문이다. 이때 이순신을 추천한 것은 유성룡이었다.

조산보란 두만강변의 관방(국경을 지키는 요새)으로, 두만강 건너 여

승전대와 그 위에 보이는 승전대비

진족을 막는 방어 요충지였다. 조산보에는 병선이 머물렀으며 조선군 90명이 있었다. 조산보의 군민들은 봄에 두만강 하류의 녹둔도에 들어가서 농사를 짓다가 수확이 끝나면 다시 조산보로 돌아와 국경인 강을 지켰다. 이순신은 중앙에 군사를 더 보내달라고 요청했으나 들어주지 않았다. 이순신은 부임 1년 뒤인 1587년 8월, 녹둔도의 농토까지 관리하는 둔전관을 겸하게 되었다. 녹둔도는 조산보에서 동쪽으로 8km 정도 떨어진 섬(지금은 러시아에 붙어버려 러시아 영토다)으로, 두만강이 동해로 흘러가는 여울목이었다.

 이순신이 녹둔도를 관리하기 시작한 지 얼마 지나지 않아 여진족이 둔전을 공격해 식량을 약탈하고 160명의 백성들을 잡아갔다. 10여 명이 경비를 서고 있었을 뿐 나머지 병사들은 농사를 짓고 있는 상황을 노린 기습이었다. 그러나 이순신의 반격은 민첩했다. 달아나는 여진족을 추격하여 포로로 잡힌 백성 60여 명을 구출하는 전과를 올렸다. 이 싸움에서 조선 장수 2명이 전사했고 이순신도 오른쪽 다리에 화살을 맞았지만, 여진족은 두목을 비롯한 군사 3명이 전사했다.

그런데 이 싸움이 자신의 책임으로 몰려 처벌받을 것을 두려워한 이일이 '아군 측의 피해'만 거론하며 책임을 이순신에게 돌렸다. 이일의 거짓 보고를 받은 조정은 지난날 이순신의 공적을 고려하여 백의종군을 명했다. 이순신은 백의종군을 하면서도 다음해 1월 여진과의 전투에서 공을 세워 다시 복권되었고, 그해 6월 본가가 있는 아산으로 내려갔다. 이때부터 174년이 흐른 영조 38년(1762년)에 주민들이 이순신 장군의 승전을 기리는 기념비를 라선시 조산리에 세웠다. 당시 주민들은 이곳을 승전봉이라 불렀는데 이순신의 5대손인 이관상이 관북절도사로 부임해 탑을 없애고 그 자리에 비를 세웠다. 북은 승전대를 제1480호 보존유적으로 지정했다.

두만강역

이곳으로 가는 길은 2019년에 중국과 러시아 관광객이 쉽게 방문할 수 있도록 포장 정비되었다. 중국 관광객은 중국 측 방천부두에서 배를 타고 건너 두만강역으로 들어오고, 러시아 관광객은 철도로 두만강역으로 들어와 차편으로 승전대를 방문할 수 있다. 향후 북-중-러 3국 관광의 중요 코스가 될 것으로 보인다.

사향산과 사향산혁명사적지

라선시의 뒷산인 사향산 정상 전망대에 올라서면 라선시의 전경을 한눈에 바라볼 수 있다. 사향산은 사향노루가 많다고 붙여진 이름이다. 사향산 등반은 약 1.9km, 세 시간 정도 걸린다고 한다. 사향산은 해방 직전인 1945년 5월 김일성 주석과 김정숙 여사가 함께 올라 조국해방작전에 대한 구상을 했다는 혁명사적지가 있다.

사향산 정상 전망대

선봉항 소련군 상륙장소

1945년 8월 11일 소련군이 최초로 상륙한 장소인 선봉항에는 이와 관련한 기념비가 있다. 우리는 3.8선 이북에서 소련이 일본군을 몰아낸 것은 알고 있지만 조선인민혁명군의 역할에 대해서는 잘 모른다. 특히 소련 태평양함대의 라진 해방은 완전한 무혈입성이었다는 것도 알지 못한다. 아직 항복하지 않은 일본군 무력이 첩첩이 배치된 곳에 어떻게 무혈입성을 했을까? 이 상황을 이해하려면 북이 일제의 패망에 맞춰 무엇을 준비했는지 살펴보아야 한다.

북의 항일무장투쟁은 1930년대 초부터 시작되었다. 1945년 5월 독일이 항복하자 일제가 패망할 날도 머지않았다고 생각한 조선인민혁명군은 소련과 함께 국제연합군을 결성하고 일제와의 전면전을 준비했다. 김일성 사령관은 독일 항복 무렵 국내에 들어와 현지 상황을 파악한 뒤 전면적 작전계획을 수립했다. 6월 4일 양강도 삼지연시에 있는 간백산밀영에서 조선인민혁명군 부대들로 하여금 길주와 북청, 신흥, 강계의 4개 방향으로 진격하여 각 도를 해방할 것을 결정했다. 두만강 연안에 집결한 부대들은 두만강, 압록강 연안과 청진지구에 진출하며 훈련기지에 집결되어 있는 부대들은 평양을 비롯한 여러 지역에 신속히 진출하여 이미 꾸려놓은 비밀근거지에서 군사작전을 벌일 것을 지시했다. 아울러 전국적으로 많은 인민들을 전민항쟁으로 불러일으켜 조선인민혁명군 진격에 합세하도록 하라는 방침을 하달했다.

작전계획에 따라 조선인민혁명군은 소련군이 대일 총공격 명령을 내리기 하루 전인 8월 8일 밤 웅기의 토리, 만주 훈춘의 남별리, 동흥진을 기습적으로 공격했다. 소련이 만주와 두만강 연안의 국경 요새를 돌파하는 것은 간단한 문제가 아니었다. 우리는 일제가 소련과의 국경인 동북 경계선에 무슨 관심을 가졌을까 싶지만, 1930년대 이후 조선인민혁명군은 만주를 완전히 평정하려던 일제의 의도를 번번이 무산시키고 일본의 중국 진출 뒷덜미를 붙잡는 골치 아픈 존재였다.

　　라선은 군사전략상 매우 중요한 곳으로, 일제는 관동군 직속부대, 수상항공대, 특설경비대와 수십 척의 선박 등 난공불락의 요새를 구축해놓았다. 게다가 일제는 소련과의 전쟁을 위해 10여 년에 걸쳐 국경 일대에 방대한 무력과 비밀지하요새를 구축해놓았다. 보통 1개 요새에 영구화점과 토목화점만 평균 500개나 될 정도였다. 실제 관동군의 기본 주력은 이곳에 있었다. 만일 소련군이 이 요새들을 돌파하지 못한다면 총공격작전의 승리는 어려웠다. 소련군이 만주와 한반도에 빠르게 진격할 수 있었던 것은 조선인민혁명군과 조선인민무장대의 적극적인 역할이 있었던 덕분이다.

　　두만강 하구의 토리(함북 웅기의 서수라에서 두만강 상류 쪽으로 약 8km 지점)는 경흥요새 동남쪽과 웅기-라진 요새 동북쪽에 끼어 있는 군사요충지로, 일본은 이곳을 잃게 되면 경흥과 라진 요새가 모두 흔들리게 된다. 조선인민혁명군 오백룡소부대는 일시에 토리를 습격하여 적을 소탕하고 토리를 해방시켰다. 동시에 조선인민혁명군은 만주의 훈춘현 남별리와 동흥진습격전투도 성공적으로 마무리하여 일제가 난공불락의 방어진이라고 자랑하던 국경요새를 단숨에 점령할 수 있는 돌파구를 열었다. 조선인민혁명군은 조국 해방 최후 결전의 맨 앞에 서서 진격로를 개척한 선두부대로 대일전쟁에서 결정적 역할을 담당했음을 알수 있다.

조선인민혁명군은 8월 9일 새벽 경흥전투와 훈융(함북 경원군 훈융면 훈융리)전투에서도 승리하여 만주의 훈춘과 함경북도 경원 일대를 해방했다. 조선인민혁명군 육상부대가 경원에 이어 웅기 방향으로 진출하여 송진산(경흥과 웅기 경계에 있는 산)에 있던 일제의 웅진-라진 외곽방어선을 허무는 순간, 라진항에서 해안 상륙부대의 상륙작전이 개시되었다. 상륙작전이 개시되기 전, 웅기에서 활동하고 있던 지하혁명조직 성원들은 소련함대가 웅상에 상륙한다는 허위 정보를 유포시켰다. 일제의 병력이 웅상에 몰린 8월 11일 밤, 오백룡소부대는 어뢰정 공격을 퍼부으며 웅기에 상륙하여 소련 태평양함대 본대가 도착하기도 전에 웅기를 해방시켰다. 오백룡선발대를 앞세운 웅기 상륙작전은 적의 저항을 거의 받지 않는 무혈입성이었다. 세계 어느 전쟁사에서도 찾아볼 수 없는 매우 특이한 상륙작전이었다. 다음 날 새벽 토리, 용현, 경흥 일대의 국경선을 돌파한 지상부대들과 함께 웅기는 해방되었다. 이제 조선인민혁명군은 청진 일대로 진격하기 시작했다.

해안혁명사적지

라진시 바로 남쪽 반도에서 그 길을 따라 약 3km 정도 가면 해안혁명사적지가 있다. 해안혁명사적지는 농가 두 채인데, 1954년 7월 6일 김일성 주석이 열두 살짜리 소년 김정일과 함께 들렀던 어로공의 집과 농민의 집, 가공작업반, 샘물터가 원형 그대로 보존되어 있다.

❶❷ 김정숙 여사가 해방과 함께 귀국할 때 제일 먼저 바라보았다는 조국의 땅 알섬

❸ 해양공원

중현언덕혁명사적지

선봉 중심부에 있는 중현언덕혁명사적지는 해방 뒤 김정숙 여사가 어린 김정일을 안고 고국으로 돌아올 때 도착했던 장소다. 건물 본관은 일본군이 상인의 집을 징발했다가 도망가면서 비워둔 곳이다.

구석구석 북녘 탐방 동북부 편을 마치며

느릿느릿 완행열차를 타고 역마다 돌아보는 북녘 탐방이라면 얼마나 좋을까? 사람들의 표정도 카메라에 담고, 동네 맛집에 들어가 먹방을 할 수 있다면…. 물론 이런 소박한 바람은 2022년에 곧 실현될 수 있는 꿈이 아니다. 최대한 온라인을 뒤지고, 북 관광 책을 사서 뒤지면서 북녘 도·시·군의 표정을 그려보려 애쓰다 보니 동북부 지역을 쓰는 데만도 1년이 넘게 걸렸다. 다 써놓고 보니 이제야 북의 동북부 지방을 좀 알 것 같다는 생각이 든다. 지리를 안다는 것은 그 사회를 이해하는 기초인 것 같다. 북에서 큰 사건이 보도될 때마다 그 지역을 모르니 아무것도 떠오르지 않았던 것에 비해, 이제 조금은 아는 척해도 될 것 같다. 각 지역에서 쓸 수 없었던 나의 전반적인 소감을 간단하게 정리하자.

무엇보다 궁금했던 것은 북 경제가 얼마만큼 나아졌을까였다. 남녘처럼 외양이 화려하거나 물자가 풍부하지는 않지만, 2010년을 고비로 가파른 상승곡선을 그리고 있다는 느낌이다. 도시 기반시설은 아직 미흡해서 관광지 호텔조차 욕실 물을 양동이로 나르는 곳이 있지만, 또 가정에서 전기를 펑펑 쓸 수 있을 정도가 아니어서 백색 가

전제품을 만들 수도, 살 수도 없지만, 기본 의식주가 팍팍할 정도는 아니다. 2021년 북이 유엔에 제출한 보고서를 보아도 자력으로 식사를 보장할 정도의 곡식을 생산하고 있으며 채소, 생선, 육류 등 식사의 질도 점점 나아지고 있다.

그들은 군 단위로 건설장비와 건축설비는 물론 군 인민들을 위한 경공업제품과 일상 소비품, 식료품 생산체계를 갖추어 나가고 있다. 자기 고장 특산품을 최고의 제품으로 만들어 전국적으로 팔겠다는 의지도 대단하다. 즉 군별로 추구하는 자력갱생은 군별로 모든 것을 자급하는 체계가 아니라 지역별 경제자립도를 최고로 높여 국가의 경제발전을 추동해 나가겠다는 뜻이다.

북의 경제발전 동력은 무엇일까? 자본이 외부에서 들어오는 것도 아니고, 노동자들의 취업 조건도 안정되어 악착같이 일할 필요가 없는 사회주의 사회는 발전동력이 있을까? 이 책을 쓰면서 이 점이 이해되었다. 최고지도자를 중심으로 당 일꾼들과 인민들의 일심단결을 이루어내는 곳마다 경제적 기적이 일어났고, 그것을 모범으로 북 전역이 요동친다.

북녘도 자연과 민족 문화와 역사를 아끼고 사랑한다. 그들은 우리말을 아끼고, 주인이라는 관점에서 역사를 제대로 발굴 정리하려 애를 쓰고, 우리 민족문화를 현대적 미감에 맞게 발전시키려 노력한다. 이 글을 쓰면서 북녘식 용어 때문에 애를 먹었다. 남북의 언어가 많이 달라진 것의 주된 책임은 우리에게 있다. 외래어로 표현하지 않으면 왠지 촌스러운 것 같은 느낌이 점점 강해져 어느 사이 우리말을 찾아보려는 노력을 잊은 지 오래다. 게다가 아름다운 우리말도 북녘에서 쓰면 친북으로 몰릴까 피하게 되니, 우리의 정서를 제대로 표현하는 우리말을 찾는 데 더 큰 어려움을 느끼게 된다.

구석구석 북녘탐방 강원도·함경남북도·라선특별시 편을 쓰면서 느낀 내 소회는 이 정도로 마친다. 좀 쉬었다가 백두산, 량강도와 자강도, 평안남북도, 황해남북도, 평양과 남포를 쓸 계획이다. 시간이 더 있다면 여기서 다룬 지역도 더 자세히 쓰고 싶었지만, 시간과 지면상 아쉬운 대로 여기서 마무리하고자 한다. 남북관계가 활짝 열려, 배낭 메고 북녘을 실제 돌아볼 날을 기다리며 글을 마친다.

2022년 8월 15일
운니동에서 김이경

구석구석 북녘 탐방 북녘의 산하와 역사 그리고 사람들

강원도·함경남북도·라선특별시 편

초판 1쇄 발행일 2022년 10월 20일

지은이 김이경
펴낸이 김완중
펴낸곳 내일을여는책

인쇄 아주프린텍
제책 바다제책
책임편집 이헌건
디자인 디자인스튜디오 앤썸
관리 장수댁

출판등록 1993년 01월 06일(등록번호 제475-9301)
주소 전라북도 장수군 장수읍 송학로 93-9(19호)
전화 063) 353-2289
팩스 063) 353-2290
전자우편 wan-doll@hanmail.net
블로그 blog.naver.com/dddoll
ISBN 978-89-7746-988-4 (03910)